Sabine Koslowski

Schweizer Sennenhunde

Schweizer Sennenhunde

Vielseitige Familienhunde

Appenzeller Sennenhund
Berner Sennenhund
Entlebucher Sennenhund
Großer Schweizer Sennenhund

Von Sabine Koslowski

Verlagshaus Reutlingen · Oertel + Spörer

Haftungsausschluss

Die Hinweise in diesem Buch stammen von der Autorin.
Es können jedoch keinerlei Garantien übernommen werden.
Eine Haftung der Autorin bzw. des Verlages und seiner Beauftragten für Personen-,
Sach- und Vermögensschäden ist ausgeschlossen.

Die Deutsche Bibliothek – CIP-Einheitsaufnahme

Koslowski, Sabine:
Schweizer Sennenhunde : vielseitige Familienhunde ;
Appenzeller Sennenhund, Berner Sennenhund, Entlebucher Sennenhund,
großer Schweizer Sennenhund / von Sabine Koslowski. –
Reutlingen : Oertel und Spörer, 1999
ISBN 3-88627-230-3

© Verlagshaus Reutlingen · Oertel + Spörer · 1999
Postfach 16 42 · 72706 Reutlingen
Alle Rechte vorbehalten
Lektorat: Dr. Gabriele Lehari, Reutlingen
Schrift: 9/10.5 p StoneSerif
Satz: typoscript GmbH, Kirchentellinsfurt
Reproduktionen: Repro Maurer, Tübingen
Druck: Oertel + Spörer, Reutlingen
Einband: Heinrich Koch, Tübingen
Printed in Germany
ISBN 3-88627-230-3

„Die Schweizer Sennenhunde sind weiter
fortgeschrittene, man könnte sagen menschlicher
gewordene, ältere, noch mehr angepasste
Freunde des Menschen als manch andere Rasse."

Prof. Dr. A. Heim

Vorwort

Mit viel Engagement für die Schweizer Sennenhunde und mit ausgeprägtem Sachverstand hat die Autorin, Sabine Koslowski, in diesem Buch eine Zusammenfassung der gängigen deutschsprachigen Literatur über die Schweizer Sennenhunderassen erstellt. Sie hat durch umfangreiche und gründliche Recherchen, ausführliche Gespräche mit kompetenten Fachleuten und eigene Erfahrungen alles Wissenswerte zusammengetragen, ausgearbeitet und damit eine sinnvolle Ergänzung zu der bereits vorhandenen Literatur über die vier Rassen verfasst.

Ausführliche Beschreibungen der Vorzüge und Eigenschaften der Appenzeller, Berner, Entlebucher und Großen Schweizer Sennenhunde können nachgelesen werden. Ebenso Details darüber, was bei der jeweiligen Rasse zu berücksichtigen bzw. zu beachten ist.

Dieses Buch enthält wertvolle Hilfen zu allen Lebensabschnitten der Sennenhunde, angefangen bei Kriterien zur Auswahl des Züchters, wenn ein Welpe erworben werden soll, bis hin zu Empfehlungen bei der Pflege des Hundes im Alter.

Allen Freunden der vier Rassen wird dieses Buch ein guter Ratgeber im Umgang mit ihrem Schweizer Sennenhund sein.

Klaus Klaiber
·Präsident
Schweizer Sennenhundverein für Deutschland e.V.

Danke

Es ist fantastisch, was die schweizer Kynologen um die Jahrhundertwende aus dem Reservoir von schweizer Bauernhunden geschaffen haben. Die noch heute vorhandenen ursprünglichen Veranlagungen der vier Sennenhundrassen spiegeln ein Stück schweizer Kulturgeschichte wieder. Unverwechselbar durch ihre typische Dreifarbigkeit bilden sie eine für jedermann erkennbare Zusammengehörigkeit. Sennenhunde lassen keine Wünsche offen, egal ob Sie einen aktiven, mit Sport zu begeisternden Hund suchen oder eher einen Partner für gemütliche Spaziergänge. Ich persönlich habe alle vier in mein Herz geschlossen. Wer einmal einen Sennenhund über einige Jahre erleben durfte, wird in der Regel von einem Begeisterungsvirus erfasst und wird sich ein Leben ohne Sennenhund nicht mehr vorstellen können. Ich hoffe, mit diesem Buch viele Menschen zu infizieren, die bereit sind, die Begeisterung der Sennenhundfreunde zu teilen und einem Sennenhund ein Leben zu bieten, bei dem er seine Fähigkeiten entfalten kann und das ihm ein zufriedenes Hundeleben ermöglicht. Er wird es seinen Menschen vielfach danken.

Doch auch ich habe zu danken, denn die Arbeit an diesem Buch war nur durch die verständnisvolle Unterstützung meines Mannes möglich. Über viele Wochen und Monate hat er mir einen Teil meiner täglichen Pflichten abgenommen, damit ich Ruhe und Zeit für diese Arbeit finden konnte. Ganz besonders danke ich Solvig Rosenberger für ihre aufrichtige Freundschaft, die vielen Diskussionen, die produktive Kritik und das Korrekturlesen, sowie Frank Kampmann, ihrem Lebensgefährten, und der Bernerhündin Dana, die stets Verständnis hatten, wenn Solvig wieder einmal ihre Zeit mit mir und den „Hundeproblemen" verbrachte. Auch erwähnen möchte ich Norbert Dohn, der als rasender Reporter unterwegs, wieder einmal in irgendeinem Stau steckend mir mit aufmunternden Telefonaten immer wieder Mut gemacht hat. Herrn Klaus Klaiber, Präsident des Schweizer Sennenhund Vereins für Deutschland e. V., der das Manuskript trotz Zeitmangel gelesen und mit seiner Kritik abgerundet hat, gilt mein Dank. Allen Sennenhundfreunden, mit denen ich in den letzten Jahren über diese vier Rassen diskutieren konnte und allen Sennenhundbesitzern, die in den letzten drei Jahren meine Welpenspieltage und Erziehungskurse besucht haben, danke ich. Sie alle haben dazu beigetragen, mein Wissen um die Sennenhunde zu erweitern. Auch allen Sennenhundfreunden, deren Hunde ich in den letzten Wochen und Monaten für dieses Buch fotografieren durfte, die mir zum Teil auch eigene Fotos zur Verfügung gestellt und mir ihre Sennenhundgeschichten erzählt haben, gilt ein besonderer Dank für ihre Geduld und ihr Engagement. Freunde und Bekannte, die in den vergangenen Monaten meinen chronischen Zeitmangel ertragen mussten, bitte ich um Nachsicht. Allen Sennenhunden, die ich kenne – sie aufzuzählen, würde ein weiteres Buch füllen – möchte ich an dieser Stelle die Pfote schütteln. Sie alle erleben zu dürfen, hat mein Leben bereichert.

Vielen Dank auch an meine Lektorin Dr. Gabriele Lehari und ihren Mann Ermo Lehari für ihr Verständnis und die gute Zusammenarbeit.

Zum Schluss möchte ich noch ein Versprechen abgeben:

Ich verspreche meinen drei Bernerweibern, Donja, Babuska und Charlotte, sowie meinen drei Haflingern, Nane, Malu und Rudi, dass wir all die Zeit, die ich der Arbeit an diesem Buch gewidmet habe und die mir für gemeinsame Aktivitäten mit euch gefehlt hat, jetzt nachholen werden!!!!!!

Sabine Koslowski

Inhalt

Ein bisschen Geschichte

Will man eine Hunderasse kennen lernen, kommt man nicht umhin, sich auch mit ihrer Entstehung zu befassen. Denn gerade hier liegt das Geheimnis des so typischen Wesens und Erscheinungsbildes verborgen.

Die Haustierwerdung, die so genannte Domestikation, von Hunden begann vor ca. 10 000 Jahren. Nach allem was wir heute über die Familie der Caniden (Hundeartigen) wissen, dürfte es keinen Zweifel mehr darüber geben, dass der Hund vom Wolf abstammt und nicht, wie auch oft vermutet, vom Schakal. Für den Wolf sprechen das Hirnvolumen, Feinstrukturen des Gehirns, Oberflächenstrukturen der Zähne, bestimmte Blutproteine sowie die soziale Struktur und Ähnlichkeit des Ausdrucksverhaltens. Weiterhin lassen sich Wölfe in Gefangenschaft leichter in ein Hunderudel integrieren, ähnlich wie ein Hund in eine menschliche Familie.

Wie begann die Domestizierung?

Wahrscheinlich war es am Anfang eher eine zufällig entstandene Zweckgemeinschaft, von der beide Seiten profitierten. Ohne Eigennutz hätte sich der Wolf dem Menschen niemals angeschlossen, waren sie doch eigentlich Futterkonkurrenten, da sie die gleichen Beutetiere jagten. Der Nutzen für den Wolf lag sicher im Futterangebot, das er in Abfällen und Fäkalien der Menschen fand, woraus der Mensch den Nutzen zog, dass seine Umgebung sauber von Gestank, Dreck und Ungeziefer blieb. Dies zog eine gegenseitige Duldung nach sich, die zuerst nur möglich war, da beide – Wolf wie Mensch – in einer Sozialstruktur lebten und an einen eng begrenzten, individuellen Lebensraum, ein Territorium, gebunden waren. Die spezielle Nutzung von bestimmten Eigenschaften des Wolfes durch den Menschen für dessen Zwecke ist erst viel später entstanden.

Mit der Duldung kam auch die Zähmung des Wolfes. Die Vermutung liegt nahe, dass eine Frau verwaiste Wolfswelpen mit den eigenen Kindern großgezogen hat. Die dadurch erwachsene Bindung zum Menschen war der Anfang der Hundehaltung. Die so entstandenen Haustiere, am Anfang wohl eher Hauswölfe, verpaarten sich noch häufig mit der ursprünglichen Wildform. Erst durch die nach und nach enger werdende Bindung an den Menschen wurden die Paarungsmöglichkeiten eingeschränkt, wodurch sich dann auch äußere Merkmale veränderten, wie z. B. die Färbung und die Körpergröße.

Rekonstruktion eines neolithischen Jäger-Bauern-Dorfes um 3800 v. Chr. Anhand von Knochenfunden lässt sich beweisen, dass auch in diesen Dörfern bereits Hunde lebten.

Ein Streifzug durch die Jahrhunderte

Im **Mesolitikum** – Ende der Eiszeit, Zeit der Sammler und Jäger – war der Hund Begleiter des Jägers, hatte aber noch keine Aufgaben. Erst durch die Entwicklung neuer Jagdtechniken, wie z. B. mit Pfeil und Bogen, wurde auch der Hund mit einbezogen. Er hatte wahrscheinlich das auf Distanz getroffene und verletzte Wild müde zu hetzen und zu stellen, damit der Jäger es dann, geleitet durch das Bellen der Hunde, aus nächster Nähe töten konnte. Durch den Jagdeinsatz erlangten Hunde ein beträchtliches Ansehen. Sie wurden zu Helfern bei der wichtigsten Aufgabe, der Ernährung. So entstand eine Bindung zwischen dem Jäger und seinem Hund.

Zur gleichen Zeit begann die Domestizierung von Wildziege, Wildschaf und bald auch Auerochse und Wildschwein. Getreide wurde erstmals systematisch angebaut. In Europa begann diese Entwicklung im Mittelmeerraum und dehnte sich von dort nach Norden und Westen aus. Die Erschließung neuer Nahrungsquellen wurde erforderlich, da aufgrund der üppigen Jagd zuerst die Bevölkerungszahlen langsam anstiegen, dadurch aber auch das Beuteangebot zurückging. Bis dahin noch alles im Gleichklang, versuchte der Mensch nun die Natur zu beherrschen.

In der Schweiz sind es erstmals Knochenfunde des kleinen Torfhundes, die in allen schweizerischen Pfahlbauten (kleine Dörfer an den Ufern von Seen und Flüssen) gefunden wurden und die etwa den Jahren zwischen **3000 und 2000 v. Chr.** zuzuordnen sind, **der Epoche des Neolithikums.** Die Haustiere dieser Zeit, Rinder, Ziegen und Schafe, waren von kleinem Wuchs, wie auch die Menschen selber eher von kleiner Statur waren. Alles schien den kargen Lebensbedingungen angepasst.

Der Torfhund wird ebenfalls als kleinwüchsiger, feingliedriger Hund mit mäßig zugespitztem Fang, mäßig starkem Gebiss und einer Widerristhöhe von ca. 40 cm beschrieben. Der Schädel war ziemlich flach. Vergleicht man ihn mit dem Schädel eines Entlebucher oder Appenzeller Sennenhundes, so sind starke Ähnlichkeiten festzustellen.

Das äußere Erscheinungsbild ist natürlich anhand von Knochenfunden nicht zu bestimmen. Da zu dem Zeitpunkt noch keine rigorose Zuchtauswahl auf äußere Erscheinungsmerkmale stattgefunden hat, sondern die Verpaarungen dem Zufall überlassen wurden, ist anzunehmen, dass rund um die Pfahlbauten eine lang- und stockhaarige bunt gescheckte Schar von Hunden von der Größe eines Entlebucher Sennenhundes mit Steh- oder Schlappohren und wahrscheinlich lustigen Ringelruten zu finden war.

Ansonsten galt auch der Torfhund sicher als Abfallverwerter und als Wächter. Er wird frühzeitig sich nähernde Raubtiere oder sonstiges angezeigt haben. Als Begleiter des Menschen gehörte er immer dazu.

Bei den Knochenfunden handelt es sich in erster Linie um Funde von jungen oder alten Tieren. Tiere mittleren Alters fehlen fast ganz. Spuren gewaltsamer Todesart an Schädeln alter Tiere beweisen, dass der Bauer des Neolithikums (Jungsteinzeit), sicher aufgrund der kargen Verhältnisse, die alten ausgedienten Hunde auch verspeist hat.

Der Torfhund war in ganz Europa verbreitet.

Zur Bronzezeit (ca. 1800–800 v. Chr.) begann die Größe des Torfhundes zu variieren. Knochenfunde vom Alpenquai in Zürich werden dieser Zeit zugeordnet. Anhand von Vermessungen der Schädel aus diesem Fund kann man sagen, dass es hier bereits Hunde von der Größe eines Berner Sennenhundes gegeben haben muss. Ob nun die wirtschaftlich bessere Situation dazu geführt hat, dass sich größere Hunde entwickeln konnten, oder ob tatsächlich schon eine gezielte Auswahl auf Größe von den Pfahlbauern vorgenommen wurde, große Wölfe eingekreuzt wurden oder wandernde Bevölkerungsgruppen große Hunde mitgebracht haben, lässt sich anhand der Funde nicht feststellen, genauso wie man immer noch nichts über das äußere Erscheinungsbild sagen kann. Was man sicher weiß, ist, dass zum Ende der Bronzezeit die größeren Hunde bevorzugt wurden.

Die nun folgende **Eisenzeit (800–50 v. Chr.)** aufgeteilt in die Hallstattzeit (800–450 v. Chr.) und die Lathenezeit (450–50 v. Chr.) brachte größere Veränderungen mit sich. Das Pferd fand allgemeine Verbreitung und somit veränderten sich auch die Siedlungsformen. Der Mensch war nicht mehr in allen Fällen auf die Wasserwege angewiesen und baute sich somit Hütten im Landesinneren. Er lebte überwiegend von der Rinder- und Schafzucht.

Es kristallisierten sich auch standesmäßige Unterschiede heraus. Fürstensitze und Fürstengräber dienen als Beweis für diese Entwicklung. Die unterschiedliche Sozialstruktur in der Bevölkerung sorgte für eine Aufteilung der Hunde in Gebrauchsgruppen. Die Fürsten übten in erster Linie die Jagd aus und waren daran interessiert, sich hierfür tüchtige Hunde als Jagdgehilfen heranzuziehen. Eine Selektion auf gewünschte Eigenschaften begann.

Die Bauernschaft hingegen hatte ein ganz anderes Ziel. Sie brauchte Hunde, die nicht jagten, sondern die kräftig und wachsam waren, um Raubtiere auf Distanz zu halten, denn ihr Reichtum war das Vieh. So entstanden die ersten Hirten-, Hüte- und Hofhunde.

Ausgrabungen aus dem süddeutschen Raum, dessen Entwicklung identisch mit der heutigen Schweiz verlief, brachten Knochenfunde hervor, die auf Hunde von 55 bis 65 cm Widerristhöhe hinweisen, entsprechend etwa der Größe von Hovawart, Rottweiler und Berner Sennenhund.

Während der **Lathènezeit (450–50 v. Chr.)**, die Zeit der Kelten (Gallier) in Mitteleuropa, setzte sich das Wirtschaftswachstum fort. Der Stamm der Helvetier zog in die heutige Nordschweiz und Süddeutschland ein. Die Sozialstruktur differenzierte sich weiterhin. Es gab nun auch reiche Hofbesitzer und verschiedenc Kleinadlige. Die Menschen pflegten lebhafte Handelsbeziehungen zum Mittelmeerraum und lebten von der Landwirtschaft, wozu auch die Milchverarbeitung gehörte. Die Alpenbewirtschaftung ist vereinzelt nachgewiesen. Die Jagd blieb dem gehobenem Stand vorbehalten.

Den Kelten wird nachgesagt, dass sie Hundeliebhaber waren und sich auch bereits mit der Tierzucht befassten. Vermutlich wurden jetzt auch gezielt Hunde mit speziellen Jagdeigenschaften sowie nicht jagende Hunde geschaffen.

Die **Römerzeit (ab 58 v. Chr.)** war der Beginn der großen Völkerwanderungen. Die Helvetier machten sich auf den Weg nach Süden, um neue Besitztümer zu erobern. Doch sie wurden von Julius Cäsar geschlagen und zum Rückzug in ihre alte Heimat gezwungen, die somit zur römischen Provinz wurde. Die römische Herrschaft brachte wiederum Fortschritte für die Landwirtschaft, doch das Volk nahm nur langsam römische Lebensgewohnheiten an.

Es gibt immer wieder Autoren, die die Entstehung der Schweizer Sennenhunde auf die Römerzeit zurückführen. So entstanden Geschichten,

Ein Entlebucher ist stets und immer zu allem bereit.

die besagen, die Römer hätten bei ihrem Einmarsch über die Alpen ihre kleinen Treibhunde mitgebracht und im Entlebuch und Appenzell zurückgelassen und daraus wären die kleineren Schweizer Sennenhunde entstanden.

Ähnliche Geschichten gibt es über die beiden größeren Schweizer Sennenhundrassen. So sollen der Große Schweizer und der Berner von römischen Molossern abstammen, wie eine Dissertation des Doktoranden Hermann Krämer von 1899 anhand von Schädelfunden in der Militärkolonie von Vindonissa, die auf einen Hund von der Größe eines Molossers hinweisen, beweisen will.

Gegen diese Theorien spricht alles, was wir bisher über die Entwicklung der Hundwerdung erfahren haben sowie die Knochenfunde auf heutigem Schweizer Boden aus früherer Zeit, die ja belegen, dass es bereits Hunde verschiedener Größen dort vor der Römerzeit gegeben hat. Zudem war das Appenzellerland und das Entlebuch zur Römerzeit ohnehin noch vollkommen unbewohnt.

Man kann nicht ausschließen, dass die Römer den einen oder anderen Hund mitführten, doch wird der Anteil der römischen Bevölkerung zu dieser Zeit auf höchstens 5 Prozent geschätzt. Außerdem werden die Kelten ihre Hunde sicherlich wie ihre Lebensweise ziemlich beibehalten haben. Die von den Römern mitgebrachten wenigen Hunde können die Hundepopulation nicht merklich beeinflusst haben.

Im **Mittelalter ab 260 n. Chr.** wurden die Römer durch die Alemannen nach und nach zurückgedrängt. Was blieb, war die alteingesessene, romanisierte keltische Bevölkerung. Auch die Alemannen brachten wohl nichts Neues an Hunden mit. Sie teilten ihre Hunde ebenfalls nach ihrer Verwendung ein. Hüte- und Jagdhunde konnten zu dieser Zeit noch aus demselben Wurf stammen. Das Vorrecht zur Jagd oblag dem Adel und den geistlichen Grundherren. Sie waren es auch, die eine gezielte Hundezucht betrieben. Bärenfänger, Büffelfänger, Saurüde, Bullenbeißer waren gebräuchliche Bezeichnungen für Jagdhundgruppen, Hovawart (Hofwächter) und Mistbeller für Bauernhunde. Äußerlich dürften sich die Hunde einer Gruppe noch nicht so ähnlich gewesen sein. Große starke Hunde wurden zur Unterstreichung von Kraft und Macht bevorzugt.

Der Adel war in der Lage, hinter den dicken Mauern seiner Burgen und Festungen die nun auch adeligen Hunde von den primitiven Bauernhunden fern zu halten und somit eine reine Rasse (nach Verwendung) zu züchten. Doch so mancher reine Rasserüde wird es geschafft haben zu entwischen, um sich mit einer Bauernhündin zu verpaaren. Somit war der Hundebestand rund um die Adelssitze weiterhin bunt durchmischt. Nur in entlegenen Tälern, fern von den Heerstraßen, konnten sich lokale Schläge bilden. Man kann sicher davon ausgehen, dass die Bauern hier wachsame, nicht jagende Hunde selektiert haben, die ihnen bei der Herde zur Hand gingen und vor allem genügsam waren, denn hier war das Bauernleben sehr kärglich.

Während der weiteren Entwicklung **bis zur Neuzeit** erfährt man immer wieder etwas über die Jagdhunde, die Hunde der Reichen, Adligen und Geistlichen, die stets ein hohes Ansehen genossen und mit denen gezielt gezüchtet wurde.

Über die Hunde der Bauern wird so gut wie nichts überliefert. Sie galten als wertlos und man schenkte ihnen keine Beachtung. Dass aber auch die Bauern der Schweiz und Süddeutschlands eine Auslese getroffen haben müssen, beweisen heute bekannte Hundearten, die in dieser Region entstanden sind, wie Schweizer Sennenhunde, Hovawart, Rottweiler, Leonberger und Bernhardiner. Alle diese Rassen zeichnen sich aus durch einen mäßigen Jagdtrieb, Wachsamkeit, eine starke Bindung an Haus und Hof und vor allem an ihre Menschen – also alles Eigenschaften, die durch die Bauernschaft der vergangenen Jahrhunderte gefördert wurden.

Schweizer Bauernhunde

Die Entwicklung der schweizer Bauernhunde wurde von der dortigen Landschafts- und Siedlungsform stark geprägt. Die Schweiz wird im Südosten von den Bergketten der Alpen und im Nordwesten vom Jura begrenzt. Dazwischen liegt das Schweizer Mittelland, durchzogen von zahlreichen Seen und Flüssen und ist somit eine stets fruchtbare Landschaft. Hier fanden die ersten Besiedlungen statt, da die Wasserwege von großer Bedeutung waren. Im Mittelland wurden in erster Linie Ackerbau und Getreideanbau betrieben. Hier lebte es sich auch als Bauer nicht schlecht und es gab recht stattliche Höfe. So wundert es nicht, dass hier überwiegend ein recht großer, mächtiger Hund zu finden war, der Eindruck auf jeden Eindringling machen sollte und das Hab und Gut zu schützen hatte, gab es doch auch zu jeder Zeit Bettler und Hausierer.

Die Viehhaltung wurde mehr in die höher gelegenen Regionen verlagert, wo der Boden eher karg und somit kein Ackerbau möglich war. Hieraus entwickelte sich in der Schweiz ein besonderer Berufsstand, nämlich der des Kühers. Die reichen Talbauern übergaben ihr Vieh einem Hirten, dem Küher, der die Herde im Frühjahr übernahm und auf die bergigen Weiden trieb. Er betreute und versorgte die Herde den Sommer über bis in den Herbst, übernahm die Milchverarbeitung und trieb die Herde zurück ins Tal, wo sie in den Ställen der Eigentümer den Winter verbrachte.

Später wurden die Küher auch Herdenbesitzer, sie pachteten die Alpen von den Grundbesitzern und lieferten dafür Quark, Käse, Butter und Milch. Den Winter verbrachten sie weiterhin bei den Talbauern, von denen sie das Winterfutter kauften und die den Mist für ihre Äcker nutzten. Noch heute findet man das so genannte „Küherstöckli" auf Bauernhöfen im Emmental, den Winterwohnsitz der Küherfamilie.

Die Herden bestanden oft aus bis zu hundert Tieren. Da kann sich jeder vorstellen, dass der Küher nicht ohne Hilfe zurecht kam. Für diese Arbeit brauchte er mittelgroße Hunde, die wendig und geschickt im Treiben und Hüten auf besonders unwegsamen Gelände waren und zudem mutig und wachsam genug, um Gefahren zu melden oder sogar von der Herde fern zu halten. Dass er weiterhin robust und genügsam im Futter sein musste, versteht sich von selbst, denn der Küher war kein reicher Mann.

Bereits Anfang des 19. Jahrhunderts entstanden dann die ersten Talkäsereien und die Talbauern begannen, den Ackerbau auf Viehhaltung umzustellen bzw. zu erweitern. Daraus ergaben sich auch neue Aufgaben für

1	Lac de Neuchâtel	4	Vierwaldstättersee	7	Bieler See
2	Thuner See	5	Zuger See	8	Genfer See
3	Brienzer See	6	Zürich See	9	Bodensee

die Hofhunde dieser Region. Man spannte sie nicht selten vor die Milch-karren, um die Milch zur Käserei zu ziehen. Der Berufsstand des Kühers starb langsam aus und damit wurden auch die Küherhunde seltener.

Aus dieser Schilderung gehen in erster Linie die Gebrauchszwecke der Bauernhunde hervor, aber nichts über ihr äußeres Erscheinungsbild, bis auf die Größe. Also geht man davon aus, dass man auf Verwendungs-eigenschaften und Größe selektiert hat bzw. gezielt verpaart hat. Doch im Winterquartier hat sich bestimmt auch mal ein Küherhund mit einem Talbauernhund gepaart.

Eine Umschreibung von Dr. A. Scheidegger, Langenthal, zeichnet fol-gendes Bild:

> *„Nach dem Begriff eines Bauern ist ein Hund gut, wenn er wachsam und scharf ist, ohne zu beißen, beim Ausgehen bei Fuß folgt, beim Wagen zwi-schen den Hinterrädern und nicht auf den Kulturen herumläuft, den Meister im Notfall verteidigt, auf dem Felde liegen gelassene Gegenstände bewacht, nicht wildert, Katzen und Hühner in Ruhe lässt, nicht herumvagiert. In gebirgigen Gegenden werden die Eigenschaften des Viehhütens und Viehtrei-bens, im Unterlande dagegen mehr die Eignung zum Zugdienste geschätzt."*

Diese Eigenschaften haben sich aus dem Zusammenleben der Hunde mit den Menschen und Tieren eines Hofes entfalten können und bedurften keiner großartigen Dressur. Der Welpe wuchs mit verschiedenen Tieren eines Hofes auf und somit gehörten sie zu seinem Rudel, das er zu beschützen hatte. Hühner und Katzen, auch Enten liefen frei herum, so lernte der junge Hofhund bereits von seiner Mutter, dass diese zum ganz normalen Alltag gehören und nicht gejagt werden.

Auf einem Hof lebten immer viele Menschen in mehreren Generationen sowie auch Knecht und Magd oder auch weitere Bedienstete. Alle kümmerten sich ein bisschen um den Hofhund. Das Leben spielte sich überwiegend im Freien ab und es begann schon am frühen Morgen für den Hund ein ereignisreicher Tag. So nahm ihn der Knecht mit in den Stall, brachte mit ihm das Vieh zur Weide und holte es auch wieder zurück. Die Magd nahm ihn mit zum Pflanzen oder Ernten, in der Küche wurde er toleriert, die Kinder spielten mit ihm, dem Großvater lag er auf der Terrasse zu Füßen, den Bauer begleitete er aufs Feld oder auf die Weiden. Später kam dann noch das Karrenziehen dazu. Man setzte ihn ein, um die Milchkannen zur Käserei zu ziehen.

Zu der Zeit war man Selbstversorger und der Hof mit all seinem Treiben war eine feste Einheit, die kaum verlassen wurde und in die auch nur selten jemand Fremdes eindrang. Dem Hund waren die Grenzen rund um den Hof, zum Teil auch die Weide- und Ackerflächen wohl bekannt, allein schon durch die vielen Gänge mit seinen Leuten, die ja nie über die Grenzen hinausführten. Der Hund, der streunte oder sich nicht in dieses Leben einfügte, sich gar aggressiv verhielt, hatte nicht lange zu leben.

Jeder, der sich dem Hof näherte und nicht dazu gehörte, wurde von ihm mit großem Gebell gemeldet, dabei spielte es auch keine Rolle, ob er dies mehr aus Vorsicht oder sogar aus Angst tat. Oft lief er den Besuchern entgegen und begleitete sie bellend bis zum Haus. Wahrscheinlich ließ er sie nicht hinein, bis einer seiner Menschen den Fremden begrüßt hatte. Der Bauernhund war seinen vertrauten Menschen eng verbunden, doch Fremden gegenüber stets reserviert.

Das Bewachen von Gegenständen, so heißt es, die seinen Menschen gehörten, ist etwas, das man ihm nicht beibringen musste, sondern er tat es von sich aus.

Tagsüber hatte der Hofhund keine Langeweile, sondern viel zu tun und somit kam er gar nicht auf die Idee, den Hof zu verlassen, um zu streunen. Nachts kam er häufig an eine lange Kette, damit er auch dann wachte und nicht den läufigen Hündinnen nachspürte.

Wahrscheinlich hat auch der Hofhund des Mittellandes geholfen, das Vieh auf die kleinen Hausweiden und wieder zurück zu treiben, doch das richtige Treiben und Hüten fand eher in den höher gelegenen Regionen statt. Hier war das Arbeitsfeld der kleinen Bauernhunde. Ihre Geschicklichkeit in dem schwierigen Gelände machte sie zu unentbehrlichen Helfern an der Herde. Auch sie waren wachsam und meldeten alles, was sich der Alphütte und dem Vieh näherte.

Treiben und Hüten

Die Domäne der kleinen schweizer Bauernhunde war das Treiben und Hüten der Viehherden in den kargen, zum Teil unwegsamen Bergregionen, wobei der Schwerpunkt das Treiben war, was in der Art der Viehhaltung begründet lag. Treiben und Hüten sind Arbeitsweisen, die man nie ganz klar voneinander trennen kann. Ein Hund, der ein hervorragender Treiber ist, wird immer auch Elemente des Hütens zeigen und umgekehrt.

Zu den Aufgaben eines Treibhundes, des so genannten Küherhundes, gehörten der Alpauftrieb im Frühjahr und der Abtrieb im Herbst, das Zusammenhalten der Herde, das Treiben zum Melkstand oder in den Stall bzw. wieder zurück auf die Weiden, das Treiben der Kühe beim Weidenwechsel und das Aufspüren und Zurücktreiben von Tieren, die sich verirrten oder von der Herde absonderten.

Zum Treiben waren Hunde erwünscht, die sich der Herde bellend näherten, damit das Vieh nicht erschreckte, wenn plötzlich von hinten ein Hund auftauchte und es womöglich zu unkontrolliertem Davonlaufen animierte. Um das Vieh in Bewegung zu setzen, wendet der Küherhund eine ganz besondere Technik an. Er zwickt das Rind ins hintere Fesselgelenk und weicht dann sofort geschickt aus, um nicht vom eventuell folgenden Hufschlag getroffen zu werden. Dieses Zwicken ins Fesselgelenk nennt man „Stechen".

Obwohl ihm diese Art des Stechens angeboren war, versuchten einige, die jungen Küherhunde gezielt auf das Stechen tief am Fesselgelenk zu trainieren. Dafür wurden bunte Bänder an das Ende eines langen Stockes gebunden, den man dann vor dem Hund hin und her bewegte. Die flatternden Bänder animierten den Hund zum Nachjagen und Festhalten. Als zweiten Schritt band man die Bänder einigen Rindern an die Fesseln, um den Hund zu animieren genau an dieser Stelle zu zwicken bzw. zu stechen.

Zum Treiben musste der Hund stets hinter der Herde bleiben. Er lief so von einer Seite zur anderen und hatte dadurch einen Überblick. Geholfen hat ihm sicherlich der Herdenverband der Rinder, die in unsicheren Situationen immer zusammenbleiben. Sonderte sich aber trotzdem einmal ein Rind ab, war er sofort zur Stelle, umkreiste es, was in den Bereich des Hütens gehört, bis es sich wieder der eigenen Herde zuwandte, und trieb es dann dorthin zurück. An der Front der Herde durfte er nicht laufen, denn das hätte sie zu leicht zum Umkehren bewegen können.

Die Ausbildung des Treibhundes hat sich an den täglich wiederkehrenden Arbeitsabläufen orientiert. Von Welpenbeinen an war er vertraut mit der Herde und sie gehörte zu seinem Rudel. Der Küher wird ihn täglich mitgenommen haben und seine angeborenen Treib- und Hütequalitäten gefördert und unerwünschtes Verhalten sofort gestoppt haben. Meistens waren es mehrere Küherhunde und so konnte er auch von seinen Artge-

Appenzeller gibt es auch in Havannabraun.
Dann sind Nasenspiegel und Lefzen braun pigmentiert und die Augen
etwas heller.

nossen lernen. Jeder Hund, der sich nicht ohne viel Dressur einfügte, dessen Fesselbiss zu fest war, der sich zu ungestüm der Herde näherte oder nicht mutig genug war, sich den mächtigen Rindern entgegenzustellen, wurde schnell abgetan, denn unnötige Fresser konnte man sich nicht leisten. Es ist nicht ausgeschlossen, dass die so streng selektierten unbrauchbaren Hunde dem Küher zum Verzehr dienten.

Es konnte auch sein, dass der Küherhund ein Rind, das sich allzu mutig gegen ihn stellte, blitzschnell in die Nüstern griff und kurz festhielt. Dies reichte in der Regel, um sich wieder Respekt zu verschaffen.

Nun sind Kühe auch Gewohnheitstiere, die sich wiederholenden Tagesabläufen und vertrauten Wegen, die täglich gegangen werden, problemlos anpassen und bei Gefahr den Herdenverband bzw. auch den Stall aufsuchen. Dieses Verhalten wird dem Küherhund bei seiner Arbeit geholfen haben. So ein Küherhund ersetzte gut und gern, heißt es, zwei Hütebuben.

Über den Treib- und Hütetrieb wird auch heute noch viel gerätselt. Teilweise wird speziell das so typische Stechen als ein Spielverhalten von jungen Hunden angesehen, dass dann bei den Sennenhunden erhalten bleibt und sich eben bei den meisten anderen Rassen verliert. Nur zeigen eben nicht alle Rassen dieses Stechen. Auch innerhalb der Sennenhunde wird das Stechen vorwiegend bei den kleineren Rassen beobachtet, weniger bis gar nicht bei den großen.

Welpen üben und trainieren im Spiel die ihnen angeborenen Verhaltensweisen, denn Spielen heißt Lernen fürs Leben. In diesem Alter hat es noch keinerlei Ernstbezug. Die einzelnen Segmente eines Verhaltensbereichs treten im Spiel nie in der gleichen Reihenfolge auf, man kann auch keinen direkten Auslöser erkennen. Völlig unabhängig voneinander werden sie ins Spiel gestreut. So wird es auch bei Wolfswelpen beschrieben.

Auch der junge Wolf muss erst lernen, seine im Spiel verfeinerten und trainierten Verhaltensweisen bei der Jagd richtig anzuwenden. Wahrscheinlich kann man hier vom Lernen am Erfolg sprechen. Jeweils die Verhaltensweise, die ihm den meisten Erfolg beschert, wird er in einer ähnlichen Situation wieder anwenden. So wird sich seine Jagdweise immer auch der Beute und der Umgebung anpassen.

Das Anschleichen und Lauern, das Umkreisen und Hetzen, das Greifen der Beute an der Nase, im Nacken oder an den Hinterbeinen, das Flankieren einer Herde, um zu verhindern, dass sie sich in die entsprechende Richtung entfernt, und das Abtrennen eines geeigneten Beutetieres von der Herde gehören zum wölfischen Jagdverhalten. Alles Elemente, die beim Hüten und Treiben von Vieh ähnlich von Hunden gezeigt werden, jedoch mit einem anderen Ziel.

Auch das Töten muss der junge Wolf erst erlernen. Für das Jagen sowie für das Töten muss es für den Wolf einen Auslöser geben. Man weiß, dass ein satter Wolf tagelang ruhen kann, ohne sich auch nur nach einer Beute umzudrehen. Genauso kann er tagelang auf Jagdzug sein, ohne zu fressen, bis sich ihm eine geeignete Beute bietet.

Der Hüte- und Treibtrieb muss einem bestimmten Triebbereich des Wolfes, dem Urahn unserer Hunde, zuzuordnen sein, da die Vererbung von erworbenem Verhalten nicht möglich ist. So ordnen manche den Treib- und Hütetrieb dem Jagdverhalten zu.

Vielleicht fehlt unseren Hunden das auslösende Element im Verhaltenskomplex, um wie ein Wolf zu jagen. Vielleicht fehlt auch die Möglichkeit zur praktischen Anwendung der spielerisch erlernten Verhaltensweisen und somit auch die entsprechende Erfahrung. Vielleicht bleiben diese Verhaltensweisen bei unseren Hunden auf dem Entwicklungsstand junger Hunde stehen und wir leiten sie zu unserem Nutzen um. Bis man diesen Bereich ausreichend erforscht hat, wird dies alles reine Spekulation bleiben.

Der Zughund

Das Karrenziehen war die Domäne der großen Bauernhunde. Doch hat es hierzu niemals eine Selektion auf Eigenschaften gegeben, die einen Hund zum idealen Zughund machten, sondern man hat lediglich die großen Hunde, wohl aufgrund ihrer Kraft, als geeignet angesehen, nach dem Prinzip: je größer desto besser. Die kurzhaarigen Hunde wurden hierfür bevorzugt, vermutlich weil ein langhaariger Hund länger abtrocknen muss, wenn das Fell bei Regen nass wird, und dieser auch die Hitze im Sommer schlechter verträgt.

Der Zughund gehörte bis Mitte diesen Jahrhunderts in vielen Ländern Europas zum alltäglichen Straßenbild. Der Ursprung lag in Belgien und Holland. So kann man die ersten Beschreibungen dem 17. Jahrhundert zuordnen. Doch erst im 19. Jahrhundert nahm seine Verbreitung zu.

Zuerst kannte man den Hund vor der so genannten Schiebkarre. Das war eine Karre, ähnlich wie eine heutige Schubkarre, die von einer Person geschoben wurde und vor die man einen Hund spannte, der durch seine Zugkraft mithalf, das Gefährt fortzubewegen. Später wurden dann vierrädrige Karren oder auch zweirädrige mit besonders großen Rädern entwickelt. Letztere waren in Belgien, Holland, England und der Schweiz am meisten verbreitet. Die großen Räder erleichterten das Fahren auf schlechten Wegen.

In Deutschland wird der häufig vorkommende Einsatz von Zughunden besonders in städtischen Bereichen u. a. darauf zurückgeführt, dass es keine Wegezölle für Hundegespanne zu entrichten gab. So musste beispielsweise der Viehhändler für jedes Stück Vieh ein Wegegeld zahlen, aber für einen Hund, der ihm beim Treiben des Viehs zum Marktplatz half, nichts. Das gleiche galt für Karrenhunde.

Verschiedene Zuggeschirre.
Von oben nach unten:
Brustblattgeschirr
Kragengeschirr
Kummetgeschirr

In der Schweiz sah man den Zughund am häufigsten vor den Karren der Hausierer.

Der Bauer des Mittellandes erkannte ebenfalls den praktischen Nutzen und so kennt man in der Schweiz seit etwas mehr als hundert Jahren den Zughund, der täglich die Milchkannen zur Käserei zog. Es gibt sogar Geschichten, die von Hunden erzählen, die den Weg zur Käserei und zurück allein zurücklegten.

Um die Jahrhundertwende kam mit zunehmender Verbreitung der Rassehundezucht auch ein neuer Tierschutzgedanke auf, der sicher seine Berechtigung hatte. Denn gerade die Hausierer gehörten nicht unbedingt zu denen, die tierfreundlich mit ihren Hunden umgingen. So entstanden zu diesem Zeitpunkt verschiedene kantonale Gesetze, die den Umgang mit Zughundgespannen regeln sollten. Drei Kantone erließen ein Verbot von Zughunden, wovon zwei später wieder aufgehoben wurden. Es wurden Mindestgrößen von 55–65 cm oder ein Mindestalter von 1½ bis 2 Jahren vorgeschrieben. Man wollte eine Überanstrengung der Hunde vermeiden. Dies regelte man zum Einen über Maximallasten von 120 bis 150 kg, andererseits über ein Tierarztgutachten. Teilweise gab es auch Bestimmungen zur Anschirrung. So wurde in einigen Kantonen der Hund lediglich als Mithelfer zugelassen. Die Peitsche und das Aufsitzen des Führers auf den Karren wurden verboten. Wasser für den Hund und eine Matte, auf der er während der Wartezeiten liegen konnte, mussten mitgeführt werden.

Ähnliche Bestimmungen wurden auch andernorts erlassen. Nachfolgend ein Beispiel aus Deutschland: „Bekanntmachung des Staatsministeriums, betreffend die Zughunde" im Gesetzesblatt für das Herzogtum Oldenburg von 1905:

„§ 1 Wer einen Hund zum Ziehen verwenden will, hat durch Bescheinigung eines approbierten Tierarztes nachzuweisen, daß der in der Bescheinigung nach Größe, Rasse und Farbe zu bezeichnende Hund zum Ziehen einer nach Gewicht zu bestimmenden Last geeignet ist. Dieses Zeugnis muß mindestens alle zwei Jahre erneuert werden. Der Führer eines Hundefuhrwerks hat das Zeugnis stets bei sich zu führen und den Polizeibeamten auf Verlangen vorzuzeigen.

§ 2 Hunde, welche nach § 1 zum Ziehen geeignet befunden sind, aber infolge von Krankheit oder Verletzung zum Ziehen untauglich werden, desgleichen trächtige und säugende Hündinnen, dürfen für die Dauer des Zustandes zum Ziehen nicht verwendet werden.

§ 3 Das Geschirr der Hunde muß aus mindestens vier Zentimeter breiten Bändern, Gurten oder Lederriemen gefertigt sein.

§ 4 Der Führer eines Hundefuhrwerks ist verpflichtet, ein zum Tränken des Hundes geeignetes Gefäß, und in der Zeit vom 1. Oktober bis 1. April eine trockene Unterlage bestehend aus einem genügend großen Brett mit darauf-

Der Große Schweizer strahlt stets eine erhabene Ruhe und Gelassenheit aus.

genagelter Decke, mit sich zu führen. Er hat die Hunde rechtzeitig zu tränken und muß ihnen in der Zeit vom 1. Oktober bis 1. April während des Stillstandes die Unterlage unterbreiten.

§ 5   Personen dürfen auf mit Hunden bespannten Wagen nicht befördert werden.

§ 6   Zuwiderhandlungen werden, sofern nicht nach den allgemeinen Strafgesetzen härtere Strafen verwirkt sind, mit Geldstrafe bis zu 60 Mark bestraft. Oldenburg, den 20. Februar 1905, Staatsministerium, Departement des Innern. gez.: Willig."

Weiterhin gab es auch in Deutschland tiermedizinische Untersuchungen hinsichtlich der Eignung von Hunden für Zugdienste. Eine Studie erschien 1899 in der Zeitschrift „Deutscher Tierfreund". Der Verfasser, Assistent an der Tierärztlichen Hochschule zu Dresden, setzte sich zunächst mit den gegebenen Vorurteilen auseinander:

„Noch bis in die neueste Zeit begegnet man vielfach der irrtümlichen Ansicht, der Hund sei infolge seiner natürlichen Beschaffenheit und seines Körperbaues kein Zugtier. Besonders sind es die Kynologischen und Tierschutz-Vereine, welche die Benutzung des Hundes zum Zuge bekämpfen, wie denn auch auf der für das Jahr 1896 in Genf geplanten landwirtschaftlichen Ausstellung die Errichtung einer Abteilung von Zughunden von dem betreffenden Komitee nicht genehmigt worden ist. Daß der Hund nicht zum Zuge geeignet

Große Schweizer als Zughunde der Schweizer Armee im 2. Weltkrieg

sei, hat man mit seiner Natur als Zehengänger und seinem feingegliederten Fußbau beweisen wollen. Wie haltlos dieser Beweis ist, haben indessen die Erfahrungen gezeigt. Höchst selten beobachtet man bei den Hunden Krankheiten, die lediglich infolge des Ziehens entstanden sind. Geschirrdrücken und Scheuerungen, die bei Pferden jeden Tag gesehen werden, kommen bei Hunden so gut wie gar nicht vor...

... die Anstrengungen, die der Hund beim Ziehen zu leisten hat, tragen sehr viel dazu bei, ihn gesund zu erhalten, seine Muskulatur, Herz und Lungen zu stärken... während sein Vetter an der Kette sehr frühzeitig verkümmern muß, da ihm die nötige Bewegung fehlt."

Eine weitere Untersuchung zum Thema von Professor Dr. Wilhelm Krüger vom Veterinär-Anatomischen Institut der Universität Berlin kam 1941 zu dem gleichen Ergebnis. Doch nie wurde ganz klar, wie hoch das maximale Zuggewicht für einen Hund sein darf.

In Deutschland und der Schweiz wurde hier und da das Reglement geändert oder ergänzt, bis der Zughund durch die fortschreitende Technisierung aus dem Alltag verschwand. In anderen Ländern wurde er verboten, wie z. B. in Belgien, wo er noch um die Jahrhundertwende mit bis zu 150 000 Hunden am meisten verbreitet war.

Mit den ersten Rassehundeausstellungen in der Schweiz wurden auch Zughundeprüfungen durchgeführt. Immer wieder wurde betont, wie freudig und willig sich die Hunde im Geschirr zeigen. Hierzu ein Auszug aus dem Richterbericht von A. Scheidegger über die Zughundeprüfung vom 4. März 1913 in Langenthal:

„Die uns vorgeführten 18 Zughunde zeigten sich alle freudig und willig beim Einspannen. Einer sprang von hinten auf den Wagen und vom Wagen in einem Satz in das hingehaltene Geschirr hinein. Alle stellten sich freudig, meist ohne Befehl – sobald sie sahen, dass der Meister das Geschirr zur Hand nahm. Manche benahmen sich dabei sehr geschickt helfend; einige waren mühsam einzuspannen, weil sie vor Ungeduld, dass es jetzt bald losgehe, kaum stillzuhalten vermochten; einige standen wie Pferde still und zeigten die Freude nur durch beständiges Wedeln. Keiner war dabei freudlos oder gar unwillig. Dass das Ziehen den Hunden Freude macht, haben sie deutlich und einhellig dokumentiert. Manche der Zughunde machen am Anfang ihrer Freude noch durch Bellen Luft, manche bellen noch lange Zeit während des Ziehens, andere arbeiten still ... Sichtlich vermieden es alle Hunde, in langsamem Schritt zu ziehen; es musste wenigstens in einem leichten Trab gezogen werden ... Die meisten Tiere erwarteten in freudiger Spannung horchend das leiseste Wort zum Vorwärtsgehen mehr wie eine Erlaubnis als wie einen Befehl zur Arbeit. Nirgends war ein strenges Kommando notwendig."

Professor Dr. A. Heim, der Entdecker der Schweizer Sennenhunde schließt seinen Bericht zu dieser Prüfung folgendermaßen:

„Als Helfer zum Transport kleinerer Lasten ist der Zughund nicht zu ersetzen. Die Milch, Gemüse, Brot, Fleisch, Eier, Blumen liefernde Bevölkerung kleinerer Städte würde ruiniert sein, wenn man ihr den Zughund wegnähme. Und der Hund wäre dadurch ruiniert! ... Schützen wir den Zughund wie das ziehende Pferd. Lassen wir jedem das Mass von Arbeit, für das es sich eignet. Gönnen wir auch dem Hunde seine Arbeitsleistung, die ihn gesund und lebensfroh erhält, viel länger, als es bei Müssiggang der Fall sein würde. Wer das Tier wirklich lieb hat, der muss sich über jede praktische Verwendung seiner Fähigkeiten im Dienste der Menschen freuen, denn das sichert ihm Leben und Wertschätzung ... Ihm die Arbeit zu verbieten, für die er sich geeignet erweist, ist das Gegenteil von Tierschutz."

Worin die Freude am Ziehen liegt, lässt sich für uns nur vermuten. Vielleicht liegt es in der großen Bereitschaft der Sennenhunde, immer etwas für ihre Menschen tun zu wollen, vielleicht auch in der Befriedigung, die der Hund durch die körperliche Anstrengung erfährt, vielleicht auch einfach darin eine Aufgabe zu haben, die ihn für einen Augenblick zum Mittelpunkt des Geschehens macht.

Ein schweizer Trio: Berner- und Entlebucherhündin neben einem Appenzellerüden. (v. li. n. re.)

Vom primitiven Bauernhund zum Rassehund

Mitte des 19. Jahrhunderts trat der Gebrauchszweck eines Hundes immer mehr in den Hintergrund, man konzentrierte sich nun auch auf das äußere Erscheinungsbild und das Nutztier Hund wurde langsam zum „Luxustier". Diese Entwicklung begann hauptsächlich in England und breitete sich von dort auf den Kontinent aus. Erste Hundeausstellungen fanden statt. Eine gezielte Hundezucht mit neuen Schwerpunkten setzte ein. So blieb zwar eine Selektion auf bestimmte Leistungen und psychische Eigenschaften erhalten, aber eine Selektion auf eine bestimmte Färbung, Zeichnung oder Haarart sowie Gebäudemerkmale kam hinzu. Sicher gab es auch vorher Ähnlichkeiten in Bezug auf zuletzt genannte Selektionskriterien, doch waren sie mehr dem Zufall zuzuschreiben.

Es wurde schick, sich ausländische Rassehunde anzuschaffen. Der Blick für die einheimischen schweizerischen Hunde, die ja eh nur als primitive Bauernhunde galten, wurde dadurch versperrt.

Doch einige Kynologen, darunter auch der Geologe Professor Dr. Albert Heim, sahen in diesen Bauernhunden auch einheimisches Kulturgut und entdeckten unter ihnen die heute bekannten Sennenhundrassen.

Der Appenzeller Sennenhund (das Tryberli)

Aus der Vielfalt der schweizer Bauernhunde konnte sich das Treiberli, auch Tryberli genannt, des Kühers entwickeln. Konstante Selektion auf Gebrauchseigenschaften wie Treiben und Hüten, Wachsamkeit, Robustheit, Genügsamkeit, Ausdauer, Geschicklichkeit und Wendigkeit machten ihn zu dem, was er auch heute noch ist. In den entlegenen Bergregionen konnten sich lokale Schläge bilden, sicher auch durch die damit verbundene Inzucht, somit war er am häufigsten im Appenzell, dem Gebiet, das ihm den Namen gab, und der übrigen Ostschweiz verbreitet.

Am Anfang sah man Appenzeller und Entlebucher noch als eine Rasse an, erst später erkannte man im Entlebucher eine gewisse Eigenständigkeit.

Max Siber machte 1895 die Schweizerische Kynologische Gesellschaft auf die schweizer Treibhunde aufmerksam und bemühte sich um die Erhaltung durch Reinzucht. Man machte sich auf den Weg, um auf Viehmärkten nach typischen Vertretern zu suchen, und fand im Wesen und Gebäude sehr ausgeglichene Hunde. Viele von ihnen waren kastriert, was damit begründet wurde, dass sie dann besser am Hause bleiben und auch fetter werden. Letzteres war sicher wichtig, weil die Hunde auch gegessen wurden.

Nach Sibers Tod im Jahre 1899 konnte erst Prof. Dr. A. Heim wieder Interesse für diese Rasse erwecken und somit wurde 1906 ein Verein für Appenzeller Sennenhunde gegründet. Die heutige Zucht baut sich im Grunde auf elf Tiere unbekannter Herkunft auf. Die Junghunde wurden hauptsächlich an Bauern und Sennen abgegeben, auch noch bis weit in unser Jahrhundert hinein. Daraufhin blieb eine strenge Selektion auf den Gebrauchswert bestehen.

Als Stammmutter kann Diana vom Säntis, SHSB 2099, bezeichnet werden. Heim beschreibt sie als ein wahres Urbild in Form, Ausdruck und Zeichnung.

Die Gesamterscheinung des Appenzellers war zu Beginn der Reinzucht sehr unausgeglichen. So gab es neben den stockhaarigen auch glatt-, rau- und langhaarige Hunde. Wenn auch die typische Dreifarbigkeit vorherrschte, so fand man doch viele bunte Varietäten und in einem Wurf konnten noch in Fell und Farbe verschiedenartige fallen. Die weißen Abzeichen waren besonders stark vorhanden als Halskragen oder hohe weiße Stiefel an den Läufen. Auch heute können Halskragen in ganzer oder halber Form oder auch kleine bis große weiße Nackenflecken vorkommen.

Prinz von Eschenburg gehört zu den Appenzellern, mit denen die Reinzucht begonnen wurde.

Der Appenzeller Frisch von der Sitter SHSB 3471, gew. 1906, gehörte zu den wichtigsten Deckrüden dieser Zeit.

Den Appenzeller gibt es außer in Schwarz auch in Havannabraun, wobei dann der Nasenspiegel, die Augenlider und die Lefzen auch braun pigmentiert sind und die Augenfarbe ein helleres Braun zeigt. In einem Wurf können sowohl schwarze als auch havannabraune Welpen fallen, letztere sind jedoch selten. Das Havannabraun gilt als rezessives Merkmal und kann somit nur zur Auswirkung kommen, wenn beide Elterntiere entsprechende Genträger sind.

Die typische Ringelrute war damals noch nicht die Regel, vielfach wurde sie sichelförmig über den Rücken getragen. Wiederum war es Prof. Heim, der von der Ringelrute als uraltes Merkmal überzeugt war. Heute ist die Rute als lustig eingerolltes „Posthörnchen" nicht mehr wegzudenken, wobei sie in der Ruhe meistens hängend getragen wird.

Bemerkenswert beim Appenzeller ist die hohe Fruchtbarkeitsrate, nicht selten fallen acht Welpen oder mehr in einem Wurf.

Die Arbeit an der Herde hatte aus ihm einen selbstständig handelnden Hund gemacht, der, einmal angeleitet, kaum noch einer Führung bedurfte. So wird beschrieben, dass das Treiberli sofort und selbstständig begann, das Vieh zur Alphütte zu treiben, wenn es nur schon das Klirren der Melkgefäße zur Melkzeit hörte.

Dr. B. Kobler, ein Förderer der Sennenhunde erzählt:

„Ein Appenzeller Viehhändler verkauft oft Zuchtvieh nach Deutschland. Dann muß er die Tiere vom Appenzellerland bis an den Bodensee auf der Straße vier Stunden weit führen und sie dann auf das Schiff einladen. Dabei hilft ihm sein bewährter Appenzellerbläß getreulich mit. Sind die Tiere auf das Schiff verladen, so befiehlt der Händler seinem Hund: – Bläß, gang hei! – Sofort reist der Hund ab und läuft allein etwa vier Stunden weit ins Appenzellerland hinauf, wo er jedesmal sicher eintrifft."

In den 20er Jahren brachte die Familie Behrens die ersten Appenzeller nach Deutschland, „Frack" und „Hirtli v. Säntis". Die ersten Würfe fielen 1924 und 1926. Doch von einer regelmäßigen Zucht in Deutschland kann man erst ab den 70er Jahren sprechen.

Typisch Appenzeller

Die Reinzucht hat den Appenzeller zu dem gemacht, wie man ihn heute kennt. Er ist vom Gebäude eher quadratisch gebaut, wirkt drahtig und gut bemuskelt. Charakteristisch ist sein wie ein Dreieck geformter Kopf, sein pfiffiger Gesichtsausdruck und natürlich das so genannte Posthörnchen, das seitlich eingerollt über den Rücken getragen wird. Die Liebhaber dieser Rasse hören das Wort Ringelrute gar nicht gerne. Ein Kenner wird sie stets nur als Posthörnchen bezeichnen.

Das so typische Posthörnchen des Appenzellers wird nach links oder rechts eingerollt getragen.

Auch heute noch ist der Appenzeller lebhaft, man sagt, „von quecksilbrigem Temperament". Er hat eine verblüffende Auffassungsgabe und ist außergewöhnlich ausdauernd, flink und lernbegierig. Seine Beobachtungsgabe und Reaktionsschnelligkeit ist schon fast sprichwörtlich. Seinem besonders in der Aufmerksamkeit fast stechenden Blick entgeht nichts. All dies macht ihn zu einer Art Workaholic.

Einem noch jugendlichen Appenzeller sagt man nach, dass ihm schon mal sein Temperament förmlich durchgeht. Doch mit zunehmendem Alter kann man beobachten, dass auch er ruhiger und ausgeglichener wird.

Der Rückgang und die Technisierung der Landwirtschaft haben ihm seinen Arbeitsplatz genommen. Er stellt heute eine Herausforderung für

Ein Appenzeller mit dem typischen „Posthörnchen".

aktive sportliche Menschen dar, die ihm außer reichlich Bewegung auch „Arbeit für den Kopf" geben wollen. Ein Appenzeller braucht ein konsequentes Gehorsamstraining.

Man nennt ihn gern den Unbestechlichen. Für seine Menschen geht der Appenzeller durchs Feuer, ihnen ist er treu verbunden. Doch allem Fremden gegenüber kann er sich auch heute noch äußerst misstrauisch zeigen. Besucht man ein Haus, dass von einem Appenzeller bewacht wird, so wird man von ihm mit einem hellen Bellen begrüßt. Er hält einige Meter Distanz und umkreist eventuell den Besucher. Erst ein Wort seines Menschen lässt ihn das Bellen einstellen. Doch ist sein Misstrauen damit noch nicht erloschen. Einige halten weiterhin die Distanz und lassen sich noch lange nicht von dem Fremden anfassen. Ist dann Ruhe eingekehrt und der Besucher befindet sich schon einige Zeit im Haus, kann es sein, das der Haushund sich ihm zum Streicheln aufdrängt. In der Regel ist die Distanz dann aufgehoben, doch der Fremde wird weiterhin aufmerksam beobachtet.

In Einzelfällen kann dieses Misstrauen übersteigert sein. Ein solchermaßen veranlagter Hund kann auch einmal zuschnappen, wenn er von einem Fremden zu stark bedrängt wird. Doch verantwortungsvolle Züchter, die mit wesensstarken Hunden züchten und für eine menschenbezogene Aufzucht sorgen, tragen dazu bei, dass dies Ausnahmen bleiben.

Der Appenzeller ist wie der Entlebucher der geborene Apportierer. Man braucht es ihm nicht beizubringen. Er bringt spielerisch alles wieder, was man ihm wirft oder rollt, und wird nicht müde dabei. Zu seinen typischen Verhaltensweisen gehören auch heute noch das Treiben und Hüten sowie eine gewisse Bellfreudigkeit.

Rassestandard: Appenzeller Sennenhund

Klassifikation F.C.I.: Nr. 46 /12. 5. 1993/D
Gruppe 2 (Pinscher, Schnauzer, Molosser und Schweizer Sennenhunde)
Sektion 3 (Schweizer Sennenhunde), ohne Arbeitsprüfung.
Ursprung: Schweiz
Verwendung: Treib-, Hüte-, Wach-, Haus- und Hofhund. Heute auch vielseitiger Arbeits- und Familienhund.
Allgemeines Erscheinungsbild: Dreifarbiger, mittelgroßer, fast quadratisch gebauter Hund, in allen Teilen harmonisch ausgeglichen, muskulös, mit pfiffigem Gesichtsausdruck.
Wichtige Maßverhältnisse: Widerristhöhe zu Körperlänge = 9:10, eher gedrungen als lang, Fanglänge zum Oberkopf = 4:5.
Charakter und Verhalten (Wesen): Lebhaft, temperamentvoll, selbstsicher und furchtlos. Leicht misstrauisch gegenüber Fremden, unbestechlicher Wächter; freudig, lernfähig.
Kopf: Harmonisches Größenverhältnis zum Körper, leicht keilförmig.
Oberkopf: Ziemlich flach, am breitesten zwischen den Ohren, zum Fang hin sich gleichmäßig verjüngend. Hinterhauptbeinhöcker sehr wenig ausgeprägt. Stirnfurche mäßig ausgebildet. Stirnabsatz (Stopp) wenig ausgeprägt. Backen kaum ausgeprägt.
Fang: Mittelkräftig, gleichmäßig sich verjüngend, mit kräftigem Unterkiefer. Nasenrücken gerade.
Nase: Beim schwarzen Hund: schwarz, beim havannabraunen Hund: braun (möglichst dunkel).
Lefzen: trocken und anliegend, beim schwarzen Hund schwarz, beim havannabraunen Hund braun (möglichst dunkel) pigmentiert.
Gebiss: Kräftiges, vollständiges und regelmäßiges Scherengebiss; Zangengebiss toleriert. Ein fehlender oder doppelte PM1 (Prämolaren 1) und das Fehlen der M3 (Molaren 3) toleriert.
Auge: Ziemlich klein, mandelförmig, nicht vorstehend, etwas schräg gegen die Nase gestellt. Ausdruck lebhaft. Farbe: beim schwarzen Hund Dunkelbraun, Braun; beim havannabraunen Hund helleres Braun, aber so dunkel wie möglich. Augenlider: gut anliegend, beim schwarzen Hund schwarz, beim havannabraunen Hund braun (möglichst dunkel) pigmentiert.

Ohren: Ziemlich hoch und breit angesetzt, hängend, in Ruhestellung flach und an den Backen anliegend getragen; dreieckig, an der Spitze leicht abgerundet. Bei Aufmerksamkeit am Ansatz angehoben und nach vorne gedreht, so dass von vorne und oben gesehen der Kopf mit den Ohren ein auffälliges Dreieck bildet.

Hals: Mittellang, kräftig, trocken.

Körper: Kräftig, kompakt.

Rücken: Mäßig lang, fest und gerade.

Kruppe: Kurz, in Fortsetzung der Rückenlinie gerade verlaufend.

Brust: Breit, tief, bis zu den Ellenbogen reichend, mit deutlicher Vorbrust. Brustbein genügend weit nach hinten reichend. Rippenkorb von rund ovalem Querschnitt.

Lendenpartie: Kurz und gut bemuskelt.

Bauch: Nur wenig aufgezogen.

Rute: Hoch angesetzt, kräftig, von mittlerer Länge, dicht behaart, Haare an der Unterseite etwas länger. In der Bewegung über die Kruppe gerollt, seitlich oder in der Mitte getragen.

Gliedmaßen: Kräftiger Knochenbau.

Vorderhand:

Allgemeines: Gut bemuskelt, Stellung von vorne gesehen gerade und parallel, nicht zu eng.

Schulter: Schulterblatt lang und schräg liegend.

Oberarm: Gleich lang oder nur wenig kürzer als Schulterblatt. Winkel zum Schulterblatt nicht zu stumpf. Ellenbogen gut anliegend.

Unterarm: Gerade, trocken.

Vordermittelfuß: Von vorne gesehen in geradliniger Fortsetzung des Unterarms; von der Seite gesehen ganz leicht abgewinkelt.

Pfoten: Kurz, gewölbt und geschlossen.

Hinterhand:

Allgemeines: Gut bemuskelt, Stellung von hinten gesehen gerade und parallel, nicht zu eng.

Oberschenkel: Ziemlich lang, zum Unterschenkel hin einen offenen Winkel bildend, in Harmonie mit der Winkelung der Vorderhand.

Unterschenkel: Etwa gleich lang oder nur wenig kürzer als der Oberschenkel. Winkel zum Oberschenkel nicht zu stumpf. Trocken und gut bemuskelt.

Sprunggelenk: Relativ hoch angesetzt.

Hintermittelfuß: Senkrecht und parallel gestellt, weder ein- noch ausgedreht. Afterkrallen müssen entfernt sein.

Pfoten: Kurz, gewölbt und geschlossen.

Gangwerk: Kräftiger Schub, weiter Vortritt. Im Trab, von vorne und von hinten gesehen, geradlinige Gliedmaßenführung.

Haarkleid: Stockhaar, fest und anliegend.

Catjoucha von den Tryberli's, eine junge charmante Appenzellerhündin.

Beschaffenheit des Haares: Deckhaar dicht und glänzend. Unterwolle dicht, schwarz, braun oder grau; Durchscheinen der Unterwolle unerwünscht. Leicht gewelltes Haar nur auf Widerrist und Rücken toleriert, aber unerwünscht.

Farbe und Zeichnung: Grundfarbe Schwarz oder Havannabraun, mit symmetrischen rostbraunen und weißen Abzeichen. Kleine rostbraune Abzeichen (Flecken) über den Augen. Rostbraune Abzeichen an den Backen, an der Brust (links und rechts, im Bereich des Schulter-Oberarm-Gelenkes) und an den Läufen, wobei das Rostbraun stets zwischen Schwarz bzw. Havannabraun und Weiß liegen muss. Weiße Abzeichen: gut sichtbare weiße Blesse, die vom Oberkopf ohne Unterbrechung über den Nasenrücken zieht und die Schnauze ganz oder teilweise umfassen kann. Weiß vom Kinn über Kehle ohne Unterbrechung bis zur Brust. Weiß an allen vier Pfoten, Weiß an der Rutenspitze. Weißer Nackenfleck oder halber Halsring toleriert. Durchgehender dünner weißer Halsring zwar toleriert, aber nicht erwünscht.

Größe:

Widerristhöhe: Rüde: 52–56 cm, Toleranz 50–58 cm; Hündin: 50–54 cm, Toleranz 48–56 cm.

Fehler: Jede Abweichung von den vorgenannten Punkten ist als Fehler anzusehen. Dessen Bewertung muss im Verhältnis zum Grad der Abweichung stehen und mit berücksichtigen, inwieweit Wesentliches beeinträchtigt ist.

- mangelndes Geschlechtsgepräge; Unter- und Übergröße (bezüglich Toleranzangaben); sehr langes oder unharmonisches Gebäude; sehr schwerer oder sehr leichter Kopf; runder Oberkopf; zu stark ausgeprägter Stopp; zu lange, zu kurze, dünne, spitze Schnauze; Ramsnase; zu stark ausgebildete Lefzen; Fehlen von mehr als einem PM1 (Prämolar 1); Vor- und Rückbiss; zu stark vortretende Backen; runde, hervorstehende oder zu helle Augen; Entropium und Ektropium; zu kleine, zu große, abstehende, zu hoch resp. zu tief angesetzte Ohren; Senkrücken, Karpfenrücken, überbaute Kruppe; aufgezogener Bauch; flacher oder zu tonnenförmiger Brustkorb, fehlende Vorbrust, zu kurzes Brustbein; weiche Vorderfußwurzelgelenke; länglich-ovale Pfoten (Hasenpfoten), gespreizte Zehen; ausgedrehte Ellenbogen; ungenügende Winkelung der Vorder- und/oder der Hinterhand; Kuhhessigkeit; Sichelrute; unkorrekter Bewegungsablauf, z. B. kurztrittig-stelzend, bodeneng, überkreuzend usw.; Zeichnungsfehler: schwarze Tupfen im Weiß, unterbrochene Blesse, durchgehender breiter weißer Halsring, unterteiltes Weiß an der Brust, deutlich über die Vorderfußwurzel reichendes Weiß (Stiefel), fehlendes Weiß an den Pfoten und an der Rutenspitze; Wesensschwäche, Temperamentlosigkeit, Aggressivität.

Von der Bewertung ausschließende Fehler: Blaues Auge, Birkauge; eindeutige Hängerute, Knickrute; andere Haarart als Stockhaar; fehlende Dreifarbigkeit; andersfarbig als Schwarz resp. Havannabraun.

N. B.: Rüden müssen zwei offensichtlich normal entwickelte Hoden aufweisen, die sich vollständig im Skrotum befinden.

Der Berner Sennenhund
(der Dürrbächler)

Auch der Berner entstammt der Vielfalt von schweizer Bauernhunden und wird heute gerne als Edelstein der Hundezucht bezeichnet. Er war der Hofwächter, der Käsereihund, gelegentlich auch der Treibhund der Metzger und Händler, gerade im 19. Jahrhundert ein begehrter Zughund und ebenso der Renommierhund des Bauernburschen.

Zwischen Bern und Gurnigel lag der Ort Dürrbach mit dem gleichnamigen Wirtshaus. Hier im Dürrbachgebiet soll ein großer, starker, genügsamer, langhaariger und dreifarbiger Hund verbreitet gewesen sein, der gern als Zughund von fahrenden Händlern eingesetzt wurde. Das Wirtshaus Dürrbach war der Treffpunkt der dort heimischen Bauern und Sennen, vieler Reisender und auch der Händler. Von hier aus sprach sich die Intelligenz und Fähigkeit dieser Hunde bis nach Bern herum. Für den

Netty von Burgdorf SHSB 3479, gew. 1906, wurde von Prof. Heim als eine der schönsten Hündinnen bezeichnet.

Leo (Greiner) SHSB 9018, gew. 1916, war in den zwanziger Jahren ein viel gebrauchter Zuchtrüde.

Kleintransport in der Stadt brauchte man solche Hunde und so holte man sie sich aus Dürrbach. Schon bald sprach man nur noch vom Dürrbächler. Doch Hunde des gleichen Typs waren auch im ganzen Mittelland verbreitet.

1902 nahmen die ersten vier Dürrbächler an einer Ausstellung in Bern teil. Fritz Probst sah mit einigen kynologischen Freunden in den weit verbreiteten Karrenhunden, genannt Dürrbächler, eine eigene Rasse. Doch der Durchbruch kam erst zwei Jahre später. Auf einer Ausstellung wiederum in Bern im Jahre 1904 fand eine erste Versuchsklasse für Sennenhunde statt, an der von Fritz Probst sechs Rüden und eine Hündin als Dürrbächler gerichtet wurden. Vier dieser Hunde wurden ins Schweizer Hundestammbuch eingetragen, darunter auch Belline 2701, ein Findling mit unbekannter Abstammung, die von Herrn Mumenthaler gekauft wurde und zu den Stammtieren der Reinzucht zählt.

Die Zeichnung war zu dieser Zeit noch sehr unterschiedlich. Wahrscheinlich gab es mehr rote als schwarze Hunde; die Größe variierte ebenfalls. Der Dürrbächler war kleiner und sportlicher im Vergleich zum heutigen Bernertyp. Prof. Heim war es, der immer vor Übertreibungen warnte, sowohl in Bezug auf eine allzu korrekte Zeichnung als auch auf einen zu massigen oder einen zu setterartigen Körperbau. Er wünschte sich Hunde mit guten Proportionen und flüssigen Bewegungen. Die breite weiße Blesse kam häufig vor, eine fehlende Blesse war in der Minderheit und ein weißer Halskragen nur ganz selten. Sehr häufig war noch eine Ringelrute, die übrigens zeitweise als Zeichen besonderer Schönheit galt. Doch die schwebend und hängend getragene Rute setzte sich durch. Das Kraushaar war am meisten verbreitet. Doch Prof. Heim war sich sicher: *„Das Kraushaar muss weg, es ist unschön und unpraktisch."*

1907 wurde der „Schweizer Dürrbachklub" gegründet. Da die Dürrbächler im ganzen Bernergebiet verbreitet waren und als Angleichung an die anderen Sennenhundrassen, nahm man auf Heims Anregung 1908 eine Umbenennung in „Berner Sennenhund Club" und 1928 in „Schweizer Klub für Berner Sennenhunde" vor.

Die Nachfrage nach dem Dürrbächler stieg stetig und so fingen viele an, diese nun anerkannte Rasse zu züchten. Doch die meisten stellten ihre Hunde nicht aus und schlossen sich auch nicht dem Rasseclub an. Um aber eine einheitliche Rasse schaffen zu können, war dies erforderlich. So entstand die Idee eine Heerschau für Hunde der Dürrbachrasse durchzuführen. Im April 1910 war es soweit. Man hatte über ländliche Tageszeitungen das Vorhaben und den Termin bekanntgegeben. Erwartet wurden ca. 30 Hunde, doch 107 waren gekommen: ein überwältigendes Ergebnis. Was auch zeigt, dass diese Hunde viel weiter verbreitet waren, als man angenommen hatte. Prof. Heim stand als Richter zur Verfügung. Er beurteilte 47 Hunde als vorzüglich, 33 als gut, 19 als mangelhaft und acht als nicht von der Rasse.

Bis zum Ausbruch des Ersten Weltkrieges 1914 konnte sich die Rasse bereits recht einheitlich entwickeln. Besonders gefördert wurde die Zucht von den Burgdorfer Geschäftsleuten, G. Mumenthaler und Max Schafroth, und Züchtern wie Franz Schertenleib (vom Schloßgut), der immer wieder Hunde aufkaufte und sie der Rasse als Findlinge zuführte, und Dr. Scheidegger (vom Oberaargau), der einen systematischen Zuchtaufbau betrieb.

Anfang der zwanziger Jahre war der Rüde Leo (Greiner), SHSB 9018, der am häufigsten eingesetzte Zuchtrüde. Seine Abstammung war etwas unklar, da seine Mutter während der Hitze von mindestens zwei Rüden gedeckt wurde. Er war „ein herrlicher Bursche", wie Heim ihn nannte, und belegte auf jeder Ausstellung den ersten Platz. Er verkörperte einen stämmigen, kompakten Typ und wies den Weg zum wesentlich schwereren Berner, der dann auch später weiter verfolgt wurde und zum heutigen Typ führte.

Durch die immer wieder der Zucht zugeführten Findlingshunde blieb der Inzuchtgrad beim Berner zunächst verhältnismäßig gering. Trotzdem entschied man sich in den vierziger Jahren eine Blutauffrischung vor-

42

Zum Knuddeln, oder? Doch vergessen Sie nie, es ist und bleibt ein Hund. (Berner ca. acht Wochen alt)

zunehmen. Vielleicht wollte man damit auch eine Verbesserung des immer wieder auftretenden scheuen Bauernhundewesens erreichen. Der planmäßigen Zuchtauswahl kam ein Zufall zuvor. Der Neufundländerrüde Pluto v. Erlengut 83 863 deckte die Bernerhündin Christine v. Lux 97 377, indem er einfach einen Zaun übersprang, der beide trennen sollte. Aus dieser Verbindung wurde die Hündin Babette aufgezogen. Sie glich im Körperbau und Wesen dem Neufundländer und hatte weiße Zehenspitzen an den Hinterläufen und ein paar weiße Haare am Kinn. Babette wurde 1951 mit Aldo v. Tieffurt 4763 verpaart, woraus die Hündin Christine v. Schwarzwasserbächli hervorging. Diese wurde von dem Bernerrüden Osi v. Allenlüften 9872 gedeckt. Sie warf 1952 fünf sennenhundfarbige Welpen, einer davon war Alex von Angstorf, der von großer Bedeutung für die Zucht wurde. 1956 wurde er Weltsieger.

Alex zeugte 51 Würfe, niemals ist ein schwarzer Neufundländer gefallen. Eine Verbesserung im Gebäude, des schlichten Haarkleids und im Wesen war das Ergebnis.

In den Anfängen war das Wesen des Berners noch recht unausgeglichen. Übertrieben misstrauische Hunde waren nicht selten, auch Angstbeißer kamen vor. Auf den entlegenen Höfen waren solche Hunde begehrt. Der Berner fand aufgrund seiner imposanten Erscheinung schnell viele neue Liebhaber, doch für einen Begleithund war ein solches Wesen unerwünscht. Durch eine Selektion auf ein freundliches und sicheres Wesen konnte sich dann der Berner, wie man ihn heute kennt, entwickeln.

Nach Deutschland kam der erste Berner, Senn vom Schloßgut SHSB 10 331, aus Schertenleibs Zucht um 1911. Das Ehepaar Nanny und Frank Behrens hatten die Schweizer Sennenhunde von Prof. Heim auf einer Hundeausstellung in München empfohlen bekommen. Regina vom Oberaargau SHSB 8709 aus dem Zwinger von Dr. Scheidegger wurde 1917 dazugekauft. Doch der erste Wurf fiel wohl aufgrund des ersten Weltkrieges erst 1919 im Zwinger vom Sieberhaus.

Das Ehepaar Behrens gehört zu den Initiatoren und Begründern des Schweizer Sennenhund Vereins für Deutschland e. V., der sich, 1923 gegründet, die Zucht aller vier Sennenhundrassen in Deutschland zur Aufgabe gemacht hat.

Der Berner Sennenhund ist heute sicher der bekannteste der vier Sennenhundrassen und auch der mit der größten Verbreitung. In den letzten Jahren stieg seine Beliebtheit derart, dass man ihn fast schon als Modehund bezeichnen konnte. Eine solche Entwicklung tut einer Rasse niemals gut, denn in so einem Fall wenden sich auch geschäftstüchtige Händler und Hundevermehrer der Rasse zu. Doch deren Ziel ist nicht die Gesunderhaltung, Verbesserung und Förderung der Rasse, sondern sie wollen lediglich eine schnelle Mark machen. Aufgeklärte Welpeninteressenten und verantwortungsbewusste Züchter können gemeinsam dafür sorgen, dass diese skrupellosen Geschäftemacher keinen Erfolg haben.

Typisch Berner

Vom Wesen ist der Berner ausgesprochen gutmütig und ausgeglichen. So stark und bärig er äußerlich wirkt, so sensibel ist er. Man spricht bei ihm von einem mittlerem Temperament. In den Jugendjahren kann man ihn allerdings auch als recht ungestüm und temperamentvoll bezeichnen. Darüber hat sich schon so mancher gewundert, der glaubte, einen ruhigen Berner erworben zu haben. Prof. Heim hat immer gesagt: *„Der Berner ist drei Jahre ein junger, drei Jahre ein erwachsener und drei Jahre ein alter Hund."*

Der Berner ist sehr menschenbezogen und anhänglich, Fremden gegenüber freundlich und sicher. Am wohlsten fühlt er sich, wenn er seine ganze Familie oder die ihm vertrauten Personen um sich hat. Dann geht er von einem zum anderen und holt sich seine Streicheleinheiten oder liegt in der Mitte und beobachtet gelassen und zufrieden das Treiben um sich herum. Er ist ein kontaktfreudiger Hund, der stets etwas zum Anlehnen sucht. Befindet man sich wartender Weise in einer Menschengruppe, so wärmt er garantiert irgend jemandem die Füße, indem er einfach darauf sitzt und sich anlehnt. Und das können ihm vollkommen fremde Personen sein.

Er lernt schnell und hat eine gute Führigkeit. Er ist sehr vielseitig, was die Ausbildung angeht, durchaus auch geschickt und wendig, aber sicher nicht so ausdauernd wie die kleineren Sennenhundvertreter.

Auch er ist sehr wachsam, allerdings auf eine etwas andere Art. Er ist bei weitem nicht so bellfreudig wie seine Sennenhundkollegen. So bellt er niemals unnötig schon bei dem kleinsten Geräusch, sondern erst, wenn sich dem Besitz seiner Menschen etwas wirklich Fremdes nähert oder Gefahr droht. Manchmal entwickelt sich diese Wachsamkeit erst recht spät. Er läuft dem Besucher meistens bellend entgegen, nähert sich ihm in der Regel freundlich, stellt dann oftmals das Bellen ein und begleitet den Fremden so lange, bis einer seiner Menschen dazukommt. Nun beobachtet er genau, wie sich sein Mensch verhält. Ist er freundlich, bleibt er es auch. So macht er sein Verhalten von seinen Beobachtungen abhängig.

Den Berner schmückt sein schlichtes bis leicht gewelltes Langhaar ganz besonders und so wirkt er oft wie ein kuscheliger Teddybär. Doch soll auch gleich an dieser Stelle davor gewarnt werden, ihn als solchen zu sehen. Denn in jedem Berner steckt jede Menge Hund. Er kann zwar bei konsequenter Erziehung zu einem knuddeligen Teddy werden, aber er wird in der Regel nicht als solcher geboren. Er hat reichlich Charme, seinem Blick kann man kaum widerstehen und so schafft er es leicht, seine Menschen um die „Pfote" zu wickeln. Doch ein allzu häufiges Nachgeben kann auch bei ihm eine Verschiebung der Rangordnung ergeben.

Berner Sennenhündin Bamses Arriba, genannt Pelle

Rassestandard: Berner Sennenhund

Klassifikation F.C.I.: Nr. 45 /12.3. 1993 /D

Gruppe 2 (Pinscher, Schnauzer, Molosser und Schweizer Sennenhunde)

Sektion 3 (Schweizer Sennenhunde), ohne Arbeitsprüfung.

Ursprungsland: Schweiz

Verwendung: Ursprünglich Wach-, Treib- und Zughund auf Bauernhöfen, heute auch Familienhund und vielseitiger Arbeitshund.

Allgemeines Erscheinungsbild: Langhaariger, dreifarbiger, übermit-
telgroßer, kräftiger und beweglicher Gebrauchshund mit stämmigen
Gliedmaßen; harmonisch und ausgewogen.

Wichtiges Maßverhältnis (Format): Verhältnis der Widerristhöhe zur
Körperlänge ca. 9:10; eher gedrungen als lang.

Charakter und Verhalten (Wesen): Sicher, aufmerksam, wachsam
und furchtlos in Alltagssituationen, gutmütig und anhänglich im Umgang mit vertrauten Personen, selbstsicher und freundlich gegenüber
Fremden; mittleres Temperament, gute Führigkeit.

Kopf: Kräftig; Oberkopf im Profil und von vorne gesehen wenig gewölbt; ausgeprägter, jedoch nicht zu starker Stirnabsatz (Stopp), wenig
ausgebildete Mittelfurche; kräftiger, mittellanger gerader Fang.

46

Berner haben viele Gesichter.

Nasenspiegel: schwarz.

Lefzen: Wenig ausgebildet und anliegend, schwarz.

Gebiss: Vollständiges kräftiges Scherengebiss.

Augen: Dunkelbraun, mandelförmig, mit gut anliegenden Lidern.

Ohren (Behang): Dreieckig, leicht abgerundet, hoch angesetzt, mittelgroß, in der Ruhe flach anliegend.

Hals: Kräftig, muskulös, mittellang.

Körper: Kräftig, kompakt.

Brust: Bis auf Ellenbogenhöhe reichend, breit, mit deutlicher Vorbrust; Rippenkorb von breit-ovalem Querschnitt.

Rücken: Fest und gerade.

Lendenpartie: Breit und kräftig.

Kruppe: Sanft abgerundet.

Bauch: Nicht aufgezogen.

Rute: Buschig, mindestens bis zum Sprunggelenk reichend, in Ruhestellung hängend, in Bewegung schwebend auf Rückenhöhe oder leicht darüber getragen.

Gliedmaßen:

Vorderhand:

Allgemeines: Stellung eher breit, von vorne gesehen gerade und parallel.

Schulter: Lang, kräftig, schräg gestellt, mit dem Oberarm einen nicht zu stumpfen Winkel bildend, anliegend und gut bemuskelt.

Vordermittelfüße: Nahezu senkrecht stehend, fest.

Pfoten: Kurz, rundlich und geschlossen; Zehen gut gewölbt.

Hinterhand:

Allgemeines: Stellung von hinten gesehen gerade, nicht zu eng, Hintermittelfüße und Pfoten weder ein- noch auswärts gedreht; Afterkrallen müssen entfernt sein.

Oberschenkel: Ziemlich lang, von der Seite gesehen mit dem Unterschenkel einen deutlichen Winkel bildend, breit, kräftig und gut bemuskelt.

Sprunggelenke: Kräftig und gut gewinkelt.

Gangwerk: Raumgreifender, gleichmäßiger Bewegungsablauf in allen Gangarten; ausgreifender, freier Vortritt und guter Schub aus der Hinterhand; im Trab von vorne und von hinten betrachtet geradlinige Gliedmaßenführung.

Haarkleid:

Beschaffenheit des Haares: Lang, schlicht oder leicht gewellt.

Farbe des Haares: Tiefschwarze Grundfarbe mit sattem, braunrotem Brand an den Backen, über den Augen, an allen vier Läufen und auf der Brust, und mit weißen Abzeichen wie folgt:

- saubere weiße symmetrische Kopfzeichnung; Blesse, die sich gegen die Nase hin beidseitig zur weißen Fangzeichnung verbreitert. Die Blesse sollte nicht bis an die Überaugenflecken und die weiße Fangzeichnung höchstens bis zu den Lefzenwinkeln reichen.
- weiße, mäßig breite, durchgehende Kehl- und Brustzeichnung.
- erwünscht: weiße Pfoten, weiße Rutenspitze.
- toleriert: kleiner weißer Nackenfleck, kleiner weißer Afterfleck.

Größe: Rüden: 64–70 cm Widerristhöhe, ideal 66 bis 68 cm; Hündinnen: 58–66 cm Widerristhöhe, ideal 60 bis 63 cm.

Fehler: Jede Abweichung von den vorgenannten Punkten ist als Fehler anzusehen. Dessen Bewertung muss im Verhältnis zum Grad der Abweichung stehen und mit berücksichtigen, inwieweit Wesentliches beeinträchtigt ist.

- feiner Knochenbau; Vorbiss und Rückbiss; Fehlen von anderen Zähnen als höchstens zwei PM1 (Prämolaren), die M3 bleiben unberücksichtigt; Entropium; Ektropium; Senkrücken, überbaute Kruppe, abfallende Rückenlinie; Ringelrute, Knickrute; ausgeprägtes Kraushaar; Zeichnungs- und Farbfehler: fehlende weiße Kopfzeichnung; zu breite Blesse und/oder weiße Fangzeichnung, die deutlich über die Lefzenwinkel hinausreicht; großer weißer Nackenfleck; weißer Halskragen; Weiß an den Vorderläufen, das deutlich über die Mitte des Mittelfußes hinaufreicht (Stiefel); störend asymmetrische Zeichnung an Kopf und Brust; unsauberes Weiß (starke Pigmentflecken); Braun- oder Rotstich der schwarzen Grundfarbe.

- Wesensschwäche, Aggressivität.

Von der Bewertung ausschließende Fehler: Spaltnase; blaues Auge, Birkauge; Kurz- oder Stockhaar; fehlende Dreifarbigkeit; andersfarbiger als schwarzer Mantel.

N. B.: Rüden müssen zwei offensichtlich normale entwickelte Hoden aufweisen, die sich vollständig im Skrotum befinden.

Der Entlebucher Sennenhund (der Schärlig)

Obwohl bereits die ersten schriftlichen Beschreibungen um 1889 von E. Bauer über diese Hunde veröffentlicht wurden, hielt man Entlebucher und Appenzeller lange noch für ein und dieselbe Rasse. Auf den Gebrauchszweck bezogen war dies sicher auch zutreffend, doch hatten sich lokale Schläge herausbilden können.

Auch der Entlebucher war der Hund des Kühers, zu seinen Aufgaben gehörte das Treiben und Hüten der Herden. Die gleichen Eigenschaften, die den Appenzeller beschreiben, sind auch dem Entlebucher zuzuordnen, wie Wachsamkeit, Robustheit, Genügsamkeit, Ausdauer, Geschicklichkeit und Wendigkeit.

Der Entlebucher war in den entlegenen Tälern des Emmentals, des Entlebuchs, von dem er auch seinen Namen erhielt, und im Gurnigelgebiet zu Hause. Hier wurde er von Franz Schertenleib aufgespürt und vier

Babeli von der Rothöhe wird als Stammmutter der heutigen Entlebucherzucht betrachtet.

von seinen Findlingshunden wurden 1913 erstmals zu einer Ausstellung gebracht und somit Prof. Heim vorgestellt. Es handelte sich um zwei Rüden und zwei Hündinnnen, die dann als erste Entlebucher ins schweizer Zuchtbuch eingetragen wurden.

Man nannte den Entlebucher auch gern „Schärlig" nach dem Tal des Schärligbaches. Noch häufiger bezeichnete man ihn als „Länder" oder „Chüherhündli".

Wahrscheinlich lag es am Ersten Weltkrieg, dass der gerade wiederentdeckte Entlebucher noch mehr als zehn Jahre brauchte, um in der Rassehundezucht wirklich Fuß zu fassen. So nahm sich 1924 Dr. Kobler, ein Tierarzt, der Rasse an und machte sich erneut auf die Suche nach entsprechenden Exemplaren. Seine Suche war zunächst erfolglos und er glaubte schon fast, dass diese Rasse ausgestorben sei. Doch 1926 schenkte ihm Franz Schertenleib die Entlebucherhündin Babeli v. d. Rothöhe, die dann fünf gute Welpen zur Welt brachte. Der Vater war einer der letzten typischen Rüden mit Stummelschwanz. Babeli wurde somit zur Stammutter der Entlebucherzucht. Im gleichen Jahr wurde in der Schweiz der Klub für Entlebucher Sennenhunde gegründet. Dank der engagierten Förderer der Rasse konnte man auf einen Gesamtbestand von ca. 20 Entlebucher blicken.

Im Juni 1927 fand eine Ausstellung statt, an der 16 Entlebucher Prof. Heim vorgeführt wurden. Er schreibt dazu:

> *„Herr Dr. Kobler hatte mit Ausnahme von etwa zwei bis drei entfernter wohnenden Tieren alle zusammengebracht, welche überhaupt noch von dieser Rasse vorhanden waren; darunter sind auch die Nachkommen der von Schertenleib einst aufgefundenen Hunde.*
>
> *Alle vorgeführten Tiere machten entschieden den Eindruck der Reinrassigkeit. Spuren von Bastardierung waren nicht zu erkennen. Die Langhaarigkeit eines der Hunde halte ich für eine spontane Mutation, wie sie auch bei den Appenzellern hie und da auftritt. Auch die rassige Ausgeglichenheit kam deutlich zum Ausdruck, wenn auch nicht ganz vollkommen. Die Edelzucht, die den Appenzeller innerhalb der letzten 25 Jahre so sehr verschönert, verbessert und ausgeglichen hat, war eben bei den Entlebuchern noch nicht im Spiel. Das lebhafte Temperament und die große Gewandtheit in allen Bewegungen waren auffallend. Die Besitzer alle rühmten ihre Eigenschaften. Außer einer Anzahl Jungtiere waren erwachsene Tiere und bewährte Zuchttiere da, die sich auf zwei bis drei Familien verteilten."*

Nur wenige Wochen später, im September 1927, fand wiederum in St. Gallen eine Ausstellung statt, an der F. Leimgruber 14 Entlebucher richtete, wovon die meisten auch an der Ausstellung im Juni teilgenommen hatten. Er sah die Situation nicht ganz so rosig wie der begeisterungsfähige Prof. Heim und schrieb in seinem Bericht:

„Die Entlebucher kamen diesmal noch, wie die Teilnehmer einer Freischar, vielfach jeder in einem besonderen Gewande an ihr Wiedergeburtsfest. Man sah lang-, stock- und kurzhaarige, erfreulicherweise die letzteren in der Mehrzahl.

Auch in der Größe (45 bis 54 cm) variierten sie noch stark, desgleichen im Typ. Doch wird sich darüber kein Einsichtiger wundern, und wir sind sicher, dass in einigen Jahren die Geschichte einen ganz andern Effekt machen wird."

Die Zucht begann schleppend und erfuhr einen erneuten Einbruch während des Zweiten Weltkrieges. Doch Ende der 40er Jahre konnten dann jährlich Eintragungen von bis zu 100 Tieren gemacht werden.

Prof. Heim beschreibt den Entlebucher um 1914 folgendermaßen:

„Der Entlebucher ist ein kleiner Sennenhund von etwa 36–40 cm Schulterhöhe. Der Kopf ist kräftig modelliert, weniger dreieckig als beim Appenzeller, die Schnauze vorn dicker und stärker abgesetzt, der Stirnabsatz stärker ausgesprochen. Die Hälfte der Entlebucher werden mit Stummelschwanz geboren, die andern tragen die Rute leicht aufgebogen, nicht geringelt. Der ganze Körperbau ist stramm, fest, gedrungen. Der Leib ist, wie beim Appenzeller, etwas walzenförmig. Die Figur ist plumper im Aussehen als diejenige des Appenzellers, aber die Beweglichkeit nicht geringer. Das Haar ist kurz, aber sehr dicht. Die Farbe und Farbzeichnung ist normal wie bei allen Schweizer Sennenhunden, weniger weiss als die Appenzeller. Gelegentlich fallen auch Hunde braun und weiss, ohne schwarz. In der Gegend von Riggisberg sieht man solch ganz rotgelbe Entlebucher sehr oft. Der kleine Entlebucher ist temperamentvoller als die Berner Sennenhunde und schärfer im Hüten und Wachen. Er ist ungemein aufmerksam und verständnisvoll im Haus, sehr schlau bis zur Durchtriebenheit, überaus anpassungsfähig und liebenswürdig. Das kleine, lebhafte Tier ist ein erstklassiger Viehhüter und Viehtreiber. Wenn es auf die Weide geht, so läuft der Hirte zuerst mit dem Hunde die Weidegrenze ab. Dann lässt der Hund den ganzen Tag kein Stück Vieh über die Grenze hinausgehen. Zum Dienst auf der Alp kommt ihm seine hohe Dauerhaftigkeit und Wetterfestigkeit wohl zustatten."

Charakteristisch für den Entlebucher war stets die Stummelrute, der Mutzschwanz, wie ihn die Bauern nannten. Hierdurch unterschied er sich deutlich vom Appenzeller. Prof. Heim behauptete, dass die Hälfte der Entlebucher mit Stummelschwanz geboren wurden. Ob dies dem tatsächlichen Zustand entsprach, sollte dahingestellt bleiben. Doch wurde dieses Rassemerkmal im Standard festgehalten. Dazu beigetragen hat eventuell, dass Heim davon überzeugt war, dass erworbene Merkmale und Eigenschaften vererbt werden, was natürlich nicht möglich ist. So wurde standardgemäß allen langschwänzig geborenen Welpen die Rute in den ersten Lebenstagen auf wenige Zentimeter gekürzt.

Spiro (Bruggen) SHSB 28 686, gew. 1926, hatte eine angeborene Stummelrute und zeugte viele Würfe mit verschiedenen Hündinnen.

Das Kupieren von Schwänzen bei Hunden war im Mittelalter bis sogar in unser Jahrhundert hinein eine gängige Praxis. Sie entsprach zum Teil einem Aberglauben, der besagte, dass die Wutkrankheit der Hunde, womit man die Tollwut meinte, ihren Sitz in einem Nerv an der Rutenspitze habe. Man glaubte, wenn man dem Hund den Schwanz abschneidet, könne er niemals an Tollwut erkranken.

So gab es auch Zeiten, in denen die Bauernhunde kupiert werden mussten, damit man sie als solche direkt erkennen konnte und weil man sogar glaubte, dass sie ohne Schwanz nicht mehr so gut wildern könnten: eine Anordnung der adligen Grundherren. Im Mittelalter wurde eine Tiersteuer pro Schwanz erhoben. Um also einen steuerfreien Hund zu bekommen, schnitten die Bauern ihren Hunden die Schwänze ab.

Erstmals wird 1993 die Langrute als erlaubtes Merkmal, wohl aufgrund des sich durchsetzenden Rutenkupierverbots, im Standard erwähnt. In Deutschland überlässt der betreuende Rassezuchtverein, der Schweizer Sennenhund Verein für Deutschland e. V., seinen Züchtern seit einigen Jahren selbst die Entscheidung, ob sie die Ruten ihrer Welpen kupieren oder lang lassen. Somit kennen wir auch in Deutschland bereits seit einiger Zeit langschwänzige Entlebucher. Ab dem 01. Juni 1998 verbietet das deutsche Tierschutzgesetz das Rutenkupieren bei Hunden. Dadurch ist nun auch den Züchtern die Entscheidung abgenommen worden. Nur noch bei medizinischer Indikation, z. B. Verletzungen oder starken Wirbelverwachsungen im Schwanzbereich, ist eine Rutenkürzung erlaubt. Das heißt jedoch nicht, dass es in Zukunft keine stummelrutigen Entlebucher mehr geben wird, denn nach wie vor werden auch Entlebucher mit Stummelrute geboren, wobei der Stummel unterschiedlich lang sein kann. Bei der Stummelrute handelt es sich um eine Reduktion der Wirbelzahl, die vom Verlust des äußersten Wirbels bis zur Schwanzlosigkeit reichen kann.

In einem Wurf können sowohl langschwänzige als auch kurzschwänzige Welpen geboren werden, ganz gleich, welche Paarungsform man vorgenommen hat: Mutzschwanz × Mutzschwanz, Langschwanz × Langschwanz oder Mutzschwanz × Langschwanz. Man vermutet, dass die Stummelrute von mehreren Erbfaktoren bestimmt wird.

Jetzt könnte man die Frage stellen – wenn die Stummelrute ein Rassemerkmal des Entlebuchers sein soll – warum man dann nicht versucht, die Stummelrute als reinerbig herauszuzüchten. Gerade diese Idee könnte fatal sein, denn man vermutet, dass Hunde, die homozygot (reinerbig) für Stummelschwänze sind, nicht lebensfähig sind. Also müssten stummelschwänzige Welpen, die überleben, immer heterozygot (gemischterbig) sein. Erfahrene Züchter vermeiden wohl deshalb, Mutzschwanz mit Mutzschwanz zu verpaaren.

In Deutschland wurden die ersten Entlebucher in den 50er Jahren registriert. Ihre Verbreitung begann langsam, aber stetig und somit werden heute weit mehr als 200 Tiere pro Jahr ins deutsche Zuchtbuch eingetragen.

Es gibt so allerlei Geschichten über die Entlebucher. So wird immer wieder sein Mut und seine Wachsamkeit gelobt. Man spricht ihm auch eine gewisse Leidenschaft in Bezug auf das Jagen von Mäusen und Ratten zu, was den Bauern natürlich sehr gelegen kam.

Der berühmteste Entlebucher ist sicher Chüeri:

Der Reiteroffizier Hans Schwarz kaufte ihn im Berner Wislisau. Er suchte einen Hund, der ihn bei einer langen Reise begleiten sollte. Die Reise ging zu Pferde und begann in der Schweiz, führte über Österreich, Ungarn, Rumänien, Bulgarien bis nach Istanbul. Zurück ging es erst mit dem Schiff bis Piräus, dann wieder mit den Pferden durch Griechenland, Jugoslawien bis zum österreichischen Arlberg. Chüeri war den ganzen Weg gelaufen, achtzig Kilometer am Tage waren es mindestens, denn er lief den Weg sicher mehrmals, wie Hunde es halt tun. Am Arlberg angekommen wurde man aufmerksam auf ihn und wollte ihn auf Tollwut untersuchen und ihm einen Maulkorb für 100 Tage tragen lassen. Doch Chüeri war schlauer: Bevor man ihn greifen konnte, lief er einfach weiter und zwar schnellstens über die Schweizer

Grenze. Man war in der Schweiz begeistert von der Leistung dieses kleinen Hundes und feierte ihn groß. Jeder wollte ihn kennen lernen und somit wurde er zu einer Berühmtheit.

Typisch Entlebucher

Den Entlebucher kann man als den geborenen Optimisten bezeichnen. Er ist lebensfroh, wendig und geschickt, schnell wie der Blitz, wenn es drauf ankommt, und jederzeit für ein Spielchen zu haben. Ein Hund, der so richtig viel Leben in die Bude bringt. Doch seine Kenner sagen, er hat auch „einen Knopf zum Abstellen". Wenn seine Familie zur Ruhe kommt, dann verhält auch er sich ruhig und man spürt und bemerkt ihn gar nicht.

Charakteristisch ist sein aufgeweckter Gesichtsausdruck, die Lernfreude ist ihm regelrecht dort hineingeschrieben. Er ist eng mit seinen Menschen verbunden und man sieht oft, wie er dessen Blickkontakt sucht. Wird dieser erwidert, kann man beobachten, wie die Spannung in seinem Körper wächst und er nur darauf wartet, einen Befehl ausführen zu dürfen.

Er reagiert ähnlich wie der Appenzeller auf Bewegungen. Ihm entgeht nichts. Alles, was sich bewegt, wird mit den Augen verfolgt und fixiert. Häufig sieht man ihn auch in Lauerstellung ein Objekt fixieren. Dabei ist der Körper etwas geduckt und der Kopf lang nach vorne gestreckt, so dass er eine gerade Linie mit dem Rücken bildet.

Der Entlebucher ist der geborene Apportierer. In der Regel braucht man es ihn nicht zu lehren. Man kann ihn „stundenlang" damit beschäftigen, indem man immer wieder z. B. einen Ball rollt oder etwas anderes wirft, er wird nicht müde, es stets zurückzubringen.

Doch so viel Lebensfreude erfordert auch verantwortungsbewusste Menschen, die sich dem gewachsen fühlen und bereit sind, diesem liebenswerten Hündli ausreichend Bewegung und vor allen Dingen „Beschäftigung für den Kopf" zu bieten.

Zu den typischen Eigenschaften des Entlebuchers gehören natürlich auch das Treiben und Hüten, die Wachsamkeit und eine gewisse Bellfreudigkeit.

Rassestandard: Entlebucher Sennenhund

Klassifikation F.C.I.: Nr. 47 /31. 1. 1994 /D
Gruppe 2 (Pinscher, Schnauzer, Molosser und Schweizer Sennenhunde)
Sektion 3 (Schweizer Sennenhunde), ohne Arbeitsprüfung.

Links die einjährige Amelie mit langer Rute, Enkeltochter von Sörrine (rechts, acht Jahre) mit kupierter Rute.

Ursprung: Schweiz

Verwendung: Treib-, Hüte-, Wach-, Haus- und Hofhund. Heute auch vielseitiger Arbeitshund.

Allgemeines Erscheinungsbild: Knapp mittelgroßer, kompakt gebauter Hund von leicht gestrecktem Format, dreifarbig wie alle schweizerischen Sennenhunde. Aufgeweckter, kluger und freundlicher Gesichtsausdruck.

Wichtiges Maßverhältnis: Verhältnis Widerristhöhe : Körperlänge = 8:10. Verhältnis Fanglänge : Länge des Oberkopfes = 9:10.

Charakter und Verhalten (Wesen): Lebhaft, temperamentvoll, selbstsicher und furchtlos; gegenüber vertrauten Personen gutmütig und anhänglich, gegenüber Fremden leicht misstrauisch; unbestechlicher Wächter; freudig, lernfähig.

Kopf: Im richtigen Größenverhältnis zum Körper, leicht keilförmig, trocken; Längsachsen des Fangs und des Oberkopfes mehr oder weniger parallel.

Oberkopf: Scheitel ziemlich flach, relativ breit, am breitesten zwischen dem Ohransatz, zum Fang hin sich wenig verjüngend; Hinterhaupthöcker kaum sichtbar; Stirnfurche wenig ausgebildet. Stirnabsatz (Stopp): wenig ausgeprägt.

Entlebucherrüde Caro vom Lühler Dick.

Gesichtsschädel:
Nase: Schwarz, leicht über die vordere Lippenrundung vorstehend.
Fang: Kräftig, gut modelliert, von Stirn und Backen deutlich abgesetzt, sich gleichmäßig verjüngend, aber nicht spitz; etwas kürzer als der Abstand vom Stopp bis zum Hinterhauptbein. Nasenrücken gerade.
Backen: Wenig ausgebildet.
Lefzen: Wenig ausgebildet, dem Kiefer anliegend; schwarz pigmentiert.
Gebiss: Kräftiges, regelmäßiges und vollständiges Scherengebiss. Fehlen von 1 bis 2 PM1 (Prämolaren 1) toleriert. Die M3 (Molaren 3) bleiben unberücksichtigt.
Augen: Ziemlich klein, dunkelbraun bis haselnussbraun, rundlich. Ausdruck: lebhaft, freundlich aufmerksam. Augenlider gut anliegend, Rand schwarz pigmentiert.
Ohren: Nicht zu groß, hoch und relativ breit angesetzt; fester, gut ausgebildeter Ohrknorpel; Ohrlappen hängend, dreieckförmig, an der Spitze gut abgerundet; in der Ruhestellung flach anliegend; bei Aufmerksamkeit am Ansatz leicht angehoben und nach vorne gerichtet getragen.
Hals: Ziemlich kurz und gedrungen, kräftig, trocken, ohne Absatz in den Rumpf übergehend.
Körper: Kräftig, leicht lang gestreckt.

Brust: Breit, tief, bis zu den Ellenbogen reichend. Deutliche Vorbrust; Rippen mäßig gewölbt; Rippenkorb lang gezogen, von rund-ovalem Querschnitt.

Rücken: Gerade, fest und breit; relativ lang.

Lenden: Kräftig, biegsam, nicht zu kurz.

Kruppe: Leicht abfallend, relativ lang.

Untere Linie und Bauch: Wenig aufgezogen.

Rute: In Fortsetzung der leicht abfallenden Kruppe angesetzte natürliche Rute; angestrebt wird eine schwebend oder hängend getragene Rute (gültig ab Inkrafttreten des Rutenkupierverbots). Oder angeborene Stummelrute. Natürliche Rute und Stummelrute sind gleichwertig.

Gliedmaßen:

Vorderhand: Kräftig bemuskelt, aber nicht zu schwer, weder zu eng noch zu breit gestellt; Vorderläufe kurz, stämmig, gerade, parallel und gut unter den Körper gestellt.

Schultern: Muskulös, Schulterblatt lang, schräg und gut anliegend.

Oberarm: Gleich lang oder nur wenig kürzer als das Schulterblatt. Winkelung zum Schulterblatt ca. 110–120 °.

Ellenbogen: Gut anliegend.

Unterarm: Relativ kurz, gerade, von guter Knochenstärke, trocken.

Vordermittelfuß: Von vorne gesehen in gerader Fortsetzung des Unterarms, von der Seite gesehen ganz leicht abgewinkelt; relativ kurz.

Vorderpfoten: Rundlich, geschlossen, mit gewölbten Zehen; geradeaus gerichtet; Nägel kurz und kräftig; Ballen derb und widerstandsfähig.

Hinterhand: Gut bemuskelt, Keulen breit und kräftig. Von hinten gesehen nicht zu eng, gerade und parallel gestellt.

Oberschenkel: Ziemlich lang, mit dem Unterschenkel am Knie einen ziemlich offenen Winkel bildend.

Unterschenkel: Etwa gleich lang wie der Oberschenkel, trocken.

Sprunggelenk: Kräftig, relativ tief angesetzt, gut gewinkelt.

Hintermittelfuß: Ziemlich kurz, robust, senkrecht und parallel gestellt. Afterkrallen müssen entfernt sein.

Hinterpfoten: Gleich wie die Vorderpfoten.

Gangwerk: Raumgreifender gelöster und flüssiger Bewegungsablauf mit kräftigem Schub aus der Hinterhand; von vorne und hinten gesehen geradlinige Gliedmaßenführung.

Haarkleid:

Beschaffenheit des Haares: Stockhaar. Deckhaar kurz, fest anliegend, hart und glänzend. Unterwolle dicht.

Farbe des Haares und Zeichnung: Typische Dreifarbigkeit. Grundfarbe Schwarz mit möglichst symmetrischen gelb- bis rostbraunen und weißen Abzeichen. Die gelb- bis rostbraunen Abzeichen befinden sich über den Augen, an den Backen, an Fang und Kehle, seitlich an der Brust und

Der lauernde Blick verrät, dass dieser Entlebucherrüde etwas Spannendes entdeckt hat.

an allen vier Läufen, wobei an letzteren das Gelb bis Rostbraun zwischen Schwarz und Weiß liegt.

Weiße Abzeichen: Gut sichtbare schmale, weiße Blesse, die vom Oberkopf ohne Unterbrechung über den Nasenrücken zieht und die Schnauze ganz oder teilweise umfassen kann. Weiß vom Kinn über Kehle ohne Unterbrechung bis zur Brust. Weiß an allen vier Pfoten.

Unerwünscht aber toleriert: Kleiner weißer Nackenfleck (nicht mehr als ungefähr eine halbe Handfläche groß).

Größe:

Widerristhöhe: Rüden: 44–50 cm, Toleranz bis 52 cm; Hündinnen: 42–48 cm Toleranz bis 50 cm.

Fehler: Jede Abweichung von den vorgenannten Punkten muss als Fehler betrachtet werden. Dessen Bewertung muss im Verhältnis zum Grad der Abweichung stehen und mit berücksichtigen, inwieweit Wesentliches beeinträchtigt ist.

- Unter- und Übergröße; runder Oberkopf; kurzer, zu langer oder spitzer Fang, Ramsnase; Augen zu hell, zu tief eingesetzt oder hervortretend; Ektropium, Entropium; Ohren zu tief angesetzt, zu klein und zu spitz, abstehend getragen, Faltohr; Vor- oder Rückbiss; fehlende Zähne außer zwei Prämolaren 1 (M3 nicht berücksichtigt); Rücken zu kurz, Senk- oder Karpfenrücken; Kruppe überbaut oder stark abfallend; Brustkorb schmächtig oder tonnenförmig; Knickrute, über den Rücken getragene

Rute; Gliedmaßen zu feinknochig, ungenügend oder zu stark gewinkelt, unkorrekt gestellt, kuhhessig, fassförmig, bodeneng; weiche oder durchgetretene Vorderfußwurzelgelenke; Pfoten länglich, gespreizt; Zeichnungsfehler: Unterbrochene Blesse, zu großer weißer Nackenfleck, durchgehender weißer Halsring, unterbrochenes Weiß an der Brust, deutlich über die Vorderfußwurzel reichendes Weiß (Stiefel); Wesensschwäche, Aggressivität.

Von der Bewertung ausschließende Fehler: Gelbe Raubvogelaugen, Birkauge, blaue Augen; Ringelrute; zu langes, weiches Haar; fehlende Dreifarbigkeit; Grundfarbe anders als Schwarz.

N. B.: Rüden müssen zwei offensichtlich normal entwickelte Hoden aufweisen, die sich vollständig im Skrotum befinden.

Der Große Schweizer Sennenhund

Der Große Schweizer war der Karrenhund der fahrenden Händler, der Viehtreiber der Metzger und der Hofhund der Bauern. Man sah ihn häufig bei den Hausierern, denn so eine beladene Karre, mit der man über Land zog, wird ihr Gewicht gehabt haben, und die Größe eines Hundes wurde gerne mit Kraft gleichgesetzt. Auch sein Stockhaar machte ihn sehr geeignet für diese Aufgabe. Es war pflegeleicht, trocknete schnell ab bei Nässe und machte ihm nicht ganz so viel Probleme bei Hitze. Dann wurden gerade die schwarzen Hunde als Wachhunde bevorzugt. Ließ ein Händler seine Karre mal für kurze Zeit allein, brauchte er sich nicht sorgen, wenn sein Hund bei der Karre war. Auch vor Räubern und Banditen, die es auf seine gefüllte Geldbörse abgesehen hatten, gab er ihm Schutz, allein schon durch seine stattliche Erscheinung.

Bello vom Schloßgut SHSB 3965 wurde 1908 als kurzhaariger Dürrbächler Prof. Heim vorgestellt. Dieser erkannte in ihm eine neue Rasse, den Großen Schweizer Sennenhund.

Der Große Schweizer Sennenhund wäre wahrscheinlich gar nicht als eigene Rasse erkannt worden, hätte Ende des 19. Jahrhunderts die Schweizerische Kynologische Gesellschaft, die 1883 gegründet wurde, nicht die Steuerung der Bernhardinerzucht übernommen. Denn bis zu diesem Zeitpunkt war die Ähnlichkeit zum Bernhardiner noch sehr groß. Dieser hatte um 1800 herum große Berühmheit erlangt durch die sagenhaften Geschichten vom Barry, der so vielen Menschen das Leben gerettet haben soll. Weit über die schweizer Grenzen hinaus wurde er zu hohen Preisen gehandelt und alles, was nur in etwa wie ein Bernhardiner aussah, wurde auch als solcher verkauft. Die Ähnlichkeit war durchaus möglich, da beide dem großen Reservoir von Bauernhunden entstammten. Doch durch die Zuchtsteuerung wurden nur noch rot-weiße Hunde als Bernhardiner anerkannt. Heute ist die Ähnlichkeit nicht mehr so groß, da die Zucht des Bernhardiners schon kurz nach seiner Anerkennung als eigene Rasse in eine andere Richtung steuerte, da man größere, gröbere und großköpfigere Hunde wollte.

Franz Schertenleib, der Förderer des Berner Sennenhundes, hatte einen „kurzhaarigen Berner Sennenhund" entdeckt und brachte ihn 1908 zur Ausstellung nach Langenthal. Prof. Heim, Richter dieser Ausstellung, erkannte in ihm eine neue Sennenhundrasse:

„Der Hund gehört in eine andere Klasse; er ist zu herrlich und rassig, um ihn unter den Bernern als ungehörig einfach wegzuschieben. Er ist ein Exemplar der fast ausgestorbenen ehemaligen Metzgerhunde."

Dies war eine folgenträchtige Aussage, denn es hätte hieraus ebenso eine kurzhaarige Berner-Variante entstehen können. Doch Heim war ganz sicher und gab ihm den Namen Großer Schweizer. Man suchte nun nach weiteren Exemplaren, was sich als schwierig herausstellte. So wurden als erste Große Schweizer Bello 3965 und Nero 3966 vom Schloßgut, dem Zwingernamen Schertenleibs, ins Schweizer Hundestammbuch (SHSB) eingetragen. Der eigentliche Begründer der Rasse wurde dann aber Barri von Herzogenbuchsee 4520 im Besitz von Otto Imhof. Vom Barri sagte Heim, er habe eine blöde Farbe, womit er meinte, dass sein schwarzes Deckhaar von einer gelben Unterwolle durchzogen war, was besonders an den Halsseiten, den Flanken und den Hinterkeulen hervorstach. Diese Färbung hat sich trotz züchterischer Bemühungen, eine nur schwarze Unterwolle zu bekommen, bis heute immer wieder mal durchgesetzt.

Die Zucht des Großen Schweizers begann recht schleppend, da einfach nicht genug Hunde zur Verfügung standen. So führte man noch bis 1936 immer wieder Hunde der Zucht zu, die man irgendwo entdeckt hatte und der Rasse zuordnete. Dabei wird es sich auch manchmal um einen kurzhaarigen Berner Sennenhund gehandelt haben. Denn bei beiden Rassen fielen noch häufig kurz- und langhaarige Welpen in einem Wurf.

Barry v. Herzogenbuchsee SHSB 4520 gilt als Stammvater der heutigen Großen Schweizer Sennenhunde.

Ab 1912 wurde die Zucht vom „Klub für Große Schweizer Sennenhunde" in der Schweiz betreut. Bis 1922 wurden nie mehr als elf Hunde jährlich ins SHSB eingetragen. Die Zucht stützte sich also auf eine kleine Basis, die eine enge Inzucht zur Folge hatte. Darum kreuzte man 1956 einen Berner Sennenhund ein. Die Verpaarung des Bernerrüden Dursli v. d. Holzmühle 58 222 mit der Großen Schweizerhündin Berna v. Birchacker 46 843 brachte sechs stockhaarige Welpen mit schönen Farben und guter Zeichnung. Eine Verbesserung hinsichtlich der grauen und gelben Unterwolle und des hellgelben Brandes war zu erkennen, aber ansonsten brachte die Verpaarung keine Vorteile. Darum wurden die hieraus entstandenen Zuchttiere auch züchterisch gemieden.

Während des Zweiten Weltkrieges setzte die schweizerische Armee Hunde als Zug- und Lasttiere ein. Für diese Aufgabe bewährten sich gerade die Großen Schweizer besonders. Als Tragtiere, so genannte Basthunde, brachten sie zum Teil selbstständig, ohne Führer, Munition und Verpflegung verpackt in Taschen, die über den Rücken gelegt als Seitenlast getragen wurden, an die Front. 12 bis 15 kg auf kurzen und immer noch 10 kg auf langen Märschen konnte man ihnen zumuten. Als Karrenhunde wurden sie überall dort eingesetzt, wo man mit Pferden nicht mehr durch kam oder diese unrentabel waren. Im Gebirge bewährten sie sich auch vor einem Schlitten. So stiegen die Zuchteintragungen zu dieser Zeit auf über 100 Tiere an, um aber bereits in den 50er Jahren wieder stark abzufallen. Erst in den 60er Jahren begann sich der Große Schweizer auch in Deutschland zu etablieren.

Typisch Großer Schweizer

Der Große Schweizer ist ein selbstbewusser Hund, der Ausgeglichenheit und überlegene Ruhe ausstrahlt. Er wirkt stets würdevoll erhaben und zeigt eher ein mittleres bis mäßiges Temperament. Doch eine Schlafmütze ist er deshalb nicht. Auch wenn er manchmal als etwas stur oder dickköpfig beschrieben wird, ist er doch ausgesprochen beweglich und lernfähig. Ein Großer Schweizer mit korrekt gestellten Gliedmaßen kann ein ausgreifendes elegantes Gangwerk zeigen, das man als Augenweide bezeichnen kann.

Er braucht seine Zeit, bis er erwachsen ist. So erkennt man noch lange, auch wenn er bereits seine stattliche Körpergröße erreicht hat, so etwas wie ein großes, manchmal auch tolpatschiges Kind in ihm.

Sehr typisch für den Großen ist wohl seine Sturheit. Will er irgend etwas nicht oder hat er keine Lust mehr, kann es passieren, dass er sich einfach hinsetzt oder gar hinlegt – und nichts geht mehr. Da hilft meistens auch kein Locken oder gutes Zureden. Ein energisches Wort kann ihn eventuell weiterbewegen. Dieser Eigenheit muss man mit Geduld und Verstand von Anfang an begegnen.

Über die Wachsamkeit des Großen Schweizers gibt es viele kleine sagenhafte Geschichten. Man sagt ihm nach, dass er eine besondere Fürsorge gegenüber Frauen und Kindern zeigt. In der Schweiz heißt es, der Große habe eigentlich nur ein Gesetz im Kopf, und das lautet: „Es ist verboten, mit der Sennerin zu tanzen!" Wer also ein vom Großen Schweizer bewachtes Haus betritt, sollte sich der Hausfrau gegenüber auf Distanz halten.

Wie viel Wahrheit in dieser Geschichte steckt, soll dahin gestellt bleiben. Doch seine allgemeine Wachsamkeit bestätigen ihm auch heute noch die Liebhaber dieser Rasse. So kann man häufig beobachten, dass er Besuchern bellend entgegenläuft, sie weiterhin bellend zum Haus begleitet und sich wohl auf Distanz zu ihnen hält. So ein Großer Schweizer mit seiner gewaltigen Stimme flößt einem ganz schön Respekt ein. Kommt dann einer seiner Menschen hinzu und begrüßt den Fremden, nähert auch er sich auf freundliche Art.

Große Schweizer Hündinnen Alea und Cendra von der Teutoburg.

Rassestandard: Großer Schweizer Sennenhund

Klassifikation F.C.I.: Nr. 48 /9. 4. 1993 /D

Gruppe 2 (Pinscher, Schnauzer, Molosser und Schweizer Sennen-hunde)

Sektion 3 (Schweizer Sennenhunde), ohne Arbeitsprüfung.

Ursprung: Schweiz

Verwendung: Ursprünglich Wach- und Zughund, heute auch Begleit-, Schutz- und Familienhund.

Allgemeines Erscheinungsbild: Dreifarbiger, stämmiger, starkknochiger und gut bemuskelter Hund. Trotz seiner Größe und seines Gewichtes beweist er Ausdauer und Beweglichkeit.

Wichtiges Maßverhältnis: Rumpflänge : Widerristhöhe= 10:9, Brust-tiefe : Widerristhöhe = 1:2, Oberkopflänge : Länge des Nasenrückens = 1:1, Schädelbreite : Fangbreite = 2:1.

Charakter und Verhalten (Wesen): Sicher, aufmerksam, wachsam und furchtlos in Alltagssituationen, gutmütig und anhänglich mit ver-trauten Personen, selbstsicher gegenüber Fremden, mittleres Tempera-ment.

Kopf: Kopf dem Körper entsprechend kräftig, aber nicht schwer. Rü-denkopf kräftiger als Kopf der Hündin.

65

Oberkopf: Flach und breit. Die am Stirnansatz beginnende Mittelfurche läuft nach oben aus.

Stopp: Wenig ausgeprägt.

Gesichtsschädel:

Nase: Nasenschwamm schwarz, Nasenrücken gerade ohne Mittelfurche.

Fang: Kräftig, länger als tief, weder von oben noch von der Seite gesehen spitz.

Lefzen: Wenig ausgebildet, anliegend; Farbe: Schwarz.

Gebiss: Vollständiges, kräftiges und regelmäßiges Scherengebiss. Fehlen von 1 PM1 oder 1 PM2 (Prämolaren) toleriert. M3 (Molaren 3) bleiben unberücksichtigt.

Augen: Mandelförmig, mittelgroß, weder tief liegend noch hervorstehend, haselnuss- bis kastanienbraun, mit aufgewecktem freundlichem Ausdruck. Lider gut anliegend.

Ohren: Mittelgroß, dreieckig und ziemlich hoch angesetzt. In Ruhe flach anliegend, bei Aufmerksamkeit nach vorne gerichtet. Innen und außen gut behaart.

Hals: Kräftig, muskulös, eher gedrungen, keine Wamme.

Körper:

Rücken: Mäßig lang, kräftig und gerade.

Lenden: Breit und stark bemuskelt.

Kruppe: Lang und breit, in sanfter Rundung abfallend.

Brust: Kräftig, breit, bis zu den Ellenbogen reichend, Rippenkorb von rund-ovalem Querschnitt, weder flach noch tonnenförmig. Vorbrust gut entwickelt, auffallend breit.

Bauch: Bauch und Flanken wenig aufgezogen.

Rute: Ziemlich schwer, bis zum Sprunggelenk reichend; in Ruhe hängend; bei Aufmerksamkeit und in der Bewegung höher und leicht nach oben gebogen, aber niemals geringelt oder über den Rücken gekippt getragen.

Gliedmaßen:

Vorderhand:

Allgemeines: Stellung eher breit, von vorne gesehen gerade und parallel.

Schultern: Schulterblatt lang, kräftig, schräg gestellt, anliegend und gut bemuskelt, mit dem Oberarm einen nicht zu stumpfen Winkel bildend.

Unterarm: Starkknochig, gerade.

Vordermittelfuß: Fest, von vorne gesehen gerade, von der Seite gesehen nahezu senkrecht gestellt.

Hinterhand:

Allgemeines: Stellung von hinten gesehen gerade, nicht zu eng. Hintermittelfuß und Pfoten weder ein- noch auswärts gedreht; Afterkrallen müssen entfernt werden.

Oberschenkel: Ziemlich lang, von der Stelle gesehen mit dem relativ langen Unterschenkel einen deutlichen stumpfen Winkel bildend; Keulen breit, kräftig und gut bemuskelt.

Sprunggelenk: Kräftig und gut entwickelt.

Pfoten: Kräftig, gerade gerichtet, geschlossen, mit ausgeprägter Zehenwölbung und starken Krallen.

Gangwerk: Raumgreifender, gleichmäßiger Bewegungsablauf in allen Gangarten; ausgreifender freier Vortritt und guter Schub aus der Hinterhand; im Trab, von vorne und von hinten betrachtet, geradlinige Gliedmaßenführung.

Haarkleid:

Beschaffenheit des Haares: Stockhaar mit dichtem mittellangem Deckhaar und dichter möglichst dunkelgrau bis schwarz gefärbter Unterwolle. Kurzes Deckhaar ist bei vorhandener Unterwolle zulässig.

Farbe: Grundfarbe Schwarz mit braun-rotem Brand und weißen symmetrischen Abzeichen. Das Braun-Rot befindet sich zwischen dem Schwarz und den weißen Abzeichen an den Backen, über den Augen, an der Innenseite der Ohren, seitlich an der Brust, an allen vier Läufen und an der Unterseite der Rute. Die weißen Abzeichen befinden sich an Kopf (Blesse) und Schnauze, an Kehle und Brust (durchgehend), Pfoten und Rutenspitze. Zwischen der Blesse und den rot-braunen Abzeichen über den Augen sollte ein Streifen Schwarz verbleiben. Weißer Nackenfleck oder weißer Halsring toleriert.

Größe: Widerristhöhe Rüden: 65–72 cm; Hündinnen: 60–68 cm.

Fehler: Jede Abweichung von den vorgenannten Punkten muss als Fehler betrachtet werden, dessen Bewertung in genauem Verhältnis zum Grad der Abweichung stehen sollte.

- starke Abweichungen von Körperproportionen und Größe; Gebäudefehler; mangelndes Geschlechtsgepräge; zu feine oder zu grobe Knochen; ungenügende Bemuskelung; zu schwerer oder zu leichter Kopf; hängende Lefzen; zu hoch, zu tief oder zu weit hinten angesetzte Ohren; Zangengebiss, Vor- oder Rückbiss; Fehlen von mehr als 1 PM1 oder 1 PM2; Entropium; Ektropium; helle Augen; Senkrücken; schlecht getragene Rute; schlechte Winkelung der Vorder- oder der Hinterhand; gespreizte Zehen; durchscheinende gelblich-braune oder hellgraue Unterwolle;

Zeichnungsfehler: fehlende Kopfzeichnung; zu breite Blesse; weiße Fangzeichnung, die deutlich weiter als bis zu den Lefzenwinkeln reicht; weiße Stiefel (Weiß, das höher als bis zu den Vorder- oder Hintermittelfußgelenken reicht); auffallend asymmetrische Zeichnung; unreine Farben.

Ausschließende Fehler: Fehlende Dreifarbigkeit; andersfarbiger als schwarzer Mantel; blaues Auge; Kurzhaar mit fehlender Unterwolle; Langhaar; schwere Wesensfehler (übermäßige Aggressivität oder Ängstlichkeit).

N. B.: Rüden müssen zwei offensichtlich normal entwickelte Hoden aufweisen, die sich vollständig im Skrotum befinden.

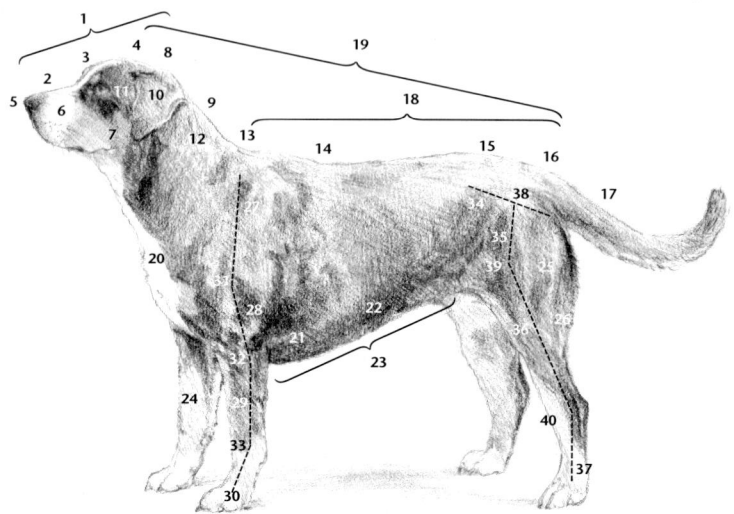

Die wichtigsten Gebäudemerkmale dargestellt an einem Großen Schweizer Sennenhund: 1 Kopf, 2 Nasenrücken, 3 Stirnabsatz (Stopp), 4 Scheitel, 5 Nasenschwamm, 6 Fang, 7 Lippenwinkel, 8 Hinterhauptstachel, 9 Nacken, 10 Ohrenansatz, 11 Jochbein/Backe, 12 Hals, 13 Widerrist, 14 Rücken, 15 Lende/Nierenpartie, 16 Kruppe, 17 Rute, 18 Rückenlinie, 19 Oberlinie, 20 Vorbrust, 21 Unterbrust, 22 Bauch, 23 Unterlinie, 24 Unterarm, 25 Oberschenkel, 26 Unterschenkel, 27 Schulterblatt, 28 Oberarmknochen, 29 Unterarmknochen, 30 Vordermittelfuß, 31 Schulter- oder Buggelenk, 32 Ellenbogengelenk, 33 Vorderfußwurzelgelenk, 34 Becken, 35 Oberschenkelknochen, 36 Unterschenkelknochen, 37 Hintermittelfuß, 38 Hüftgelenk, 39 Kniegelenk, 40 Sprunggelenk

Dem so sanften Blick eines Großen Schweizers
entgeht nichts.

Schweizer Sennenhunde heute

Den Sennenhunden hat man den ursprünglichen Arbeitsplatz genommen. Sie werden heute in erster Linie als Familienhunde gehalten. Auf den heutigen Bauernhöfen finden sie auch nicht mehr das Umfeld, das sie bis vor fast hundert Jahren zum Zeitpunkt ihrer Entdeckung so sehr geprägt hatte. Im Zeitalter der technisierten Landwirtschaft wird selbst das Milchvieh kaum noch auf die Weiden getrieben. Da ist kein Platz für solch menschenbezogene Hunde. Manchmal sieht man sie auf Reiterhöfen, dort herrscht den ganzen Tag ein buntes Treiben. Hier können sie ihre ursprünglichen Fähigkeiten wieder ausleben.

Das den Sennenhunden eigene Wesen kann sich nur bei einem entsprechendem Umfeld entfalten. So wundert es nicht, wenn mancher Sennenhund dieses typische Verhalten nicht mehr bzw. nicht mehr so ausgeprägt zeigt. Natürlich trägt auch die Zucht dazu bei, denn die Sennenhunde werden nicht mehr auf ihre typische Gebrauchsfähigkeit hin selektiert.

Nur Sennenhunde, die in einer guten Beziehung voller Vertrauen zu ihren Menschen leben, in die Familie integriert sind und nicht isoliert auf dem Hof oder gar in einem Zwinger leben, können sich entsprechend entwickeln.

Wachsamkeit

Für ihre Wachsamkeit sind die Schweizer alle vier bekannt. So melden die beiden kleineren alles mit heller Stimme und recht ausdauernd. Die beiden größeren beeindrucken mit einer tiefen, gewaltigen Stimme, doch der Berner meldet nicht unnötig. Die drei Kurzhaarigen sind bei der Begrüßung fremder Personen in der Regel zunächst misstrauisch, sie halten sich auf Distanz, die kleineren umkreisen dabei häufig die Besucher. Der Berner nähert sich freundlich. Allen gleich ist, dass sie ihr weiteres Verhalten von ihren Menschen abhängig machen. Einen Sennenhund braucht man hierzu nicht ausbilden; er bewacht das, was er liebt. Im Ernstfall würde er seinen Menschen auch verteidigen.

Junge Sennenhunde bellen schon mal häufiger, wenn sie ein unbekanntes Geräusch hören. Ihr Wesen ist erst mit ca. zwei Jahren gefestigt und somit auch erst das sichere Gefühl für Gefahren. Aus diesem Grund sollte man das Bellen junger Hunde nicht unnötig unterstützen, allzu leicht erzieht man sich sonst einen echten Kläffer. Bellt der junge Schweizer, weil z. B. draußen vor dem Haus Kinder Fußball spielen, so sollte man auf gar keinen Fall reagieren, denn sonst meldet er demnächst womöglich immer Fußball spielende Kinder. Man sollte in so einer Situation niemals zu ihm hingehen, denn das würde ihn bestätigen und er würde umso heftiger reagieren. Einfach ignorieren, eventuell genau in dem Augenblick loben, in dem er aufhört, oder ihn zu sich rufen und mit etwas anderem beschäftigen, das wären mögliche Verhaltensweisen.

Hat man nun einen Berner wie unsere Donja, die in ihren ersten zwei Lebensjahren kaum bellte und später auch nur, wenn es wirklich nötig war, kann es hilfreich sein, so einen Hund im richtigen Augenblick für sein wachsames Bellen zu bestätigen. Man sollte dafür aber nur Situationen wählen, von denen man möchte, dass der Hund sie immer anzeigt. Doch auch dabei kann man Fehler machen:

Ich ging gerade meiner „Lieblingsbeschäftigung" nach, ich bügelte die Wäsche, da hörte ich, wie unsere Donja zur Tür lief und bellte. Ich konnte den Grund nicht erkennen, war aber richtig stolz, weil sie ja so wachsam war und lief ihr sofort nach, lobte sie tüchtig, gab ihr sogar ein Leckerchen. Dann machte ich die Tür auf, aber draußen war nichts zu sehen. Ich glaubte, dass vielleicht eine Katze vorbeigelaufen sei, die Donja gemeldet hatte. Ich bügelte weiter und 5 Minuten später wiederholte sich die Szene. Wiederum lief ich zur Tür, lobte Donja für ihre Wachsamkeit, gab ihr ein Leckerchen und auch diesmal war nichts vor der Tür erkennbar. Nach wenigen Minuten wiederholte sich das Schauspiel ein drittes Mal. Langsam wurde ich stutzig und fing an zu begreifen. Ich fand nicht heraus, was beim ersten mal der Auslöser für das Gebell gewesen ist, aber in einem war ich mir sicher: Donja hatte schnell begriffen. Sie hatte gelernt, man muss zur Tür laufen und bellen, dann kommt Frauli und bringt ein Leckerchen.

Wie intelligent Sennenhunde ihre Wachsamkeit ausüben, zeigt auch folgendes Beispiel:

Der Besitzer eines Tabak- und Schreibwarengeschäftes hält einen Appenzellerrüden, der tagsüber auch im Laden frei herumläuft. Die Kunden beachtet er scheinbar gar nicht, außer wahrscheinlich die so genannten Hundeleute, denn wenn ich dort bin, beschnüffelt er mich immer ausgiebig. Streckt man die Hand nach ihm aus, beschnüffelt er sie, aber hat kein Interesse an einer Streicheleinheit, weicht aber auch nicht aus. Versucht nun ein Kunde aus dem Ladenbereich in die hinteren privaten Räume zu gehen, steht der Appenzeller blitzschnell bellend vor ihm, hält sich auf Distanz und der Kunde kommt keinen Schritt mehr voran. Nur wenn der Kunde zurückweicht oder durch ein Wort seines Besitzers, lässt sich der Hund wieder beruhigen.

Auch heute noch bewachen manche Sennenhunde alles, was ihren Besitzern gehört.

Die Beziehung zu ihren Menschen

Die Beziehung der Schweizer Sennenhunde zu ihren Menschen ist etwas ganz Besonderes. Sind sie doch von ihrem Ursprung darauf selektiert worden, sich problemlos anzupassen und eng mit dem Menschen zusammenzuarbeiten. Heute spielt sich natürlich das Familienleben nicht mehr auf einem Bauernhof ab, sondern eher im Haus und Garten einer Reihen- oder Einfamilienhaussiedlung. Sein gutes Wesen kann der Schweizer nur entwickeln, wenn er ein Teil der Familie ist und nicht isoliert von ihr gehalten wird. Er sollte bei allen Unternehmungen dabei sein können. Nur so kann er den Tagesablauf einer Familie kennen lernen und sich einfügen. Auf diese Weise ins Rudel integriert, wird er seine typische Wachsamkeit und seinen Beschützerinstinkt entwickeln. Am wohlsten fühlt er sich in einem Rudel mit mehreren Menschen, was nicht bedeutet, dass er für einen Single nicht geeignet wäre. Doch hat „das Rudel" mehrere Familienmitglieder, so hat er auch mehr zu tun. Er passt sich in der Regel problemlos jedem Familienmitglied an. Am wohlsten fühlt er sich, wenn alle zusammen sind. Er kennt genau den Tagesablauf und liegt z. B. schon erwartungsvoll vor der Tür, wenn die Kinder aus der Schule kommen. Auf jedem Weg möchte er seine Menschen begleiten und wirkt enttäuscht, wenn er allein zu Hause bleiben muss.

Schweizer Sennenhunde tragen stets ein Lachen im Gesicht. (Berner)

Da gibt es die Geschichte von dem Entlebucher Leo:

Herrchen wollte morgens mit Leo Gassi gehen. Doch Leo wollte absolut nicht das Haus verlassen, obwohl er an diesem Tag noch gar nicht draußen gewesen war und er ein leidenschaftlicher Spaziergänger ist. Er wirkte nicht krank, sondern munter wie immer. Herrchen lockte ihn, doch Leo lief in die obere Etage, legte sich neben einen roten Koffer und war dort nicht mehr wegzubewegen. Diesen Koffer hatte Frauchen einen Tag zuvor gepackt, weil sie am darauffolgenden Tag mit Leo eine kleine Urlaubsreise machen wollte. In den letzten vier Wochen waren abwechselnd mal Herrchen und mal Frauchen mit diesem roten Koffer für ein paar Tage verreist, Leo war jeweils zu Hause geblieben. Er hatte gelernt, der rote Koffer bedeutet, das Rudel wird auseinandergerissen. Doch diesmal hatte er offensichtlich beschlossen, es nicht wieder so weit kommen zu lassen und ließ den Koffer nicht aus den Augen. Er ging auch nicht mit Frauchen Gassi. Erst als alle gemeinsam das Haus verließen, war auch er bereit, den Koffer allein zu lassen.

Sennenhunde haben sensible Seelen, wahrscheinlich reagieren sie deshalb so feinfühlig auf die Stimmungen ihrer Menschen. Ihre Zuneigung kann sich besonders beim Berner in plumper Aufdringlichkeit zeigen. Lebt ein Sennenhund in vertrauensvollem Verhältnis und der richtigen Rangordnung zu seinen Menschen, ist er stets bemüht, ihnen zu gefallen. Solche Sennenhunde sind in der Regel immer gut gelaunt und tragen ein Lachen im Gesicht, von dem so viel Charme ausgeht, dass man ihnen einfach nicht widerstehen kann.

Prof. Heim sagte einst:

„Die Schweizer Sennenhunde sind weiter fortgeschrittene, man könnte sagen menschlicher gewordene, ältere, noch mehr angepasste Freunde des Menschen als manche andere Rasse."

Treib- und Hütetrieb

Dem Appenzeller und dem Entlebucher ist der Treib- und Hütetrieb bis heute erhalten geblieben. Das typische Stechen kann man bei beiden immer noch beobachten, besonders im Spiel mit anderen Hunden. Häufig sieht man auch, wie sie versuchen, ihre Menschen durch das Kneifen in die Fersen voranzutreiben. Doch sollte man dies von Anfang an nicht zulassen. Bereits beim ersten Versuch muss man diesem Verhalten mit einem energischen „NEIN" und eventuell einem Schnauzengriff entgegenwirken. Denn was anfangs noch recht lustig aussieht, kann sich später zu einem heftigen Problem entwickeln. Also, Menschenfersen sind tabu!

Nicht nur das Treiben, sondern auch das Hüten liegt beiden besonders im Blut. Geht man mit mehreren Personen und einem der kleineren

Sennenhunde spazieren, so kann man beobachten, wie er beginnt die Gruppe zu umkreisen, sobald sie sich etwas verteilt. Es darf halt keiner verlorengehen! Entfernt sich einer zu weit, versucht er ihn zurückzutreiben. Dies kann so weit gehen, dass er sogar fremde Personen mit einbezieht, wenn sie zufällig über eine gewisse Zeitspanne den gleichen Weg gehen. Geht man mit ihm allein, entfernt er sich auch schon mal etwas weiter. Doch ist man in einer Gruppe, bleibt er immer in der Nähe, denn dann hat er, so glaubt er, eine Aufgabe zu erfüllen.

So erzählte mir eine Entlebucherbesitzerin, dass sie mit ihrer Hündin nur noch allein zu Ausstellungen fährt. Denn fahren sie zu zweit und sie steht mit der Hündin im Ausstellungsring, so ist die Entlebucherin nicht zu beruhigen. Egal ob Herrchen zu sehen ist oder frühzeitig außer Sicht geht, sie hat nur eins im Kopf, nämlich ihr Rudel wieder zusammenzubringen.

Eine Familie mit einem 12-jährigen Sohn und einer jungen Appenzellerhündin erzählte mir Folgendes:

Während des Spaziergangs entfernt sich der Junge schon mal von der Gruppe, um nach Jungenart noch kurz etwas anzuschauen oder auszuprobieren. Die Appenzellerhündin wird dann sehr unruhig, umkreist den Jungen bellend und versucht ihn durch leichtes Zwicken in die Fersen zurückzutreiben. Reagiert der Junge nicht darauf, so ist es schon vorgekommen, dass das jugendliche Temperament der Hündin so weit ging, dass sie den Jungen am Ärmel packte und versuchte, ihn zur Gruppe zurückzuziehen.

Zu dieser Geschichte möchte ich eine kleine Anmerkung machen: Das geschilderte Verhalten liegt im Treib- und Hüteinstinkt der Hündin begründet, jedoch ist dies nur eine Erklärung dafür, geduldet werden sollte es auf gar keinen Fall.

Der Große Schweizer und der Berner sind sicher auch zum Treiben von Vieh vom Stall auf die Hausweiden und zurück oder zum Viehmarkt eingesetzt worden, doch nie so intensiv wie die kleineren Rassen. Ich selber habe das so typische Stechen bei den beiden größeren Sennenhunden noch nie beobachten können und habe nur wenige gefunden, die mir erzählten, dass sie es schon gesehen haben. Es mag vereinzelte Hunde geben, die es zeigen, aber es ist doch eher selten.

So verhalten sie sich auf Spaziergängen auch anders als die kleineren Rassen. Es gibt Vertreter, die bleiben immer in der Nähe ihrer Menschen, andere, die selbstständigeren, entfernen sich gerade auf vertrauten Wegen auch recht weit.

Häufiger haben wir schon beobachten können, wie unsere Donja unruhig wird, wenn wir uns auf dem Spaziergang trennen. Erst wenn wir alle zusammen sind, ist auch sie wieder zufrieden. Andere berichten, dass ihr Berner unruhig wird, wenn sie mit der Familie unterwegs sind und ein Familienmitglied etwas zurückbleibt. Es kann sein, dass er stehen bleibt

Jugendliche Entlebucher, Abby aus Lummerland und Leo du Boiron, beide ca. 15 Monate alt.

und wartet, bis derjenige die Gruppe wieder eingeholt hat, oder er läuft aufgeregt hin und her.

Vom Großen Schweizer und vom Berner wird auch oft berichtet, dass sie auf dem Spaziergang stets in der Nähe der jüngeren Kinder sind, besonders, wenn diese sich von der Gruppe entfernen.

Immer wieder wird beschrieben, dass die Sennenhunde sich von Weidetieren angezogen fühlen und deren Nähe suchen, was dann auf den Treib- und Hütetrieb zurückgeführt wird. Ich glaube eher, dass es reine Neugierde ist, die besonders den jungen Entlebucher oder Appenzeller dazu bewegen, auf eine Viehherde zuzulaufen. Geschieht dies unkontrolliert, kann das böse Folgen haben. Nicht jedes Weidevieh ist an Hunde

Einspännig vor einem modernen schweizer Hundewagen.

gewöhnt und so kann es passieren, dass sich ein oder mehrere Weidetiere gegen den Hund stellen. Ich habe schon erlebt, wie Pferde einen Hund jagten und auch dabei verletzten. Kleinere Weidetiere wie Schafe lassen sich leichter beeindrucken, sie werden zum Schutz den Herdenverband suchen und dicht aneinandergedrängt versuchen zu fliehen. Hier hat es der Hund leichter, sie zu treiben oder in eine Weideecke zu drängen. Was dann für den Laien wie ein perfektes Treiben aussieht, bedeutet für die Schafe pure Angst, besonders, wenn sie an Hunde nicht gewöhnt sind.

Die reine Veranlagung zum Treiben- und Hüten reicht nicht aus, die Arbeit an der Herde muss kontrolliert erlernt werden. Darum sollte man stets verhindern, dass Sennenhunde unkontrolliert in eine beweidete Wiese laufen.

Karrenziehen

Der Hund vor der Karre ist aus unserem Straßenbild verschwunden. Viele Menschen wissen heute gar nicht, dass Hunde für solche Zwecke eingesetzt wurden. Wird irgendwo mal ein Gespann entdeckt, so kann man meist großes Erstaunen bei den Betrachtern feststellen. Heute werden Hunde nur noch zur Freizeitbeschäftigung oder aus Tradition vor eine Karre gespannt.

Alter einachsiger belgischer Hundewagen (Original) gezogen von zwei Großen Schweizern und einem Berner (Mitte).

In letzter Zeit wächst in Deutschland, besonders bei Sennenhundbesitzern, das Interesse an dieser Arbeit mit dem Hund. Das benachbarte Ausland pflegt bereits seit Jahren, teilweise seit Jahrzehnten, diese Tradition. So gibt es in Holland das so genannte „Berner Wägeli Team", eine Gruppe von Sennenhundfreunden, die ihre Hunde zum Teil vor alte Original-Wagen oder Nachbauten spannen und selbst passende Trachten tragen, um bei geeigneten Veranstaltungen an die alten Zughundgespanne zu erinnern.

In Belgien hat sich auch eine Gruppe, Vlaamse Trekhonden Vereniging „MET HOND EN KAR", gefunden, die die alte Tradition mit Schweizer Sennenhunden pflegt. Sie treffen sich regelmäßig, um mit den Hunden auf einem speziell dafür angepachteten Gelände zu trainieren und nehmen auch mit alten Original-Gefährten oder Nachbauten an entsprechenden Veranstaltungen teil, bei denen sie Trachten tragen und die Wagen mit alten Utensilien schmücken.

In jedem Herbst wird in der Schweiz von den Emmentaler Bernhardinerfreunden eine Zughundeprüfung durchgeführt, an der alle Hunde teilnehmen können, die eine Widerristhöhe von mindestens 50 cm haben und zwei Jahre oder älter sind. Es gibt die Kategorien Ein- und Zweispänner.

Ähnliches findet auch einmal im Jahr in Österreich statt. Das so genannte „Bierkistlziehen" wird vom Östereichischen Gebrauchshundesport-Verband (ÖGV) veranstaltet. Hierbei wird jeder teilnehmende Hund vor die gleiche Karre gespannt, die mit einer Bierkiste beladen ist. Das Gespann hat nun mit dem Hundeführer zusammen einen Parcour auf Zeit zu bewältigen.

Bis heute existieren verschiedene Meinungen darüber, wie viel Gewicht ein Hund maximal ziehen sollte. Eine davon lautet, dass er auf gerader ebener Strecke das Vierfache seines eigenen Körpergewichtes ziehen kann. In Deutschland hat die GKF (Gesellschaft zur Förderung Kynologischer Forschung) eine Forschungsarbeit vergeben, die genau diese Frage klären soll.

Zur Anspannung kommen auch heute noch ein- und zweiachsige Wagen. Am häufigsten wird das Brustblattgeschirr, auch Sielengeschirr genannt, verwendet.

Der Jagdtrieb

Vielfach ist die Auffassung verbreitet, dass Schweizer Sennenhunde keinen Jagdtrieb haben. Doch da muss ich jeden enttäuschen, der hiervon überzeugt ist. Zwar ist der Jagdtrieb bei Sennenhunden unerwünscht, doch wird auch seit Beginn der Reinzucht nicht mehr auf diese Eigenschaft hin selektiert. Zwangsläufig gibt es heute auch Sennenhunde ohne, mit mäßigem und vereinzelt auch welche mit leidenschaftlichem Jagdtrieb.

Am häufigsten stellt es sich so dar, dass der jugendliche Sennenhund allem hinterherjagt, was sich in wilder Flucht von ihm entfernt, wie beispielsweise ein aufgescheuchtes Kaninchen oder auch eine Katze, ein Eichhörnchen, eine Maus, ein Reh, Vögel usw. Entdeckt der junge Sennenhund ein solches Tier, wird er sich erst einmal aus purer Neugierde herantasten. Flieht das Tier dann aus Angst, ist auch schon der Reiz geweckt hinterherzujagen, was die meisten Sennenhunde dann auch tun. Doch merken sie bald, dass sie keine Chance haben, das flüchtende Tier einzuholen. Durch Mangel an Erfolg kommt dann mit zunehmendem Alter die Einsicht, dass es sich nicht lohnt. Die einsichtigen Sennenhunde machen dann nur noch ein paar wenige Sprünge in Richtung des Fluchttieres, wenn überhaupt, oder schauen ihnen lediglich interessiert nach. So verhält sich wohl die Mehrheit der Sennenhunde.

Doch gibt es auch solche, die nicht nur auf Sichtkontakt reagieren, sondern bereits auf den Geruch einer frischen Wildfährte. Da kann es passieren, dass ein solcher Hund aus für uns nicht oder kaum erkennbaren Gründen plötzlich losstartet und durch den Wald hetzt, sogar aus unserem Sichtbereich heraus und erst nach Minuten wiederkommt. Alles Rufen hat dann in der Regel keinen Erfolg mehr. Diese Hunde reagieren auf Geruch, der ihnen möglicherweise durch eine entsprechende Windrichtung zugetragen wird.

Hat ein Sennenhund beim Verfolgen eines Tieres oder einer Wildfährte irgendwann Erfolg und schafft es, ein Tier zu reißen, vergisst er dieses Erlebnis nie mehr. Er wird versuchen, es zu wiederholen und kann so zu einem leidenschaftlichen Jäger werden, den man dann wahrscheinlich nicht mehr ohne Leine im Wald laufen lassen kann.

Auch beim Sennenhund sollte man von Anfang an auf dieses Verhalten erzieherisch einwirken und das Nachjagen hinter Tieren konsequent unterbinden. Dafür müssen Sie genauso aufmerksam durch die Welt laufen wie Ihr Hund und das Kaninchen am besten noch entdecken, bevor es Ihr Hund erspäht hat, zumindest aber zeitgleich mit ihm. Jetzt haben Sie noch die Chance, ihn durch ein energisches Kommando vom Hinterherjagen abzuhalten. Ist er erst mal gestartet, hat Ihr Rufen in der Regel keinen Erfolg mehr. Entdecken sie das Kaninchen vor ihrem Hund, haben sie auch noch die Möglichkeit, ihn auf sich zu konzentrieren und mit Aufgaben zu beschäftigen oder ihn anzuleinen. Dazu muss man auch wissen, dass alles, was sich an Verhalten eines Hundes häufig wiederholt, gefestigt wird. Lassen sie es also erst gar nicht so weit kommen, dass ihr Hund hinterherjagt, dann wird der Reiz auch nicht gefördert.

Schwieriger wird es bei Sennenhunden, die bereits auf Wildgeruch reagieren. Da wir nicht so eine feine Nase haben wie unsere Hunde, bekommen wir den Auslöser in der Regel nicht mit. Nur durch intensives Beobachten des eigenen Hundes kann man mit der Zeit Verhaltensweisen entdecken, die darauf hinweisen, wann der Reiz bei ihm ausgelöst wird. Bereits in diesem Augenblick muss auch schon eine Reaktion von Ihnen kommen, denn ist der Hund erst einmal gestartet, haben sie kaum noch eine Chance, ihn zu stoppen. Wildwechsel findet häufig in den Dämmerungsstunden statt. Somit ist auch der Geruch zu dieser Zeit am intensivsten. Also, aufgepasst, wenn sie in diesen Stunden ihren Spaziergang machen. Die Wildwechselwege kann man recht gut erkennen. Da das Wild immer wieder die gleichen Wege wählt, bilden sich mit der Zeit kleine Trampelpfade, die vom Wanderweg nach rechts und links in den Wald abgehen. Entsprechend veranlagte Hunde sollten an diesen Stellen nicht sich selbst überlassen, sondern beschäftigt oder angeleint werden.

Ich selbst besitze eine Bernerhündin, die auf Wildgeruch reagiert. Mit der Zeit habe ich festgestellt, dass Babuska immer dann am eifrigsten darauf reagiert, wenn ich mal nicht so viel Zeit für sie habe. Beschäftige ich mich wieder mehr mit ihr und suche neue Aufgaben für sie, lässt dieser Reiz auch wieder nach.

Bellfreudigkeit

Das Treiben und Hüten der kleineren Sennenhundrassen wird von einem hellen Bellen begleitet. So wollte man den Küherhund und darauf hat man ihn selektiert. Dementsprechend gehören auch heute noch der Appenzeller und der Entlebucher zu den bellfreudigen Sennenhunden. Das Spiel mit anderen Hunden oder Sequenzen des Treibens und Hütens sowie große Freude werden von ihnen mit Bellen begleitet. Auch im Spiel mit ihren Menschen neigen sie dazu, ab einer bestimmten Erregungsphase heftig zu bellen. Von Welpenbeinen an kann man versuchen, diese Bellfreude zu kontrollieren. Im Spiel mit anderen Hunden wird das kaum möglich sein. Die anderen beschriebenen Situationen lassen sich eher beeinflussen. Oftmals reicht ein energisches Kommando. Ansonsten kann man versuchen, den Erregungszustand zu senken, indem man beispielsweise das gemeinsame Spiel sofort abbricht und erst wieder beginnt, wenn der Hund nicht mehr bellt. Man sollte sich selber bei sehr großer Freude des Hundes reserviert verhalten oder ihm ein Kommando geben, das ihn beschäftigt, um dieses Bellen zu kontrollieren.

Der Große Schweizer und der Berner gehören zu den weniger bellfreudigen Sennenhunden. Besonders der Berner bellt nur, wenn es wirklich wichtig ist.

Dreifarbigkeit

Von Beginn der Reinzucht an wurde die schwarze Grundfarbe mit rotbraunen und weißen Abzeichen zum „Markenzeichen" der Schweizer Sennenhunde. So beschrieb Prof. Heim die Farbe folgendermaßen:

> *„Farbe: Bedingung: Glänzend schwarz mit leuchtend gelbroten Abzeichen an allen vier Läufen, Backen und über den Augen. Nicht Bedingung, jedoch gerne gesehen: Weisse, leichte Kopfzeichnung, weisser Nackenfleck, Halsring, Bruststern, weisse Füsse und Schwanzspitze."*

Offensichtlich war die Weißzeichnung noch nicht von so großer Bedeutung.

Man gab den Hunden damals ihrer Zeichnung entsprechende Namen. Einen Sennenhund mit weißem Halskragen nannte man Ringgi, einen mit breiter weißer Blesse hieß Bläß und ohne weiße oder nur ganz schmaler Blesse wurde als Bäri bezeichnet. Vieräugler war auch eine gängige Bezeichnung aufgrund der rotbraunen Tupfer über den Augen, die man Überaugenflecken nennt.

Welpen, die grobe Farbfehler zeigten, wurden direkt abgetan. Dies war auch in Deutschland bis vor einigen Jahren eine noch gängige Praxis. Doch seit das deutsche Tierschutzgesetz die Tötung lebensfähiger Welpen untersagt, werden Welpen mit Zeichnungsfehlern auch aufgezogen.

Der Grundsatz der Dreifarbigkeit ist heute kein züchterisches Problem mehr. Doch eine Gleichförmigkeit in dem Ausmaß der weißen Abzeichen hat sich über so viele Jahre der stetigen Selektion trotzdem nicht einge-

Na, ob das Wetter so bleibt? (Großer Schweizer Welpe, ca. acht Wochen alt)

stellt. Deshalb kann man auch heute noch vom Bläß oder Bäri sprechen. Der Bläß wirkt durch seine breite Blesse besonders freundlich vom Gesichtsausdruck, wobei der Bäri mit seiner geschnürten Blesse mehr pfiffig oder frech dreinschaut.

Der Standard verlangt heute eine weiße Blesse. Das Weiß an den Pfoten und an der Rutenspitze ist lediglich erwünscht, aber kein Muss. Der weiße Nackenfleck wird je nach Ausmaß toleriert. Der weiße Halsring ist heute jedoch unerwünscht, nur beim Appenzeller und Großen Schweizer wird er toleriert. Zur typischen Zeichnung gehört ebenfalls die weiße Brust in

Gemeinsamkeiten und Unterschiede auf einen Blick

Tabelle 1

Eigenschaften	Appenzeller	Berner	Entlebucher	Großer Schweizer
Größe Rüde	52–56 cm	64–70 cm	44–50 cm	65–72 cm
Größe Hündin	50–54 cm	58–66 cm	42–48 cm	60–68 cm
Gewicht Rüde	25–30 kg	45–55 kg	25–30 kg	50–60 kg
Gewicht Hündin	22–27 kg	38–45 kg	20–25 kg	45–55 kg
Dreifarbigkeit	ja	ja	ja	ja
Ringelrute	typisch	–	–	–
Stummelrute	–	–	kommt vor	–
Stockhaar	ja	–	ja	ja
Langhaar	–	ja	–	–
wachsam	sehr	sehr	sehr	sehr
bellfreudig	sehr	mäßig	sehr	normal
Treiben und Hüten	ausgeprägt	selten	ausgeprägt	selten
Karrenziehen	bedingt	sehr	bedingt	sehr
leicht misstrauisch bei Fremden	ausgeprägt	selten	ausgeprägt	normal
selbstbewusst	sehr	normal	normal	ausgeprägt
temperamentvoll	sehr	normal	sehr	normal
stur oder dickköpfig	normal	normal	normal	ausgeprägt
ausdauernd	sehr	normal	sehr	normal
anpassungsfähig	sehr	sehr	sehr	sehr
lernfreudig	sehr	sehr	sehr	sehr
leicht motivierbar	sehr	ausgeprägt	sehr	normal
apportierfreudig	sehr	normal	sehr	normal
spielfreudig	sehr	normal	sehr	normal

selten, bedingt · · · mäßig · · · normal · · · ausgeprägt · · · sehr

wenig ⟵- -⟶ viel

83

Form eines Kreuzes, das man gerne mit dem schweizer Fahnenkreuz vergleicht.

Die Zeichnung ist ein Merkmal, das bereits direkt nach der Geburt recht sicher beurteilt werden kann. Das Braun, auch Brand genannt, kann anfangs sehr dunkel, manchmal rußig, also schwarz durchsetzt, wirken, hellt dann aber auf. Man sagt, je dunkler es sich zeigt, desto kräftiger wird der Brand werden. Die Weißzeichnung des Neugeborenen wird später weniger. So kann sich eine anfangs breit wirkende Blesse zu einer normalen auswachsen und ein kleiner Nackenfleck kann sogar ganz verschwinden. Wo die Haut unter den weißen Haaren rosa ist, wird das Weiß auch bleiben.

Welpen werden mit rosa Nasen geboren. Manchmal kommt es vor, dass Teile des Näschens bereits dunkel gefärbt sind. Spätestens drei bis sieben Tage nach der Geburt beginnt die Pigmentierung auch der Lefzen, Pfotenballen und Zehennägel. Zuerst sieht man hellgraue kleine Tupfer wie winzige Sommersprossen auf den Nasen. Mit acht Wochen ist dann der Nasenspiegel normalerweise schwarz gefärbt. In vereinzelten Zuchtfamilien kann es auch bis zu einem Jahr dauern, bis eine vollständige Pigmentierung vorliegt. Was bis dahin nicht durchgefärbt ist, bleibt in der Regel unvollständig.

Wie beim Großen Schweizer sieht man auch schon mal beim Appenzeller und Entlebucher, dass das schwarze Deckhaar an den Halsseiten, den Flanken und den Hinterkeulen von einer gelben oder grauen Unterwolle durchsetzt ist.

Beim Berner kann man während des Fellwechsels vereinzelt eine mehr oder weniger starke Braunfärbung des schwarzen Mantels beobachten.

Prof. Heim warnte immer vor Übertreibungen, auch in Hinsicht auf die Zeichnung und so vertrat er die Meinung:

„Viel lieber wollen wir, dass ein Hund vom andern noch verschieden ist, der eine etwas mehr, der andere etwas weniger Weiss hat. Das Ideal liegt nirgends in der Gleichheit aller. Treiben wir die Schönheit nicht bis zur Langeweile. Eine gewisse Mannigfaltigkeit soll bleiben."

Ein Schweizer Sennenhund soll es sein

Schweizer Sennenhunde sind Familienhunde

Weil Sennenhunde sensibel, menschenbezogen und ungeheuer anpassungsfähig sind, sollten Sie in Familien leben. Sie brauchen ein kleines Rudel, um das sie sich kümmern können. Sie verstehen es, sich auf jedes Familienmitglied einzustellen und zeigen besonders viel Geduld mit Kindern.

Doch sollte dadurch nicht der Eindruck entstehen, dass ihnen dies vollkommen reicht. Die tägliche Bewegung auf ausgiebigen Spaziergängen ist eine Selbstverständlichkeit. Darüber hinaus brauchen Sennenhunde noch ein bisschen, nennen wir es Gehirnjogging, also Aufgaben für den Kopf, ansonsten wird ihre Intelligenz und Lernfreude verkümmern. Aber nicht nur das, manche werden dann träge und lustlos, andere werden eine gewisse Unausgeglichenheit zeigen, die sich in verschiedenen Verhaltensstörungen äußern kann.

Drum prüfe, wer sich ewig bindet

Die Anschaffung eines Sennenhundes ist eine wirkliche Bereicherung für das eigene Leben. Ein Hund bringt Sie wieder der Natur näher. Man hat festgestellt, das Hundehalter gesünder leben, sie bewegen sich mehr und sind ausgeglichener. Ein Hund bringt ein Stück Lebensfreude, er ist stets gut gelaunt und zaubert selbst dann ein Lächeln auf Ihre Lippen, wenn Sie sich gerade schrecklich geärgert haben. Doch bringt er auch jede Menge Veränderungen mit sich. Ein Hund ist so etwas wie ein neues Familienmitglied, dessen Bedürfnisse befriedigt werden müssen. Bevor Sie sich also für einen Sennenhund entscheiden, sollten Sie noch ein paar wichtige Überlegungen anstellen.

1. **Die ganze Familie muss mit dem Vorhaben einverstanden sein** und auch wissen, was an Veränderungen auf sie zukommt, sonst ist der Streit vorprogrammiert. Bedenken Sie als Erstes, dass Sie mit der Anschaffung eines Sennenhundes eine Bindung für zehn oder mehr Jahre eingehen.
2. **Können Sie die Hundehaltung mit Ihrer Berufstätigkeit vereinbaren?** Ein Sennenhund sollte nie länger als drei bis vier Stunden allein sein, und auch das nur, nachdem man ihn langsam daran

gewöhnt hat. Ein Welpe braucht viele Wochen bis Monate, bevor man ihn über eine so lange Zeitspanne allein lassen kann. Eine ideale Situation ist dann gegeben, wenn eine Person ganztags zu Hause ist und sich um den Hund kümmern kann. Ist dies bei Ihnen nicht der Fall, müssen Sie ab dem Zeitpunkt der Welpenübernahme eine ganztägige Betreuung organisieren, bis der Welpe gelernt hat, über einen größeren Zeitraum allein zu bleiben. Müssen Sie einen Hund mehr als drei bis vier Stunden täglich allein lassen, sollten Sie auf die Anschaffung verzichten. Sennenhunde brauchen die Nähe zu ihren Menschen. Bedenken Sie ebenfalls, dass ihr Sennenhund auch einmal krank sein kann und dann evtl. eine ganztägige Betreuung benötigt. So eine Betreuung sollte nur von Personen übernommen werden, die dem Hund körperlich gewachsen sind und die etwas vom Verhalten und der Erziehung eines Hundes verstehen. Eine derartige Aufgabe kann in der Regel nicht von Kindern übernommen werden.

3. **Für einen Sennenhund brauchen Sie jede Menge Zeit**, z. B. für die Pflege und die Futterzubereitung, aber vor allen Dingen für die Beschäftigung. Auf den Spaziergang kann ihr Schweizer nicht verzichten. Zwei bis drei Stunden täglich müssen sie dafür einplanen und das bei jedem Wetter. Am liebsten hat er es, wenn Sie daraus mehrere Gänge machen. Ein bisschen Zeit brauchen Sie auch noch zum Streicheln und Kuscheln, für ein kleines Spielchen zwischendurch und verschiedene Aufgaben wie z. B. Erziehungsübungen.

4. **Überdenken Sie auch, wie Sie bisher Ihre Freizeit verbracht haben.** Bleibt da überhaupt noch Zeit für Spaziergänge, einen Hunde-Erziehungskurs und/oder den regelmäßigen Besuch eines Hundesportplatzes? Kann Ihr Hund Sie bei all Ihren Freizeitaktivitäten begleiten oder muss er allein zu Hause bleiben? Haben Sie überwiegend Hobbys, bei denen Ihr Sennenhund nicht dabei sein kann, dann kaufen Sie sich lieber einen Plüschhund.

5. **Wie sieht es mit Ihrem Urlaub aus?** Waren bisher Fernreisen Ihre große Leidenschaft? Haben Sie sich Gedanken darüber gemacht, was bei der nächsten Urlaubsreise mit Ihrem Hund passieren soll? Würden Sie Ihren Hund fragen, so würde er nur eins wollen, nämlich mit Ihnen zusammen verreisen. Doch Flugreisen übersteht nicht jeder Hund ganz problemlos. Er muss nämlich den Flug allein in einer kleinen Box im Gepäckraum des Flugzeuges verbringen. Sennenhunde bevorzugen auch eher die kühleren Regionen unserer Erde. Ein heißes, sonniges Klima vertragen sie aufgrund ihres dichten schwarzen Fells nicht so gut. Können oder wollen Sie Ihren Hund nicht mitnehmen, klären Sie bitte jetzt schon, wer sich während Ihrer Abwesenheit um den Hund kümmern kann. Gleiches gilt auch für unvorhersehbare Fälle wie z. B. Krankheit, Unfall etc.

6. **Auch Sennenhunde bringen Dreck ins Haus.** Da spielt es gar keine Rolle, ob es sich um einen kurzhaarigen oder langhaarigen handelt. Der Unterschied besteht lediglich darin, dass das lange Fell des Berners etwas aufwendiger zu reinigen ist und länger trocknet, wenn es einmal nass geworden ist. Mit Hundehaaren haben Sie in Zukunft auch zu kämpfen. Alle vier Sennenhunde haaren ca. zweimal im Jahr, die Rüden mit den Jahreszeiten im Frühjahr und Herbst, die Hündinnen acht bis zehn Wochen vor der Läufigkeit. Die langen Haare des Berners liegen dann in kleinen Wolken geballt in so mancher Zimmerecke, die Grannenhaare der kurzhaarigen Sennenhunde fliegen auf dem Boden herum oder stecken im Teppich.

7. **Allergien sind heute weit verbreitet.** Nicht selten kommt es daher vor, dass ein Hund bereits mehrere Wochen oder gar Monate in einer Familie lebt, bis sich plötzlich bei einem Familienmitglied eine Allergie gegen Hundehaare zeigt. Manchmal sind die allergischen Reaktionen derart heftig, dass keine andere Möglichkeit bleibt, als sich wieder von dem Hund zu trennen. Eine solche Trennung ist für beide Seiten, Mensch wie Hund, emotional gesehen eine sehr schmerzliche Erfahrung. Sie sollten bereits im Vorfeld klären, ob eines Ihrer Familienmitglieder allergisch auf Hundehaare reagiert. Ist dies der Fall, müssen Sie auf die Anschaffung eines Hundes verzichten.

8. **Die Aufgaben, die die Hundehaltung betreffen**, können natürlich auch auf alle Familienmitglieder verteilt werden. Doch bedenken Sie dabei, dass Kinder nur bedingt mit einbezogen werden können. Die Erziehung des Hundes sollte immer nur von einer erwachsenen Person übernommen werden.

9. **Sprechen Sie auch mit Ihren Freunden und Verwandten** über die Anschaffung des Hundes. Nicht alle Menschen sind Hundeliebhaber, manche haben sogar große Angst vor Hunden. So kann es vorkommen, dass Sie von solchen Menschen selten oder gar nicht mehr besucht werden. Überlegen Sie daher, wie wichtig Ihnen diese Freundschaften sind.

10. **Sie haben Kinder und fragen sich, ob Sennenhunde kinderfreundlich sind.** Sennenhunde sind immer dann kinderfreundlich, wenn sie bereits von Welpenbeinen an gute Erfahrungen mit Kindern machen konnten. Alle vier Schweizer sind dann besonders geduldig mit Kindern. Kinder sehen häufig in dem knuddeligen, niedlichen Welpen, der da gerade eingezogen ist, ein lebendes Stofftier. Doch das ist er nun überhaupt nicht. Manchmal fällt es Kindern schwer einzusehen, dass man auf dieses herzige Wesen Rücksicht nehmen und die eigenen Bedürfnisse in den Hintergrund rücken muss. Sie als Eltern tragen hier eine große Verantwortung und müssen zwischen beiden Parteien vermitteln. Kinder und Hunde sollte man nicht unbeaufsichtigt miteinander spielen lassen.

11. **Sind Sie bereit, alle Hinterlassenschaften Ihres Hundes zu entfernen?** Hiermit sind die Kothäufchen gemeint, die Ihr Hund in
den Vorgärten der Nachbarn oder öffentlichen Anlagen etc. hinterlässt. Als verantwortungsbewusster Hundehalter hat man immer
mehrere Abfalltüten dabei, um so ein Malheur sofort beseitigen zu
können.

Wo sollte ein Schweizer Sennenhund leben und wohnen?

Natürlich brauchen Sie auch Platz für einen Sennenhund. Dabei
kommt es sicher nicht darauf an, dass ihr Haus oder ihre Wohnung besonders viele Quadratmeter hat, aber es sollte so viel Platz sein, dass sich
der Sennenhund auch im Wohnbereich ungezwungen bewegen kann.
Wenn es zu eng ist, kann es gerade bei den größeren Sennenhunden
schnell passieren, dass bei großer Freude oder Aufregung mit der langen
Rute tiefer gelegene Regal- oder Schrankfächer leer gewedelt werden.
Der Idealfall ist natürlich ein Haus mit Garten. Ist der Garten ringsum und in ausreichender Höhe (mindestens 120 cm) umzäunt, kann sich
Ihr Sennenhund darin problemlos frei bewegen und er wird es genießen,
das Treiben im und um den Garten herum zu beobachten. Dazu legt er
sich gerne auf einen erhöhten Platz.

Doch ersetzt ein Garten weder den Spaziergang noch die sonstige Beschäftigung mit dem Hund, denn der Garten selbst ist nach wenigen
Minuten abgeschnüffelt und dann nicht mehr so interessant. Lässt man
einen Sennenhund längere Zeit allein im Garten, kann es sein, dass er sich
auch selbst einmal eine Beschäftigung sucht, denn allein sein ist langweilig. Vielleicht gräbt er einen Krater um ein Mauseloch oder sucht die
Blumenzwiebeln, die Sie erst vor wenigen Tagen gepflanzt haben, vielleicht probiert er sich aber auch in der Neugestaltung des Gartenteiches.
Manche Sennenhunde wollen gar nicht allein im Garten sein. Sie wollen
immer dort sein, wo ihre Menschen sind.

Doch eine Wohnung, wenn sie nicht gerade im dritten Stockwerk oder
höher liegt, ist unter Umständen auch geeignet. Sie sollte allerdings nicht
in der Innenstadt liegen, denn dort ist kein Freiraum für einen Sennenhund zu finden. Bedenken Sie bei einer Wohnung ohne Garten, dass Sie
Ihren erwachsenen Hund mindestens fünfmal Gassi führen müssen. Den
Vorteil eines Gartens werden Sie spätestens dann erkennen, wenn der
Welpe eingezogen ist und Sie im Anfang alle zwei bis drei Stunden einen
Platz aufsuchen müssen, auf dem er sein Geschäft verrichten kann, häufig
auch nachts. Wenn Sie Ihre Wohnung nur über eine oder mehrere Treppen erreichen können, müssen sie Ihren Welpen so lange wie möglich
rauf und runter tragen, denn Treppensteigen ist ungünstig für die Gelenkentwicklung.

Vergessen Sie nicht mit Ihrem Vermieter zu klären, ob Sie in Ihrem Wohnbereich einen Hund halten dürfen und lassen Sie es sich schriftlich bestätigen.

Von Ihrem Haus/Ihrer Wohnung aus sollten Sie auf kurzem Wege ein Gelände erreichen können, auf dem Ihr Hund gefahrenfrei unangeleint laufen kann und wo Sie mit ihm ausgiebige Spaziergänge unternehmen können. Besteht diese Möglichkeit nicht, müssen Sie dafür sorgen, dass Sie täglich mehrmals mit ihm ein solches Gelände aufsuchen können, evtl. mit dem Auto.

Sennenhunde sind sensibel und sehr menschenbezogen, deshalb können sie nur in der Familie lebend ihr typisches Wesen entwickeln. Eine Zwingerhaltung kommt daher nicht für sie in Frage, denn ernsthafte Verhaltensstörungen könnten die Folge sein.

Verträglichkeit mit anderen Tieren

Leben in der Familie noch andere Tiere, wie z. B. Katzen, Kaninchen oder Meerschweinchen, so sollten Sie den Welpen langsam und vorsichtig daran gewöhnen. Wichtig ist, dass er das andere Tier mehrfach ausgiebig beschnüffeln kann. Dafür müssen Sie ihn und auch das andere Tier festhalten. Muten Sie dabei dem anderen Tier nicht zu viel zu, denn auch dieses muss sich erst an den neuen Hausgenossen gewöhnen. Läuft z. B. die Katze vor dem Welpen davon, müssen Sie von Anfang an ein Hinterherjagen verhindern bzw. verbieten. Richten Sie am besten für die Katze eine welpenfreie Zone ein, in die sie sich zurückziehen kann. Katze und Hund haben eine unterschiedliche Körpersprache und brauchen ein wenig Zeit, um sich verstehen zu lernen. Ist die erste Hürde genommen, können sie dann sogar dicke Freunde werden. Auf diese Art können sich Sennenhunde an alle anderen Haustiere gewöhnen.

Welcher der Sennenhunde passt zu mir?

Für viele Menschen ist das äußere Erscheinungsbild oftmals das wichtigste Kriterium bei der Entscheidung für eine bestimmt Rasse. Sicher ist dies ein wichtiger Aspekt, denn man lebt schließlich täglich mit dem Tier zusammen. Doch viel entscheidender ist die Frage, ob Sie den Bedürfnissen der jeweiligen Rasse gerecht werden können. Sie sollten zu den aktiven, sportlichen Mitmenschen gehören, wenn Sie sich für die beiden kleineren Sennenhundrassen interessieren. Denn beide sollten Aufgaben bekommen, mit denen sie ihre Geschicklichkeit und Wendigkeit ausleben können. Der Berner und der Große Schweizer sind für die gemütlicheren Zeitgenossen geeignet, die sich aber trotzdem so aktiv

Alleinsein im Garten ist langweilig, da hilft nur Buddeln.

fühlen, dass sie auch mit einem temperamentvollen Junghund Schritt halten können.

Nutzen Sie die Angebote des Rassezuchtvereins wie Ausstellungen oder Sennenhundspaziergänge, um die vier Schweizer aus nächster Nähe kennen zu lernen. Hierbei ergeben sich auch Gespräche mit den Besitzern und Sie haben die Möglichkeit zu vergleichen.

Rüde oder Hündin?

Rüde wie Hündin sind gegenüber ihren Menschen gleichermaßen anhänglich und verschmust. Die Rüden sind in der Regel etwas größer und schwerer als die Hündinnen und somit von der Erscheinung her die imposanteren, besonders bei den Bernern, da meistens die Rüden im Vergleich zur Hündin das dichtere und längere Fell haben.

Ein Rüde hebt an allen möglichen Stellen sein Bein, um ein wenig Urin abzuspritzen. Dies tut er z. B. um sein Revier zu markieren oder sein Selbstbewusstsein zu unterstreichen. Das kann an dafür ungeeigneten Stellen wie Hausecken oder empfindlichen Pflanzen ausgesprochen unangenehm sein. Hier gilt es erzieherisch einzugreifen. Weiterhin wird ein Rüde das ganze Jahr über mehr oder weniger stark von seinen Hormonen beeinflusst. Eine läufige Hündin in der Nachbarschaft kann ihn zu allerlei

Ein Rüde (rechts) ist in der Regel größer und schwerer als eine Hündin, daher stets die imposantere Erscheinung. (Entlebucher)

Aktivitäten veranlassen. So gibt es Rüden, die dann weniger fressen oder es sogar für einige Tage ganz einstellen, die winseln oder heulen, um zu zeigen, dass sie in der Nähe ihrer Angebeteten sein wollen. Ist der Garten ungenügend eingezäunt, werden solche Rüden dann leicht zu Streunern. Manchmal lässt auch der Gehorsam in solchen Phasen etwas nach.

Rüden, die sich irgendwo begegnen, sind stets daran interessiert zu demonstrieren, wer der Überlegenere ist. Treffen dabei zwei gleich starke aufeinander, kann es auch mal zu einer heftigeren Auseinandersetzung kommen, die aber in der Regel glimpflich verläuft.

Hündinnen markieren (häufiges Absetzen kleiner Mengen Urin) in den Wochen vor und während der Läufigkeit. Sie versuchen damit die Rüden der Umgebung auf sich aufmerksam zu machen. Eine Hündin ist zweimal im Jahr für ca. drei Wochen läufig. Sie blutet dann unterschiedlich stark aus der Scheide. Einige Hündinnen halten sich dabei sehr schön sauber und man kann kaum einen Blutstropfen auf dem Boden der Wohnung entdecken. Im Handel kann man der Größe der Hündin angepasste „Höschen" kaufen, die sie innerhalb der Wohnung tragen kann, um die Verschmutzung von Teppichen oder Polstern zu verhindern. Während dieser Zeit sind Hündinnen oftmals noch verschmuster, neigen aber auch zum Streunen, da der Wunsch nach einem Partner (der Fortpflanzungstrieb) wichtiger als alles andere wird. In dieser Zeit sollte sich die Hündin nicht unbeaufsichtigt im Garten aufhalten, denn trotz scheinbar guter Einzäunung hat es schon so mancher liebestolle Rüde geschafft, solch eine Hürde zu überwinden. Manche Hündinnen sind in dieser Zeit ausgesprochen sensibel. Andere werden aggressiver anderen Hunden gegenüber. An die Läufigkeit kann sich eine bis zu drei Monaten dauernde Scheinträchtigkeit anschließen, die unterschiedlich stark ausgeprägt sein kann. Geht man mit einer läufigen Hündin spazieren, legt man hierbei eine Duftspur, die die Rüden der Umgebung zum Haus der Hündin leitet. Darum ist es am besten, wenn man während dieser Zeit mit der Hündin im Auto für den täglichen Spaziergang in eine entfernter gelegene Umgebung fährt. Während der gesamten Läufigkeit ist es ratsam, die Hündin an der Leine zu führen.

Hündinnen untereinander sind recht gut verträglich und Raufereien kennt man fast gar nicht. Passiert es doch einmal, dann sind sie allerdings unerbittlich.

Konsequenz in der Erziehung brauchen sicher beide, Rüde wie Hündin. Doch sagt man, dass sich Hündinnen leichter unterordnen. Rüden stellen ihren Rudelführer je nach Selbstbewusstsein häufiger mal auf die Probe.

Welpe oder erwachsener Sennenhund?

Es ist ein wunderschönes Erlebnis, einen Welpen aufwachsen zu sehen und seine stürmische Entwicklung gerade im ersten Lebensjahr verfolgen zu können. Die Beziehung zum Menschen wird in dieser Zeit geformt. Das Verhalten, das der Hund ein Hundeleben lang zeigen soll, kann man jetzt am besten beeinflussen.

Wenn man sich für einen erwachsenen Sennenhund entscheidet, hat dieser die Entwicklung bereits hinter sich und man hat nur noch wenig Einfluss auf das jetzt gefestigte Verhalten. Zeigt er ein Problemverhalten oder hat er schlechte Erfahrungen gemacht, kann hier nur eine hundeerfahrene Person eine Umkonditionierung versuchen.

Doch kommt es vor, dass erwachsene Sennenhunde ein neues Zuhause suchen, z. B. weil ein Familienmitglied eine Hundehaarallergie entwickelt hat, aufgrund einer Scheidung oder wegen eines Todesfalles. Diese Sennenhunde haben meistens als ganz normale Familienhunde gelebt, sind oft an Kinder gewöhnt und zum Teil auch sehr gut erzogen. Sich für so einen Sennenhund zu entscheiden, stellt in der Regel kein Problem dar. Dies ist eine ideale Gelegenheit für z. B. ältere Hundefreunde, die sich den stürmischen Jugendjahren der Sennenhunde nicht mehr gewachsen fühlen, auch für junge Familien mit noch sehr kleinen Kindern, die die zeitaufwendige Welpenerziehung nicht mit der Kinderbetreuung vereinbaren können.

Natürlich braucht so ein Hund eine verständnisvolle Eingewöhnungs-phase mit viel Zuwendung und Geduld. Doch meistens hat man schon nach ein paar Tagen das Gefühl, er sei schon immer da gewesen.

Was kostet ein Schweizer Sennenhund?

Der Welpenpreis für einen Sennenhund liegt ewa bei DM 1600,– bis DM 2000,–.

Tabelle 2   Laufende Unterhaltskosten

Futtermittel incl. Beifutter wie Kauknochen, Hundekuchen etc.	150,– DM	monatlich
Tierarztkosten für jährliche Impfungen, Entwurmungen, allgemeine Untersuchungen und Rücklage für unvorhergesehene Erkrankungen	50,– DM	monatlich
Hundesteuer (wird von der Gemeinde festgesetzt)	50,– bis 250,– DM evtl. mehr	jährlich
Hundehaftpflichtversicherung	90,– bis 200,– DM	jährlich
Zubehör wie Pflegeartikel, Leine, Halsband, Spielzeug etc.	200,– DM	jährlich
Grundausstattung	200,– bis 400,– DM	einmalig
Röntgenuntersuchung der Gelenke auf HD, ED und OCD im 2. Lebensjahr inkl. Auswertung über den Rassezuchtverein	200,– bis 500,– DM	einmalig

Weitere Kosten entstehen für Erziehungskurse oder die Mitgliedschaft in einem Rassezucht- oder Hundesportverein.

Die Schweizer Sennenhund-Zucht heute in Deutschland

Das Ehepaar Nanny und Frank Behrens brachten die ersten Berner und Appenzeller nach Deutschland. Sie waren es auch, die 1923 den Anstoß zur Gründung des Schweizer Sennenhundvereins für Deutschland e. V. (abgekürzt SSV) gaben. Seitdem, also nun schon mehr als 75 Jahre, hat sich der SSV die Erhaltung, Verbreitung und Betreuung aller vier Schweizer Sennenhundrassen zur Aufgabe gemacht.

Der SSV ist, wie die meisten deutschen Rassezuchtvereine, Mitglied im VDH (Verband für das deutsche Hundewesen e. V.), der als nationaler Dachverband für das Hundewesen in Deutschland gilt und seinen Sitz in Dortmund hat. Die nationalen Dachorganisationen Hollands, Belgiens, Frankreichs, Österreichs und Deutschlands haben sich 1911 zu einer Internationalen Vereinigung zusammengeschlossen, um auch über die Grenzen hinaus das Hundewesen zu koordinieren. Diese internationale Vereinigung trägt den Namen Fédération Cynologique Internationale, kurz FCI, und zählt heute ca. 20 Mitgliedsstaaten.

Was leistet der SSV als Rassezuchtverein?

Wie bereits erwähnt, sind die Schweizer Sennenhunde in diesem Jahrhundert arbeitslos geworden, ihre ursprünglichen Fähigkeiten werden nicht mehr gebraucht. Somit findet auch in der Zucht keine Selektion auf Eigenschaften wie Treiben, Hüten und Wachsamkeit mehr statt. Seit Jahrzehnten konzentriert man sich in der Zucht auf den Erhalt des so typischen Erscheinungsbildes, die Verbesserung im Gebäude und die Ausgeglichenheit im Wesen und in der Zeichnung. Doch noch vor diesen Kriterien steht die Gesundheit. Die Sennenhunde haben sich heute ihren Platz als Familienhunde gesucht und sind aufgrund ihrer Arbeitsfreude auch immer häufiger im Hundesport zu finden.

Ein SSV-Züchter darf nur mit Hunden züchten, die den 18. Lebensmonat vollendet haben. Rüden bleiben ohne Altersbegrenzung in der Zucht. Mit Hündinnen darf nach Vollendung des 8. Lebensjahres nicht mehr gezüchtet werden.

Ein Sennenhund, mit dem gezüchtet werden soll, muss zuerst eine Zuchtzulassung erhalten. Dafür muss er mindestens zwei Ausstellungen besucht haben und die Formwertnote „sehr gut" erreicht haben. Danach kann er für eine Körung angemeldet werden. Neben der Ahnentafel müssen hier Gesundheitszeugnisse über den Zustand der Gelenke und beim

Tabelle 3 Anzahl der Welpen pro Jahr und Rasse, die im SSV gezüchtet und registriert wurden

Jahr	Appenzeller	Berner	Entlebucher	Großer Schweizer
1987	95	1042	105	46
1988	74	1008	97	61
1989	30	1098	98	54
1990	48	1076	154	96
1991	39	1245	110	62
1992	35	1113	147	66
1993	65	1282	109	61
1994	42	1270	186	65
1995	71	1388	160	103
1996	86	1418	211	165

Entlebucher auch der Augen vorgelegt werden. Dafür können die Gelenke des Hundes frühestens nach Vollendung des 12. Lebensmonats unter Narkose geröntgt werden. Die Röntgenaufnahmen werden der zentralen Auswertungsstelle des SSV zur Beurteilung vorgelegt. Die Augenuntersuchung beim Entlebucher darf nur von vom SSV dafür anerkannten Tierärzten durchgeführt werden und darf zum Zeitpunkt der Körung nicht älter als vier Monate sein.

Folgende Untersuchungen müssen für die jeweilige Rasse durchgeführt werden:

Rasse	HD	ED	OCD	Augen
Appenzeller	×			
Berner	×	×		
Entlebucher	×			×
Großer Schweizer	×	×	×	

(HD = Hüftgelenk-Dysplasie; ED = Ellenbogengelenk-Dysplasie; OCD = Osteochondrosis dissecans, Augenerkrankungen: Katarakt und PRA = Progressive Retinaatrophie)

Zur Körung werden nur Hunde mit den Ergebnissen: HD-Frei, HD-Verdacht oder HD-Leicht, ED-0 oder ED-1, OCD-Frei und frei von Augenerkrankungen zugelassen.

Eine Körkommission, bestehend aus drei Spezialrichtern, beurteilt den jeweiligen Hund. Es wird eine Merkmalsbeschreibung des Erscheinungsbildes vorgenommen und ein kleiner Wesenstest durchgeführt. Das Ergebnis wird mit dem Standard verglichen. Entspricht der Hund in ausreichendem Maße dem Standard, wird er zur Zucht zugelassen.

Die Zuchtzulassung bei Entlebuchern beschränkt sich auf ein Jahr. Erst nach Vorlage einer erneuten Augenuntersuchung wird die Zulassung um ein weiteres Jahr verlängert.

Die Erklärungen entsprechen dem Stand September 1998. Natürlich ist ein Rassezuchtverein darum bemüht, seine Zuchtbestimmungen stets dem neusten Stand der Wissenschaft anzupassen, somit werden sich auch hier immer wieder Änderungen ergeben.

Doch mit der Zulassung des Hundes allein ist es nicht getan. Auch der zukünftige Züchter muss sich durch den Besuch von Züchterseminaren qualifizieren, die ihm die Theorie des Züchtens und Informationen über die damit verbundenen Probleme vermitteln sollen.

Dem Züchter steht ein Zuchtwart zur Seite, der ihn bei der Wahl des Paarungspartners und während der Trächtigkeit der Hündin und der Aufzucht der Welpen beratend unterstützt. Wenn die Welpen acht Wochen alt sind, nimmt der Zuchtwart eine Wurfabnahme vor. Er überprüft den Zustand der Welpen, das erreichte Gewicht, die Aufzuchtbedingungen, die bereits erfolgten Entwurmungen und Impfungen und den Zustand der Mutterhündin. Er erstellt einen Wurfabnahmebericht, in dem er u. a. auch die zu diesem Zeitpunkt bereits erkennbaren zuchtausschließenden Fehler der Welpen beschreibt. Den Welpen wird eine Nummer ins rechte Ohr tätowiert. Anhand dieser Nummer kann man jeden Welpen, auch wenn er erwachsen ist, identifizieren.

Die Welpen dürfen vom Züchter nicht vor Vollendung der 8. Lebenswoche und auch nicht vor Erreichen eines Mindestgewichtes abgegeben werden. Das Mindestgewicht beträgt bei Appenzellern 5,5 kg, bei Entlebuchern 5 kg, bei Bernern 7 kg und bei Großen Schweizern 8 kg.

Die Zuchtbestimmungen regeln natürlich noch viele Dinge mehr, erwähnen möchte ich nur noch, dass eine Hündin innerhalb von 24 Monaten zwei Würfe haben darf und nach einem Wurf mit mehr als acht Welpen die darauffolgenden zwei Läufigkeiten nicht belegt werden darf.

Darüber hinaus wird im SSV mit einer so genannten **Zuchtwertschätzung** gearbeitet, einer Art Wahrscheinlichkeitsrechnung. Einem bestimmten Merkmal, z. B. HD, wird ein Zahlenwert, genannt Zuchtwert, zugeordnet. Der Rassedurchschnitt für dieses Merkmal wird bei dem Zahlenwert 100 festgelegt. Der Zuchtwert eines bestimmten Hundes ermittelt sich nun aus dem Rassedurchschnitt, seinen Vorfahren, Geschwistern und eventuellen Nachkommen. Sind die HD-Ergebnisse in seinem verwandtschaftlichen Umfeld besser als der Rassedurchschnitt, wird sein Zuchtwert unter 100 sinken, man spricht dann von wenig Merkmal für HD. Stellt sich die HD-Situation in seinem Umfeld schlechter dar als der Rassedurchschnitt, steigt sein Zuchtwert über 100 und man spricht von viel Merkmal für HD. Dieser Zuchtwert kann sich immer dann verändern, wenn neue Ergebnisse hinzukommen. Je mehr Hunde in diese Berechnung mit einbezogen werden können, umso aussagekräftiger wird der jeweilige Zucht-

Bernerrüde mit viel Ausstrahlung.

wert. Nimmt man nun die Zuchtwerte der Elterntiere, addiert sie und teilt sie durch zwei, erhält man einen Durchschnittswert, anhand dessen man eine Aussage zur Merkmalsausprägung bei den zu erwartenden Nachkommen machen kann. Hat man eine Hündin mit einem Zuchtwert von 104 für HD, sollte der Zuchtwert des Paarungspartners unter 96 liegen. Dann liegt das HD-Risiko für die Nachkommen unter dem Rassedurchschnitt.

Die Zuchtwertschätzung kann natürlich auch für andere Merkmale, wie z. B. ED, Augenerkrankungen, Typ oder Bewegung, Anwendung finden.

Für eine möglichst genaue Zuchtwertschätzung ist es erforderlich, dass alle Nachkommen eines Hundes mit einbezogen werden und nicht nur die, die wiederum in die Zucht gehen. Sie können also als Welpenkäufer einen Beitrag zum Erhalt, zur Gesundheit und Verbesserung der Sennenhunde leisten, indem Sie die Gelenke Ihres Sennenhundes und bei Entlebuchern zusätzlich in regelmäßigen Abständen die Augen untersuchen lassen und die Ergebnisse dem SSV zur Verfügung stellen.

Doch so wichtig die Zuchtwertschätzung ist, so darf man nicht vergessen, dass die Genetik allein nicht für die Ausprägung eines Körperoder Wesensmerkmales verantwortlich ist, sondern die Aufzucht- und Umweltbedingungen spielen ebenfalls eine erhebliche Rolle.

Doch bemüht sich der SSV nicht nur um eine kontrollierte Zucht, sondern leistet auch einiges in der Betreuung der Sennenhundbesitzer.

So bieten die dreizehn Landesgruppen, verteilt auf das gesamte Bundesgebiet, vielfältige Aktivitäten, wie Sennenhundspaziergänge oder so genannte Aktivtage, an denen man Spaß mit Hunden und anderen Sennenhundbesitzern haben kann.

Seit einigen Jahren etabliert sich auch der Hundesport im SSV. So gibt es Gruppen, die sich mit der Erziehung und Ausbildung von Sennenhunden befassen. Von der Welpenspielgruppe über die Junghunderziehung bis zur Prüfungsreife wird alles angeboten. Auch eine vom VDH anerkannte eigene SSV-Prüfungsordnung ist erarbeitet worden. Und seit 1½ Jahren werden eigene SSV-Hundesportprüfungen durchgeführt.

Nicht unerwähnt bleiben soll, dass der SSV eng mit der Wissenschaft zusammenarbeitet. Er unterstützt finanziell die GKF (Gesellschaft zur Förderung Kynologischer Forschung), die sich zur Aufgabe gemacht hat, Forschungsprojekte rund um den Hund zu fördern. So konnten z. B. Projekte zu den erblich bedingten Augenerkrankungen beim Entlebucher und zur Ellenbogengelenk-Dysplasie beim Berner durchgeführt werden, um nur einige zu nennen. Die Ergebnisse solcher Arbeiten nehmen natürlich Einfluss auf die Zuchtbestimmungen und bieten den Züchtern neue Erkenntnisse und Hilfestellungen.

Bedenkt man nun, dass alle Leistungen des SSV von Mitgliedern ehrenamtlich erbracht werden, wird man feststellen, dass dazu eine Menge Idealismus und Liebe zu den vier schweizer Rassen gehören muss.

Anschaffung eines Sennenhundes

Wie findet man den richtigen Züchter?

Natürlich am besten über den Rassezuchtverein!! Denn Züchter eines dem VDH, bzw. dem Zuchtverband Ihres Landes, angeschlossenen Rassezuchtvereins sind allesamt Hobbyzüchter, welche die Zuchtbestimmungen ihres Vereins anerkennen und sich den jeweiligen Zuchtkontrollen unterziehen. Ihr Ziel ist die Erhaltung und Förderung ihrer Rasse. Sie wissen, dass die Zucht von gesunden, wesensstarken Welpen mehr bedeutet als die Verpaarung irgendeiner Hündin mit irgendeinem Rüden.

Leider ist es so, dass Sennenhunde auch außerhalb des jeweiligen Verbandes angeobten werden. Besonders viele Angebote gibt es derzeit für Berner. Denn in den letzten Jahren ist gerade der Berner als Familienhund immer beliebter geworden. So eine Entwicklung ist ein gefundenes Fressen für alle Hundehändler und für Menschen, die mit Hundevermehrung glauben, eine schnelle Mark machen zu können. Hundehändler sind Geschäftemacher, die Welpen vieler verschiedener Rassen meistens über Zeitungsanzeigen anbieten. Die Welpen werden in durchaus sauberen, großen Zwingeranlagen gehalten und so auch dem ahnungslosen Interessenten präsentiert. Die Herkunft der Welpen ist oftmals nicht nachvollziehbar. Fragt man nach der Mutterhündin, so wird man sie nicht immer gezeigt bekommen. Die Hündinnen werden meist jede Läufigkeit belegt. Hier geht es nicht um die Erhaltung und Verbesserung einer Rasse, sondern lediglich um die dicke Geldbörse des Händlers. Oftmals werden Interessenten auch über ein „Billigangebot" geködert. Kranke und fehlgeprägte Welpen sind häufig die Folge.

Es gibt auch Menschen, denen die Hürden, die sie mit ihrem Hund nehmen müssen, um eine Zuchtzulassung in einem dem VDH angeschlossenen Rassezuchtverein zu bekommen, einfach zu beschwerlich sind, oder deren Hund die Zuchtzulassungsbestimmungen des Rassezuchtvereins nicht erfüllt. Da der Wunsch nach Welpen aber so groß ist, lassen diese Menschen ihre Hündin trotzdem von irgendeinem, ebenfalls nicht registrierten Rüden decken und bieten ihre Welpen über die Tagespresse an. Die Röntgen-Ergebnisse der Elterntiere liegen häufig gar nicht vor oder sind nicht kontrollierbar, die der Groß- und Urgroßeltern nicht bekannt. Oftmals werden fantasievolle Ahnentafeln für die Welpen erstellt. Die Pflege der Welpen und die Aufzucht in den ersten acht Wochen kann dabei durchaus vorbildlich sein. Auch hier wird der Käufer in die Irre geführt.

Mutter sein ist gar nicht leicht bei acht munteren Wonneproppen.

Die Welpenvermittlungsstelle

Der Rassezuchtverein für Schweizer Sennenhunde hat eine eigene Welpenvermittlungsstelle (siehe Adressenverzeichnis). An diese kann man sich als Welpeninteressent wenden, aber auch wenn man einen bereits erwachsenen Sennenhund sucht. Hier nennt man Ihnen Adressen von Züchtern, die im Augenblick Welpen abzugeben haben oder in Kürze welche erwarten. Bei den Kurzhaarrassen kann es auch mal zu längeren Wartezeiten kommen, da die Nachfrage oft größer ist als die Zahl der zu vermittelnden Welpen.

Mit den Züchtern sollten Sie recht bald Kontakt aufnehmen, um einen Besuchstermin zu vereinbaren. Bei so einem Besuch können Sie den Züchter und seine Hunde kennen lernen und etwas über die Aufzuchtbedingungen erfahren. Besuchen Sie ruhig mehrere Züchter, damit Sie vergleichen und für Ihren Welpen den besten Start ins Leben wählen können. Die Mutterhündin sollte Ihnen gefallen und besonders auch vom Wesen zusagen. Sie ist es, die die Welpen in den ersten Lebenswochen am meisten prägt. Lassen Sie sich ruhig auch die Räumlichkeiten zeigen, in denen die Welpen aufgezogen werden sollen. Fragen Sie den Züchter nach seinen Zuchtzielen und warum er gerade diese Paarung gewählt hat. Erkundigen Sie sich nach dem Vaterrüden, denn nur sehr selten lebt der Rüde im glei-

100

chen Haus. Lassen Sie sich ruhig auch die Ahnentafeln der Elterntiere zeigen und fragen Sie nach den Röntgenergebnissen und bei Entlebuchern nach der Augenuntersuchung.

Ein Beispiel für einen vorbildlichen Züchter

- Sie rufen einen Züchter an, der in Kürze Welpen erwarten wird. Er lädt Sie zu einem Besuch bei sich ein, damit ein gegenseitiges Kennenlernen stattfinden kann. Neben der Mutterhündin können auch noch weitere Hunde beim Züchter leben. Das sind z. B. ältere Sennenhunde, die aufgrund ihres Alters nicht mehr zur Zucht verwendet werden, oder Hunde mit zuchtausschließenden Fehlern, die nie zur Zucht kommen werden. Ein Züchter hat nie mehr als drei Hündinnen in der Zucht. Er hat auch nie mehr als zwei Würfe gleichzeitig und auch das nur, wenn er viele Helfer hat, denn handelt es sich dabei um große Würfe, ist die optimale Betreuung nicht allein durchführbar. Die Hunde des Züchters leben im Haus und nicht ständig isoliert vom Familienleben in einer Zwingeranlage. Die erwachsenen Hunde des Züchters verhalten sich Ihnen gegenüber neutral bis freundlich, wobei ein anfängliches Misstrauen bei den Kurzhaarrassen normal ist. Dem Züchter gegenüber zeigen sie sich vertrauensvoll und anhänglich.

Mit vier bis fünf Wochen geht der Welpe auf Entdeckungsreise. (Entlebucherwelpe)

- Während des Besuches wird der Züchter Ihnen viele Fragen stellen. Er möchte herausfinden, ob Sie sich bereits mit der Rasse beschäftigt haben und die Voraussetzungen für eine Hundehaltung erfüllen. So ist er auch bemüht, Sie zu beraten und Ihnen alle Ihre Fragen zu beantworten. Er hat eine schwere Aufgabe, denn er muss für einen mit Liebe und Sorgfalt aufgezogenen Welpen das richtige Zuhause finden. Bereitwillig zeigt er Ihnen, wo die Welpen geboren und auch später aufgezogen werden. Können Sie sich einigen, wird der Züchter Ihnen unter Vorbehalt einen Welpen reservieren. Mehr kann er zu diesem Zeitpunkt nicht tun, zum einen wird er mehrere Welpeninteressenten haben und zum anderen weiß er auch nie, wie viele Welpen genau geboren werden und wie die Geschlechter verteilt sein werden. Er wird Ihnen versprechen, sich direkt zu melden, wenn die Welpen geboren wurden.
- Die meisten Züchter suchen für die Wurfkiste einen ruhigen Platz im Wohnbereich. Hier kann die Hündin ungestört ihre Welpen bekommen und bleibt gleichzeitig im vertrauten Umfeld der Familie. Die ersten zwei Wochen reicht in der Regel die Wurfkiste als Lager für die Welpen aus. Doch bereits in der dritten Woche verlangt die Meute nach mehr Platz. Manche Züchter haben ein ganzes Zimmer ausgeräumt, in dem sich die Welpen dann tummeln können. Andere bauen einfach eine Erweiterung an die Wurfkiste. In der vierten bis fünften Lebenswoche wird der Erkundungsdrang der kleinen Welpen dann allerdings so groß, dass einige Züchter sie tagsüber in einen Auslauf mit Wetterschutz in den Garten bringen. Andere siedeln die Welpen in ein speziell hierfür zur Verfügung stehendes Gartenhaus mit Auslauf um.
- Der Züchter verbringt viel Zeit mit den Welpen, um sie vom ersten Tag intensiv an Menschen zu gewöhnen. In der Wurfkiste liegen auch schon verschiedene Spielzeuge. Später sorgt der Züchter für ein abwechslungsreich gestaltetes Gelände. Die Welpen sollten die Möglichkeit haben, verschiedene Bodenstrukturen kennen zu lernen, sie sollten klettern können, um ihre Geschicklichkeit zu erproben. Ein wackeliger Untergrund oder ein Tunnel, durch den man kriechen kann, wecken ihre Neugierde und stellen sie stets vor neue Mutproben. Es sollte Spielzeug vorhanden sein, das sie tragen und um das sie streiten können. Der Züchter bietet den Welpen auch immer mal wieder verschiedene optische und akustische Reize, um die Kleinen auf unsere laute, schreckliche Umwelt vorzubereiten. Der Züchter wird mit seinen Welpen kuscheln, sie streicheln, mit ihnen spielen, sie zu kleinen Geschicklichkeitsübungen animieren oder kleine Beutespiele inszenieren. Haushaltsgeräusche wie Staubsauger und Waschmaschinen gehören ebenso zum Programm. Die Welpen lernen natürlich viele verschiedene Menschen kennen, vor allen Dingen auch Kinder. Manche

Züchter gewöhnen die Welpen bereits an Halsband oder Geschirr sowie an die notwendige Körperpflege wie Bürsten und Kämmen. Auch Ohren, Zähne und Augen nachschauen gehört dazu. In der achten Lebenswoche unternehmen sie auch kleine Ausflüge mit den Welpen, um ihnen schon ein wenig von der Welt außerhalb des Welpenauslaufs zu zeigen. Einige benutzen dafür das Auto, womit auch das für den Welpen nichts Neues mehr bedeutet, wenn Sie ihn übernehmen. Kontakte zu andersrassigen Hunden werden arrangiert, indem Hunde, deren Gesundheitszustand und Sozialverhalten der Züchter kennt, eingeladen werden.

- Außerdem wird der Züchter die Welpen mindestens 14-tägig entwurmen und in der achten Lebenswoche impfen. Nachdem der Zuchtwart des Rassezuchtvereins die Welpen frühestens zum Ende der achten Lebenswoche kontrolliert und tätowiert hat, kann der Züchter sie abgeben. In der Regel geschieht das zwischen der achten und zehnten Lebenswoche.

- Ab Ende der dritten Lebenswoche, manchmal auch erst ab der fünften, dürfen Sie die Welpen besuchen. Bis dahin braucht die Mutterhündin noch viel Ruhe bei der Welpenpflege und die Welpen müssen auch erst ihr Immunsystem stärken, da Besucher natürlich Infektionsquellen sein können. Ihr Züchter hat nichts dagegen, wenn Sie die Welpen während der Aufzuchtphase mehrmals besuchen, denn es ist ein unwiederbringliches Erlebnis zu sehen, wie sich so ein kleines Wesen in rasender Geschwindigkeit von Woche zu Woche weiterentwickelt. Bei dieser Gelegenheit können Sie auch alle Welpen ausgiebig beobachten und kennen lernen. Die Mutterhündin ist bei Ihren Besuchen anwesend und hat nichts dagegen, dass Sie mit den Welpen kuscheln und spielen. Die Welpen werden Ihnen freudig entgegenlaufen, wenn Sie zu Besuch kommen, es sei denn, sie haben gerade erst eine Tobephase hinter sich oder haben gefressen und sind nun todmüde.

- Der Auslauf und das Lager der Welpen ist stets sauber. Kothäufchen werden vom Züchter regelmäßig entfernt. Auch die Welpen sind sauber, riechen gut und haben ein glänzendes Fell.

- Ab der siebten Lebenswoche kann man dann schon einiges zu den Wesensveranlagungen jedes einzelnen Welpen sagen. Dies ist der richtige Zeitpunkt, sich einen Welpen auszusuchen. Der Züchter wird Sie beraten, denn er wird seine Welpen am besten kennen und ihm wird es wichtig sein, dass Sie den Welpen nicht nur nach der Zeichnung aussuchen. Er wird Sie auch auf zuchtausschließende Fehler aufmerksam machen und Ihnen für diese Welpen einen angemessenen Preisnachlass geben.

- Der Züchter wird Ihnen einen Futterplan für den Welpen und das Futter für die ersten Tage mitgeben. Natürlich steht er ihnen auch nach Übernahme des Welpen bei Fragen und Problemen zur Seite.

Zwei bis drei Tage alte Welpen. Die Näschen sind noch nicht pigmentiert.

Wahrscheinlich gibt er Ihnen einen Kaufvertrag, mit dem er Sie u. a. verpflichtet, den Hund ab einem bestimmten Alter röntgen bzw. bei den Entlebuchern eine Augenuntersuchung durchführen zu lassen. Manche vereinbaren dafür eine Kaution in Form eines Betrages, den man nach Durchführung der Untersuchungen zurückerhält.

- Ihr Züchter ist auch bereit, Ihren Welpen noch eine Woche länger zu behalten, da Sie gerade an dem Abgabetermin noch eine große Familienfeier haben, die den Welpen jetzt noch total überfordern würde, und Sie hätten dann auch wegen der vielen Vorbereitungen fast keine Zeit für ihn.
- Es gibt Züchter, die die Welpen nicht abholen lassen, sondern zur Übergabe bei den neuen Besitzern vorbeibringen, um sich zu vergewissern, die richtige Wahl getroffen zu haben. Andere besuchen die Welpen zu einem späteren Zeitpunkt in ihrem neuen Zuhause.
- Ihr Züchter wird sich nach Abgabe der Welpen weiterhin für jeden einzelnen interessieren und sich immer mal wieder bei Ihnen melden, vielleicht organisiert er auch einmal ein Geschwistertreffen.

Wann und wie soll ich meinen Welpen aussuchen?

Wenn Sie Ihren Welpen vor der siebten Lebenswoche aussuchen, können Sie meist nur nach der Zeichnung wählen, weil die Wesensveranlagungen noch nicht so stark erkennbar sind. Auch zuchtausschließende Fehler wie z. B. Vor- und Rückbiss lassen sich oft erst mit sieben Wochen sicher vorraussagen.

Kommt Ihnen die Meute bei einem Besuch entgegengelaufen bis auf einen, der schlafend in einer Ecke liegt, so gehen Sie nicht gleich davon aus, dass dieser der Ruhigste im Wurf ist. Denn beim nächsten Besuch kann es sich schon ganz anders darstellen. Vielleicht hat er nur gerade kurz vorher kräftig getobt und ist ausgerechnet jetzt müde.

Haben Sie die Welpen während der Aufzuchtphase häufiger besucht, dann haben Sie bestimmt auch schon selbst herausgefunden, welcher der Welpen sehr selbstbewusst, welcher eher unsicher, welcher lebhaft und welcher sich ziemlich ruhig verhält. Manchmal kann man auch beobachten, dass einer ein bisschen eigenbrödlerisch ist und die Spielaufforderungen der Menschen eher ignoriert, dabei aber trotzdem forsch und neugierig ist. Andere stellen sich auf jeden Menschen ein und sind sofort für ein Spielchen zu haben. Der Selbstbewusste läuft meist vorne weg, wenn was Neues passiert, der Unsichere folgt der Meute etwas zögerlich, nur der Ängstliche verkriecht sich in solchen Situationen.

Die Wesensveranlagung sollte für Sie als Auswahlkriterium an erster Stelle stehen. Denn was nutzt Ihnen der schönste Hund, wenn Sie mit seinem Wesen nicht zurechtkommen. Als Hundeanfänger sollten Sie sich auf keinen Fall für den selbstbewusstesten oder temperamentvollsten Appenzeller in einem Wurf entscheiden. Solche Hunde gehören in erfahrene Hände. Sennenhundwelpen, die ein ausgeglichenes Wesen zeigen und sich sehr menschenbezogen verhalten, sind am besten für eine Familie mit Kindern geeignet. Für einen ängstlichen Welpen, der Ihnen ständig ausweicht, wenn Sie ihn streicheln wollen, oder der sich bei Geräuschen verkriecht und viel Zeit braucht, bis er wieder hervorkommt, sollten Sie sich nicht entscheiden. So ein Hund gehört zu Personen, die sich mit diesem Verhalten auskennen. Eventuell wird es sich nie verlieren und dann stellt so ein Hund eine Belastung für das tägliche Zusammenleben dar.

Angst ist etwas, was zum Leben dazugehört. Und somit dürfen natürlich auch Hunde Angst haben und zeigen, indem sie vor etwas Unbekanntem erschrecken oder zurückweichen. Entscheidend ist, wie sie damit fertig werden. Folgt dem ersten Schreck ein vorsichtiges Herantasten oder ein neugieriges Erkunden, so handelt es sich um ein normales Angstverhalten. Verkriecht sich aber der Hund und braucht viel Zeit, bis er sich aus seinem Schreck löst und das im wiederholten Maße, so handelt es sich um eine übersteigerte Angst. Lassen Sie sich von Ihrem Züchter beraten und finden Sie gemeinsam Ihren Welpen heraus.

Spielen Sie mit dem Gedanken, vielleicht selber einmal züchten zu wollen, so sollten Sie auch das mit Ihrem Züchter besprechen. Denn dann kommen die Welpen, die bereits in diesem Alter einen zuchtausschließenden Fehler zeigen, nicht für Sie in Frage. Doch kann Ihnen keiner garantieren, dass der noch so sorgfältig ausgesuchte Welpe später auch ein Zuchthund wird. Bei einem Welpen kann man immer nur von Merkmalsveranlagungen sprechen, die sich dann noch in verschiedene Richtungen entwickeln können. Genauso wenig kann Ihnen der Züchter garantieren, dass Ihr Welpe frei von Erbkrankheiten ist und ein hohes Alter von zehn, zwölf oder gar mehr Jahren erreichen wird.

Doch bei allen Überlegungen ist es manchmal so, dass ein Welpe sich seine Menschen selber aussucht. Gerade wenn diese zu Besuch sind, spielt er sich stets in den Vordergrund, ist häufig in ihrer Nähe und schmeichelt sich regelrecht ein. Dann ertappt man sich selbst dabei, wie das Herz besonders für diesen Welpen zu schlagen beginnt. Womit sich die Qual der Wahl von selbst erledigt.

Das ideale Abgabealter

Der Züchter wird Ihnen den Welpen zwischen der achten und zehnten Lebenswoche übergeben. In diesem Alter passt sich der Welpe am leichtesten an sein neues „Rudel" an. Sein Erkundungsdrang wächst täglich. Dem kann ein Züchter dann kaum noch gerecht werden. Doch nimmt man dem Welpen gleichzeitig auch eine wichtige Erfahrung, nämlich das Spiellernen mit den Geschwistern. Gerade dies ist so wichtig für das Sozialverhalten unter Gleichartigen. Darum sollten Sie sich rechtzeitig um einen Platz in einer Welpenspielgruppe bemühen, denn dort kann Ihr Welpe dafür Ersatz finden und weiterhin soziales Verhalten trainieren.

Ihr Welpe macht jetzt eine sensible Phase durch, die Sozialisierungsphase, auch Prägungsphase genannt. Sie beginnt mit der 3. Lebenswoche, hat ihren Höhepunkt in der 7. Lebenswoche und geht mit der 14. bis 16. langsam zu Ende. Man sagt, das die Erfahrungen, die ein Welpe in dieser Zeit macht, besonders stark in seinem Gedächtnis haften bleiben. Das gilt natürlich für positive wie negative Erfahrungen. Sie sollten für diese Phase viel Zeit haben und sie nicht ungenutzt verstreichen lassen.

Der Welpe kommt ins Haus

Vorbereitungen

Am wichtigsten ist es jetzt natürlich, dass Sie viel Zeit haben. Nehmen Sie Ihren Jahresurlaub, um dem Welpen ein problemloses Eingewöhnen zu ermöglichen. Alleinsein muss erst geübt werden, darum müssen Sie am Anfang eine Rund-um-die-Uhr-Betreuung organisieren. Große Familienfeiern sollten in den nächsten zwei bis drei Wochen nicht stattfinden.

Zunächst geht es einmal darum, Haus und Garten welpensicher zu gestalten.

Alle Elektrokabel, die der Welpe problemlos erreichen kann, müssen Sie entfernen oder sichern. Welpen sollen keine Treppen unkontrolliert steigen können, dafür müssen Sie alle Treppenauf- und -abgänge „verbarrikadieren". Das geht am besten mit einem Tür- oder Treppengitter, wie man es auch für Kinder kennt. Ein Welpe erzieht die ganze Familie zur Ordnung. Sorgen Sie dafür, dass z. B. Sachen wie Schuhe, Socken und Kinderspielzeug besonders nicht in den Räumen herumliegen, zu denen der Welpe freien Zutritt hat. Dinge, die für Sie wertvoll sind und die in für den Welpen erreichbarer Höhe aufbewahrt werden, sollten evtl. auch vorübergehend entfernt werden. Einen besonders wertvollen Teppich sollten Sie für die ersten Wochen, bis der Welpe stubenrein ist, lieber aufrollen.

Bodenbeläge wie Fliesen oder Parkett sind zwar aufgrund ihrer bequemen Reinigung ideal für die Hundehaltung, doch kann es sein, dass Ihr Welpe darauf häufig ins Rutschen kommt. Gerade das Rutschen ist während der Wachstumsphase für die Gelenkausformung der Knochen ausgesprochen ungünstig. Überlegen Sie deshalb, ob Sie vorübergehend die Laufstrecken des Welpen mit einfachen Teppichstreifen auslegen.

Wählen Sie einen zugfreien Platz, auf dem der Hund tagsüber sein Lager haben soll, am besten an einem Ort, von dem aus er alles beobachten kann, was in „seiner Höhle" so passiert. Der Berner bevorzugt kühlere Liegeplätze. Den hergerichteten Kuschelplatz sucht er oft nur für kurze Zeit auf und liegt ansonsten lieber auf Fliesen oder Parkett.

Ihr Garten sollte eingezäunt sein. Ein Zaun mit einer Höhe von 100 bis 120 cm stellt für einen Sennenhund zwar zunächst eine Barriere da, doch überwinden können ihn alle vier Schweizer problemlos. Wirklich sicher wird die Umzäunung erst bei 150 cm Höhe und mehr. Wollen Sie Ihren Gartenteich und diverse Blumenbeete vor allzu zerstörerischen Erkundungsgängen Ihres Welpen schützen, müssen Sie ihm das Betreten konsequent verbieten. Sie helfen ihm und sich selber auch, wenn sie vorübergehend diese Flächen durch eine kleine Absperrung vor dem Welpen sichern. Wenn Sie nicht wollen, dass Ihr englischer Rasen von gelb-braunen Flecken durchsetzt wird, suchen Sie im Garten einen Platz, auf dem der Hund sein tägliches Geschäft erledigen kann. Er bevorzugt dafür etwas versteckt liegende Stellen mit Strauch- oder Baumbewuchs.

Holen Sie einige Angebote für eine Hundehaftpflichtversicherung ein und schließen Sie rechtzeitig eine ab. Erkundigen Sie sich, ob es in Ihrer Gemeinde eine Verordnung zur Hundehaltung gibt. Vielleicht wohnen Sie ja in einem Leinenzwanggebiet. Vergessen Sie ebenfalls nicht, Ihren Hund beim Steueramt anzumelden, denn Hunde sind hundesteuerpflichtig. In Ausnahmefällen kann man von der Hundesteuer befreit werden. Die Höhe der Hundesteuer wird von der jeweiligen Gemeinde festgesetzt.

Auch nach einem Tierarzt in Ihrer Nähe sollten Sie sich erkundigen.

Wenn Sie Ihren Welpen beim Züchter besuchen, nehmen Sie ein altes Handtuch oder etwas Ähnliches mit, das geeignet ist, besonders gut Geruch anzunehmen. Bitten Sie den Züchter, es mehrmals auf das Lager der Welpen zu legen. An dem Tag, an dem Sie Ihren Welpen abholen, nehmen Sie auch dieses Kuscheltuch wieder mit. Dann hat Ihr Welpe etwas, was ihn an seine Geschwister erinnert. Das kann ihm bei der Trennung helfen.

Fragen Sie bei einem Ihrer Besuche den Züchter, ob er Ihnen einen Futterplan und Futter für die ersten Tage mitgibt. Ist das nicht der Fall, sollten Sie sich bei ihm nach der Futtersorte erkundigen, die er in der Aufzuchtphase füttert, und dieselbe für die Übernahme besorgen. Wollen Sie ein anderes Futter geben, sollten Sie die Umstellung erst nach der Eingewöhnungsphase des Welpen vornehmen.

Bevor der Welpe ins Haus kommt, sollten Sie außer diesem Buch mindestens noch eins über Hundeerziehung komplett gelesen haben.

Durchforsten Sie Ihre Wohnung und den Garten nach Pflanzen, die für Hunde giftig sind und treffen sie entsprechende Vorkehrungen.

Tabelle 4   Giftige Pflanzen

Giftige Zimmerpflanzen		Giftige Pflanzen in Garten und Parks	
Dieffenbachie	Madagaskarpalme	Fingerhut	Oleander
Wolfsmilch	Weihnachtsstern	Goldregen	Maiglöckchen
Kroton	Korallenstrauch	Seidelbast	Tollkirsche
Eierfruchtbaum	Ritterstern	Eibe	Heckenkirsche
Blutblume	Christusdorn	Liguster	Stechpalme
Zierpfeffer	Browallie	Schneebeere	Efeu
Goldtrompete	Wüstenrose	Schleierkraut	Narzissen
Becherprimel	Mistel	Mistel	

Appenzellerhündin mit original Appenzeller-Halsband.

Grundausstattung

Den Liegeplatz sollten Sie gemütlich gestalten. Das Angebot ist groß, von Weiden- und Kunststoffkörben mit Kuschelkissen über verschiedene Matratzen und styroporgefüllte Kissen bis zum Vetbed. Wofür Sie sich entscheiden, hängt ganz von Ihrem persönlichen Geschmack ab, doch bedenken Sie, dass alle Materialien gut zu reinigen bzw. waschbar sein sollten.

Futter- und Wassernapf sollten ebenso leicht zu reinigen sein und etwas erhöht stehen, und zwar so, dass der Hund beim Fressen immer gerade auf seinen Vorderbeinen steht und eine gerade Rückenlinie zeigt. Rostfreie Leichtmetallschüsseln, je eine für Futter und Wasser, mit einem höhenverstellbarem Ständer sind dafür ideal.

Zur Pflege brauchen Sie für die stockhaarigen Sennenhunde eine Bürste mit Perlon- oder Naturborsten, um Schmutz und Staub aus dem Fell zu bürsten, einen kurz- und weitgezahnten Striegel für die Unterwolle während des Haarwechsels. Ideal ist auch ein Massagehandschuh für Kurzhaarrassen. Für den Berner benötigen Sie ebenfalls eine Bürste mit Perlon- oder Naturborsten und eine mit Metallborsten, einen Kamm und evtl. eine Massagebürste mit extra großen Noppen. Für alle vier brauchen Sie ein paar alte Handtücher zum Trockenreiben, eine Zeckenzange und Kottüten, um alle Häufchen entfernen zu können, die Ihr Hund irgendwo hinterlässt.

Dann brauchen Sie ein Brustgeschirr oder ein Halsband, über das Sie Ihren Welpen an der Leine führen können. Ich persönlich empfehle Ihnen ein Brustgeschirr aus Nylon, das man größenmäßig noch verstellen kann. Folgende Argumente sprechen dafür:

1. Erfahrungsgemäß werden die meisten Fehler bei der Leinenführigkeitserziehung von uns Menschen durch ungenügende Konzentration oder Geduld, fehlende oder unzureichende Motivation und schlechtes Timing gemacht. Trägt der Welpe ein Halsband, so wird jede dieser Ungeschicklichkeiten über den noch recht empfindlichen Welpenhals ausgetragen, z. B. in Form eines Leinenrucks oder durch Ziehen an der Leine, wodurch ihm die Luft abgedrückt wird – was ihn übrigens nicht davon abhält zu ziehen. Er würde so lange ziehen, bis er gar keine Luft mehr bekommt. Am Geschirr wird er lediglich über die Brust am Ziehen oder sonstigem gehindert, was einem Festhalten gleich kommt.
2. Hat man mit dem Geschirr erst mal eine akzeptable Leinenführigkeit erreicht, kann man dann problemlos den Hund auf ein Halsband umgewöhnen. Der positive Effekt ist, dass der Hund schon weiß, wie er sich an der Leine zu verhalten hat und reagiert nun bei jeder Einwirkung auf den Hals hochsensibel, weil er ja über das Halsband nicht, wie unter 1. erklärt, abgestumpf wurde.
3. Ein Geschirr gibt einem Hund das Gefühl von mehr Sicherheit, was gerade für etwas zurückhaltende, unsichere oder ängstliche Welpen von Vorteil sein kann.

Schon der Verhaltensforscher Eberhard Trumler schrieb in seinem Buch „Trumlers Ratgeber für den Hundefreund", dass ein Welpe nur über ein Geschirr geführt werden sollte. In Deutschland hat sich diese Auffassung leider noch nicht durchgesetzt. In großen Teilen Skandinaviens gehört es zum alltäglichen Straßenbild. So erzählte mir ein befreundeter Finne aus seinem Land folgende Geschichte:

„Wenn man in Finnland einen Welpen bekommt, geht man mit ihm zu einem Schuhmacher und lässt ihm dort ein Geschirr anpassen. Jedesmal, wenn der Welpe herausgewachsen ist, geht man wieder hin und lässt es ändern oder tauscht es ein, bis der Hund ausgewachsen ist. Doch bezahlen muss man nur das erste Geschirr."

Dann benötigen Sie noch eine 3 bis 5 m lange Leine für den Anfang. Diese sollte stabil, aber trotzdem leicht und dünn sein, ohne Haken und Ösen, lediglich ein kleiner Karabiner zum Einhaken ins Brustgeschirr/Halsband sollte vorhanden sein. So etwas kann man sich auch selber basteln. Das

Bei dieser Riesenmaus fühlt sich der drei Tage alte Welpe offensichtlich geborgen.

geeignete Material finden Sie bestimmt in einem Baumarkt. Eine zweite Leine aus Leder oder Nylon in einer Länge von 120 bis 200 cm, nicht zu schwer und längenverstellbar, brauchen Sie ebenfalls.

Über ein etwas größeres Kuscheltier oder ein kleines Kissen als Geschwisterersatz und zwei bis drei Spielzeuge wird Ihr Sennenhundwelpe sich freuen. Spielzeug für Hunde bietet der Fachhandel in großer Zahl an. Ideal für den Anfang sind ein Baumwollknoten, ein Vollgummiball oder Kong mit Strick, aber bitte ohne Schlaufe wegen der Verletzungsgefahr (evtl. einfach abschneiden). Doch auch selbstgemachtes Spielzeug ist willkommen wie ein größeres Stück Teddystoff mit einem Knoten drin oder ausrangierte Norwegersocken, die man noch interessanter gestalten kann, indem man einen Tennisball hineinstopft.

Einen Familienhund nimmt man natürlich überall mit hin. So müssen Sie auch über ein paar Einrichtungen für Ihr Auto nachdenken. Wenn man noch keinen Kombi fährt, so hat man als frischgebackener Hundebesitzer meistens bald einen. Um einen Hund im Auto sicher transportieren zu können, bietet der Fachhandel eine große Palette an Hilfsmitteln an. Hier sollen nur einige Anregungen gegeben werden.

Wollen Sie Ihren Hund auf der Ladefläche des Kombis transportieren, so brauchen Sie mindestens eine rutschfeste Unterlage und ein TÜV-geprüftes Trenngitter zum Fahrgastraum. Soll Ihr Hund auf der Rückbank des Pkw transportiert werden, so benötigen Sie ebenfalls eine entsprechende Unterlage und einen speziellen Sicherheitsgurt. Am sichersten fährt Ihr Hund in einer Transportbox. Machen Sie Ihre Entscheidung von Ihren persönlichen Umständen abhängig, aber unterschätzen Sie den Sicherheitsfaktor nicht. Ein ungesicherter Hund im Auto kann bei einem Unfall zu einem „Wurfgeschoss" mit ungeahnter Kraft werden.

Denken Sie auch einmal über die Anschaffung eines Welpenlaufstalls nach. Das kann ein ausrangierter Kinderlaufstall oder eine Gittertransportbox aus dem Fachhandel sein. Dieser Laufstall kann ein Spiel- und Schlafplatz des Welpen werden. Es gibt immer mal Situationen, in denen der Welpe einen Platz braucht, an dem er sicher und ungestört vor seiner Umwelt ist bzw. auch diese vor ihm. Ein paar Beispiele:

1. Der Welpe schläft nachts in dem Laufstall neben Ihrem Bett. Das hilft bei der Stubenreinheitserziehung, denn ein Welpe wird nie sein eigenes Nest beschmutzen. Stattdessen wird er unruhig werden, vielleicht sogar fiepen und da Sie ja daneben liegen, können Sie sofort reagieren.
2. Sie haben noch kleinere Kinder, die den Welpen trotz ständiger Ermahnungen immer wieder zum Spielen animieren oder im Schlaf stören. Im Laufstall ist er vor den Kindern sicher.
3. Sie wollen die Wohnung wischen und der Welpe saust ständig hinter dem Wischtuch her.

Die Stäbe des Laufstalls dürfen natürlich nicht so weit auseinander stehen, dass der Welpe seinen Kopf hindurch stecken kann. Vom Laufstall aus muss der Welpe die Aktivitäten der Familie beobachten können.

Doch sollten Sie dies nicht missverstehen. Der Laufstall ist keine Verwahranstalt, sondern der Welpe soll sich lediglich für kurze Zeit oder für seine Schlafphasen darin aufhalten. Ansonsten beaufsichtigen und beschäftigen Sie ihn ja sowieso. Wenn er ein halbes Jahr alt ist, wird er den Laufstall nicht mehr brauchen.

Tabelle 5   Ungefähre Größenangaben für Zubehör

	Appenzeller	Berner	Entlebucher	Großer Schweizer
Korbdurchmesser	90 cm	120 cm	90 cm	150 cm
Matratze oder Vetbed	75 × 100 cm	100 × 150 cm	75 × 100 cm	100 × 150 cm
Futter- u. Wassernapf	1,0–1,8 l	2,0–2,0 l	1,0–1,8 l	2,0–3,0 l
Brustumfang für Brustgeschirr (Welpe)	30–50 cm	50–70 cm	30–50 cm	50–70 cm
Länge Halsband (Welpe) 1,5–2 cm breit	35 cm	45 cm	35 cm	45 cm

Abholung des Welpen

Der große Tag ist nun da. Am besten holen Sie Ihren Welpen vormittags ab, damit er noch während der hellen Tagesstunden sein neues Heim erkunden kann. Da Sie ihn ja bestimmt mit dem Auto abholen, wird der Züchter ihm seine letzte Mahlzeit zwei bis drei Stunden vorher geben, damit er nicht vor lauter Aufregung sein Futter erbricht. Brustgeschirr/ Halsband und Leine, Wasser und Wassernapf sowie ein Handtuch und ein paar Papiertücher für die Rückfahrt haben Sie dabei.

Die letzten Formalitäten sind zu erledigen. Die Ahnentafeln der Welpen liegen meistens zum Abgabetermin noch nicht vor. Der Züchter schickt Sie Ihnen nach oder bringt sie sogar selbst vorbei (eine Möglichkeit, seinen Welpen wiederzusehen). Eine Ahnentafel ist eine Abstammungsurkunde, der Personalausweis eines Hundes. Sie beinhaltet Angaben über Eltern, Großeltern und Urgroßeltern des Hundes sowie alle zuchtrelevanten Daten, die unveränderbar sind und diesen Hund betreffen.

Fragen Sie nach dem Wurfabnahmebericht des Zuchtwartes. Vielleicht übergibt Ihnen Ihr Züchter auch eine Kopie davon. In diesem Bericht hat der Zuchtwart, die Welpen und die Aufzuchtbedingungen beschrieben und festgestellte zuchtausschließende Fehler dokumentiert. Welpen mit solchen Fehlern dürfen später nicht für die Zucht verwendet werden und werden in der Regel zu einem reduzierten Preis abgegeben. Ansonsten sind diese Welpen im Vergleich zu den anderen gleichwertig. Wenn Sie jetzt schon wissen, dass Sie kein Interesse an eigenen züchterischen Aktivitäten haben, kann so ein Welpe ein fantastischer Partner für Sie werden, denn die typische Wesensart der Schweizer Sennenhunde besitzt er auf alle Fälle.

Zu diesen Fehlern gehören z. B. Zahnfehler wie Vor- oder Rückbiss und eine Knickrute, die man nicht unbedingt sieht, sondern in den meisten Fällen nur ertasten kann. Eine Knickrute ist eine ererbte Wirbeldeformierung im Schwanzbereich. Andere Fehler machen einen Hund zu etwas Besonderem, wie z. B. Zeichnungsfehler oder ein blaues statt braunes Auge. Alle diese Fehler beeinträchtigen den Hund in keinster Weise und er kann damit uralt werden.

Achten Sie auf Nabelbrüche. Meistens verwachsen sie sich innerhalb des ersten Lebensjahres. In Ausnahmefällen kann ein Nabelbruch so groß sein, dass man ihn operativ behandeln muss. In der Regel übernimmt der Züchter die Kosten für diesen Eingriff.

Bei Rüden sollten beide Hoden tastbar sein. In Einzelfällen kann es vorkommen, das ein Hoden noch nicht aus dem Leistenkanal abgestiegen ist. Hier kann der Tierarzt mit einer Hormonbehandlung helfen. Führt auch diese nicht zum Erfolg, muss später ein operativer Eingriff vorgenommen werden. Auch hierfür übernimmt der Züchter die Kosten.

Typvolle Bernerhündin mit aufmerksamen Gesichtsausdruck und einem Zeichnungsfehler, das Brustweiß ist unterbrochen.

114

Der Züchter wird Ihnen einen Kaufvertrag und den Impfausweis aus-
händigen. Die Welpen sind mit acht Wochen mindestens einmal geimpft
worden und zwar gegen Staupe, Hepatitis, Leptospirose und Parvovirose.
Lassen Sie sich vom Züchter den letzten Entwurmungstermin und das
verwendete Präparat nennen.

Erkundigen Sie sich noch nach dem Tagesrythmus, d. h., wann ist der
Züchter morgens das erste Mal und abends das letzte Mal bei den Welpen
gewesen und zu welchen Zeiten hat er sie gefüttert. An diesen Rythmus ist
Ihr Welpe gewöhnt. Deshalb sollten Sie ihn für die ersten Tage genauso
übernehmen, um dann den Welpen langsam auf Ihren Familienrythmus
umzustellen.

So trägt man einen Welpen

In nächster Zeit werden Sie Ihren Welpen häufig kurze Strecken tragen
müssen. Heben Sie ihn dafür niemals an den Vorderbeinen hoch, sondern
greifen Sie mit der einen Hand zwischen den Vorderbeinen durch unter
den Brustkorb, während die andere Hand den Po unterstützt. Kinder sollten Welpen nicht tragen, da diese viel zu zappelig sein können und die
Gefahr, dass sie herunterfallen und sich verletzen, zu groß ist. Zum Kuscheln können sich Kinder zu dem Welpen auf die Erde hocken.

Heimfahrt

Natürlich holen Sie den Welpen mindestens zu zweit, denn Sie halten
Ihr neues Glück auf der Heimfahrt am besten auf Ihrem Schoß. Legen sie
das Handtuch darunter und halten Sie ein paar Papiertücher bereit, für
den Fall, dass Ihr Welpe doch vor Aufregung ein wenig speicheln oder
erbrechen sollte. Streicheln Sie ihn ein bisschen und reden Sie beruhigend
mit ihm. Dauert die Fahrt länger, sollten Sie öfter eine Pause machen.
Dabei kann sich der Welpe lösen. Versuchen Sie mit ihm zu spielen und
bieten ihm etwas zu trinken an. Doch lassen Sie ihn dabei auf gar keinen
Fall ohne Leine laufen.

Eingewöhnung

Zu Hause angekommen, tragen Sie das neue Familienmitglied zuerst
einmal in den Garten. Dort darf er alles erkunden und er kann sich lösen.
Dann soll er ruhig die anderen Familienmitglieder kennen lernen, doch
bitte mit Zurückhaltung. Verzichten Sie zugunsten des Welpen auf eine
Begrüßungsparty. Danach sollte er sich in seiner neuen Höhle umschauen

können, also nehmen Sie ihn mit ins Haus und lassen ihn dort alles erkunden. Reden Sie aufmunternd mit ihm und sorgen Sie dafür, dass die Kinder ihn in ihrer überschwänglichen Freude nicht zu sehr bedrängen.

Natürlich weiß dieser kleine Kerl noch nicht, was in Ihrem Haus erlaubt und was verboten ist. Darum helfen Sie ihm in diesen ersten Stunden vorsichtig dabei, es herauszufinden. Loben Sie ihn für alles, was er richtig macht und was Sie von ihm erwarten mit freudig hoher Stimme. Ist er ein kleiner Draufgänger und traut sich gar jetzt schon mitten ins Fettnäpfchen zu treten, strafen Sie ihn genau in dem Augenblick, in dem er z.B. die Tischdecke vom Tisch ziehen will, mit einem grollenden „NEIN".

Zeigen Sie ihm, wo sein Wassernapf steht und wo sich sein Liegeplatz befindet. Legen Sie dort das Kuscheltuch hin. Setzen Sie sich ruhig zu ihm, kraulen oder spielen Sie ein bisschen mit ihm. Bald wird er müde von den vielen neuen Eindrücken einschlafen.

Wenn er wieder wach wird, beginnt für Sie so etwas wie ein neues Leben.

Als erstes wird er ein Bächlein machen wollen. Dafür tragen Sie ihn in den Garten genau an die Stelle, die Sie für solcherlei Geschäfte ausgesucht haben. Jetzt brauchen Sie Geduld, vielleicht geht es schnell, vielleicht braucht er aber auch etwas Zeit. Geschieht es dann endlich, sollten Sie dem Ganzen gleich ein Kommando zufügen, wie „MACH SCHÖN" oder „MACH SCHNELL". Direkt hinterher ein freudiges Lob und evtl. auch ein kleines Leckerchen, dann hat Ihr kleiner Schweizer schon begriffen, dass diese Stelle gut ist und dass ein Bächlein machen „MACH SCHNELL" heißt. Nach ein paar Tagen Wiederholung, wird er sich wahrscheinlich bereits auf Ihr Kommando hin an dieser Stelle lösen.

Erinnern Sie sich an den Tagesrythmus des Züchters, wird es dann jetzt nicht langsam Zeit für die erste Mahlzeit im neuen Heim? Bereiten Sie ihm sein Futter zu und zeigen Sie ihm seinen festen Futterplatz. Seien Sie nicht enttäuscht, wenn er das Futter nicht mit Hochgenuss oder gar nicht frisst. Die Aufregung ist dann doch noch größer als der Appetit. Nehmen Sie ihm den Futternapf nach 10 Minuten, egal ob leer oder nicht, wieder weg. Halten Sie sich fest an den Tagesplan und bieten Sie ihm nichts zwischendurch an. Er wird schon nicht verhungern.

In den ersten Tagen dürfen Sie den Namen des Welpen häufig sagen, damit er sich schnell daran gewöhnt.

Ihr kleiner Sennenhund wird noch viel Schlaf brauchen, sorgen Sie deshalb dafür, dass er seine regelmäßigen Schlafphasen bekommt und dabei nicht gestört wird.

Es gibt Welpen, die ihre Geschwister so sehr vermissen, dass sie manchmal fiepen oder winseln. Reagieren Sie darauf auf gar keinen Fall, sondern warten Sie ab, bis der Welpe aufhört. Dann wenden Sie sich ihm schnell zu und beschäftigen ihn so, dass er abgelenkt ist. Wenden Sie sich ihm zu, während er noch winselt, wird der Welpe ganz schnell lernen, dass man winseln muss, um beachtet zu werden. Also Vorsicht, denn sonst kann sich hieraus ein echtes Problem entwickeln!

Die erste Nacht

Nicht nur in der ersten Nacht, sondern auch noch in den folgenden sollte Ihr Sennenhund in Ihrer Nähe schlafen dürfen. Denn er muss erst die Trennung von der Mutter und den Geschwistern überwinden und Vertrauen zu seinem neuen Rudel aufbauen. Schläft er neben Ihrem Bett, können Sie jederzeit Ihre Hand nach ihm ausstrecken, um ihm zu zeigen, dass Sie noch da sind. Er kann Sie intensiv riechen und hört Ihren Atem. Das wird ihn beruhigen. Legen Sie dem Welpen für die Nacht ein Stofftier und das Kuscheltuch, das Sie vom Züchter mitgebracht haben, auf sein Lager. Keine Angst, er braucht deshalb nicht ein ganzes Hundeleben lang im Schlafzimmer bleiben! Hat er erst mal Vertrauen zu seinem neuen Rudel und der neuen Umgebung gewonnen und ist er nachts schon verlässlich stubenrein, kann er problemlos an einen anderen Schlafplatz gewöhnt werden.

Wollen Sie nun absolut nicht, dass der Welpe vorübergehend mit ins Schlafzimmer zieht, dann müssen Sie eben beim Welpen schlafen, z.B. auf einer Matratze oder Liege.

Stubenreinheit

Der Welpe muss erst lernen, seine Blase zu kontrollieren und länger anzuhalten. Wie schnell er das lernt, ist von verschiedenen Faktoren abhängig: von der Zeit, die Sie Ihrem Welpen widmen, von Ihrer Beobachtungsgabe, Ihrer Geduld und vom Tagesrythmus. Wenn Sie den Welpen übernehmen, hat er tagsüber ca. alle zwei Stunden das Bedürfnis, ein Bächlein zu machen. Darüber hinaus gilt die Faustregel: Jeweils nach dem Schlafen, Fressen und Spielen oder während des Spiels muss er mal. Nach dem Fressen wollen Welpen in der Regel spielen. Das bedeutet für Sie, dass Sie innerhalb kurzer Zeit gleich zweimal mit ihm Gassi gehen müssen, einmal nach dem Fressen und gleich nochmal nach dem Spielen.

Ratsam ist es, den Welpen in den Wachphasen gut zu beobachten, denn er zeigt durch sein Verhalten an, wenn er einen Platz zum Lösen sucht. Beginnt er suchend zu schnüffeln oder dreht sich gar im Kreis und unterbricht dafür abrupt seine Beschäftigung, muss man blitzschnell reagieren.

Hey, mich im Schlaf zu stören ist nicht okay. (Entlebucherwelpe)

Anfangs tragen Sie ihn zu seinem Löseplatz im Garten, setzen ihn dort ab und warten, bis er fertig ist. Ist es ganz dringend, wird er es sofort erledigen. Manchmal muss sich der Welpe erst noch ein wenig bewegen, laufen oder spielen, bis er sich lösen kann, besonders, wenn er gerade vorher geschlafen hat. Sie begleiten es mit einem Kommando, wie vorher erklärt, und loben ihn anschließend überschwänglich. Wenn sie immer durch die gleiche Tür nach draußen gehen, wird Ihr Welpe vielleicht schon nach kurzer Zeit genau zu dieser Tür laufen, um Ihnen zu zeigen: Es ist soweit, ich muss mal. Viele erwarten, dass Ihr Hund sich durch Bellen, Winseln oder Kratzen an der Tür meldet, wenn er sein Geschäft

Aufgeweckte kleine Appenzellerhündin von ca. acht Wochen.

erledigen will. Doch das tun die wenigsten. Die meisten werden lediglich unruhig und laufen zu der Tür, die nach draußen führt.

Passiert es dann doch, dass Ihr Welpe in die Wohnung macht und Sie erwischen ihn noch während er dabei ist, dann nehmen Sie ihn mit einem energischen „NEIN" auf den Arm und tragen ihn sofort zu seinem Löseplatz. Dort wird er natürlich sehr gelobt, wenn er sein Geschäft zu Ende bringt. Die Hinterlassenschaft in der Wohnung entfernen Sie kommentarlos. Gut ist es, wenn Sie die Stelle hinterher mit etwas stark riechendem nachwischen. Ideal ist zum Beispiel Essigwasser (eine Tasse Essig auf einen Liter Wasser), damit der Welpe nicht durch noch vorhandene Geruchsspuren animiert wird, es an der gleichen Stelle nochmals zu tun.

Entdecken Sie ein Malheur, das schon länger zurückliegt, dürfen Sie den Welpen nicht dafür strafen, denn er kann nun nicht mehr Ihr Schimpfen mit der Tat in Verbindung bringen. Entfernen Sie es und überlegen Sie, wie es passieren konnte, denn wahrscheinlich haben Sie die Anzeichen dafür übersehen. Mit anderen Worten gesagt, schulen Sie Ihren Blick, dann wird es bald kein Malheur mehr geben.

Nachts können Welpen meistens schon etwas länger anhalten. Da der Welpe in den ersten Nächten ohnehin auf gar keinen Fall allein gelassen werden darf, lassen Sie ihn am besten neben Ihrem Bett schlafen. Bereiten Sie ihm neben Ihrem Bett einen kleinen Kuschelplatz, den er nicht verlassen kann. Dafür könnten Sie zum Beispiel den Laufstall verwenden. Oder Sie bauen eine Absperrung mit einem Brett, das so hoch ist, das der Welpe nicht hinausklettern kann. Welpen werden niemals ihr eigenes Nest beschmutzen. Wenn der Welpe also muss, wird er unruhig werden, vielleicht winseln oder kratzen. Da Sie unmittelbar neben ihm liegen, werden Sie natürlich sofort wach, brauchen dann nur noch schnell in Ihre Hausschuhe schlüpfen, nehmen ihn auf den Arm und bringen ihn sofort zu seinem Löseplatz. Hat er sein Geschäft erledigt, tragen Sie ihn auch direkt wieder zurück, setzen ihn in seine Kuschelecke und schlafen weiter.

Am besten gehen Sie abends um 24:00 Uhr das letzte Mal mit ihm Gassi und morgens zwischen vier und fünf Uhr das erste Mal. Schafft der Welpe es dann, über diese Zeitspanne anzuhalten, verlängern Sie sie langsam.

Lassen Sie sich nachts nicht darauf ein, ein Spielchen mit dem Welpen anzufangen. Zu schnell hat der Welpe gelernt, dass es auch nachts lustig sein kann, und will es dann immer so haben.

Viele Hundehalter wollen nicht, dass der Hund sein Geschäft im Garten verrichtet. Gehören Sie auch dazu, so lassen Sie Ihren Welpen am Anfang trotzdem ruhig den Garten dafür nutzen. Hat er erst gelernt anzuhalten und sich zu melden, wird er von sich aus den Garten sauber halten, soweit Sie ihm oft und regelmäßig genug die Gelegenheit geben, sein Geschäft außerhalb zu erledigen.

Das neue Nest wird nicht verlassen

Die ersten zwei bis drei Tage reichen Haus und Garten für Ihren Welpen vollkommen aus. Hier hat er für die erste Zeit genug zu erkunden. Ab dem dritten Tag dürfen Sie ihm aber auch gerne die Umgebung zeigen. Welpen leben mit dem Gefühl, das Nest darf nicht verlassen werden – ein altes Wolfserbe. Deshalb kann es sein, dass Ihr kleiner Sennenhund gar keine Lust hat, mit Ihnen das Haus zu verlassen. Er sitzt wahrscheinlich auf der Türschwelle und all Ihre Bemühungen ihn mitzulocken scheitern. Helfen Sie ihm über dieses Gefühl hinweg und tragen Sie ihn die ersten 50 m vom Haus weg, setzen ihn ab und er wird Ihnen überall hin folgen. Oder Sie setzen ihn ins Auto und fahren ein Stück vom Haus weg. Diese Phase dauert bei jedem Welpen unterschiedlich lang, doch nach zwei bis drei Wochen sollte sie überstanden sein.

Wie lang kann man mit einem Welpen spazieren gehen?

Wenn Sie Ihren Sennenhund übernehmen, hat er noch gar kein großes Interesse an Spaziergängen. Stellen Sie sich einmal vor, was er bisher in seinem Leben kennen gelernt hat. Selbst wenn die Aufzuchtbedingungen beim Züchter sehr abwechselungsreich waren, so hat er doch vieles in seinem Leben noch nicht gesehen. Er will jetzt erst einmal langsam die Welt entdecken. Dafür braucht er keine langen Spaziergänge. Ihm reichen kleine Trödelgänge in die Umgebung. Suchen Sie mit ihm verschiedene Plätze auf, die ihm immer mal wieder etwas Neues zum Entdecken bieten: eine Wiese mit hohem Gras, eine Stelle im Wald, wo man im Laub wuseln oder über Wurzeln klettern kann, ein Bach, an dem man seine erste Wassererfahrung machen kann. Muntern Sie ihn zu allem möglichen auf, machen ein Spielchen mit ihm oder kuscheln im Gras. Hier soll er sich so viel bewegen, wie er will. Wenn er müde ist, wird er es Ihnen schon zeigen, indem er sich hinlegt oder setzt, um sich auszuruhen.

Spaziergänge werden für Ihren Schweizer erst im 5. bis 6. Monat interessant. Doch gilt im ersten Lebensjahr die Regel, den jungen Hund nicht durch allzu lange Gewaltmärsche zu überfordern. Die noch in der Entwicklung befindlichen Gelenke könnten dadurch geschädigt werden. So können Sie pro vollendetem Lebensmonat fünf Minuten länger mit Ihrem Sennenhund spazieren gehen. Das bedeutet, Ende dritter Monat 15 Minuten, Ende vierter Monat 20 Minuten, Ende sechster Monat 30 Minuten usw. – und das täglich drei- bis viermal.

Erziehung der Schweizer Sennenhunde

Was heißt eigentlich Erziehung? Ich möchte es einmal als die Formung des Verhaltens bezeichnen, das der Hund nach Möglichkeit ein Hundeleben lang zeigen soll. Mit dem Tag der Welpenübernahme fängt auch die Erziehung an. Erziehung findet täglich und ständig statt, nicht etwa nur zu festgesetzten Zeiten oder auf einem Hundeübungsplatz. Sie ist Bestandteil des Tagesablaufes. In Welpenspielgruppen oder Erziehungskursen kann man Anregungen und Anleitungen finden, doch üben muss man zu Hause.

Entscheidend für den Erfolg ist die Mensch-Hund-Beziehung, die sich aus Vertrauen, der richtigen Verständigung und der Rangordnung entwickelt. Woraus die drei Bereiche aufgebaut werden, zeigt folgende Aufstellung:

- **Vertrauen:** gleichmäßiger Rhythmus, Futter, Spielen, gemeinsames Ruhen, Konsequenz, Geduld, Gewohnheit, Streicheln, Agieren und Nicht-reagieren, keine Wutausbrüche, ruhiges und besonnenes Handeln.
- **Verständigung:** klare Kommandos, Körpersprache, Loben, Tadeln, Motivieren, richtiges Timing, Konsequenz.
- **Rangordnung:** siehe entsprechendes Kapitel.

Konsequenz

Konsequenz in der Hundeerziehung bedeutet, dass man dem Hund eine bestimmte Handlung entweder immer erlaubt oder immer verbietet. Hält man sich nicht an diese Regel, sondern reagiert wechselhaft, verliert der Hund das Vertrauen in seinen Menschen. Der Mensch wird somit unberechenbar für den Hund. Häuft sich dieses Verhalten, kann es passieren, dass der Hund ihn nicht mehr als Rudelführer anerkennt und vielleicht sogar selbst versucht, die Rudelführerschaft zu übernehmen.

Also überlegen Sie gut, was Ihr Welpe lernen soll, was er darf und was er nicht darf. Die ganze Familie muss sich an diese Regeln halten. Bedenken Sie auch, das vieles, was beim Welpen noch recht lustig aussieht, bei einem erwachsenen Hund zu einer Belastung werden kann. Will man ihm dann solche Unarten wieder abgewöhnen, handelt es sich bereits um eine Umkonditionierung, die sich zeitaufwendig und ausgesprochen schwierig gestalten kann.

Welpen untersuchen alles mit den Zähnen. (Entlebucherwelpe)

Wie lernen Hunde

Hunde lernen über Verknüpfung. Für einen Hund ist entscheidend, welche Art von Erfahrung er zeitgleich mit einer Handlung macht. Ist die Erfahrung aus seiner Sicht positiv, wird er bemüht sein, die Handlung zu wiederholen. Ist sie negativ, wird er Meideverhalten zeigen. Über die Verhaltensforschung hat man festgestellt, dass alles, was an hundlichem Verhalten positiv verstärkt wird, am leichtesten erlernt wird. Belohnt man einmal erlerntes Verhalten dann auch noch in unregelmäßigen Abständen, so wird es sicher gefestigt.

Nun ist es so, dass ein Hund aber nicht nur das Tun an sich verknüpft, sondern auch Umgebung, Geruch und evtl. vorhandene Geräusche mit einbezieht.

1. Ein Hund wird von einer Person absichtlich getreten, so dass er einen heftigen Schmerz empfindet. Von Stund an meidet der Hund diese Person und weicht ihr aus. Der Hund trifft nun Tage später auf eine ihm vollkommen fremde Person und zeigt ihr gegenüber gleiches Meideverhalten, obwohl dies ein Mensch ist, der Hunde mag und auch bemüht ist, diesen Hund freundlich zu begrüßen. Nach längerem Überlegen stellt man fest, dass diese Person das gleiche Rasierwasser wie die zuerst genannte verwendet. Hier hat der Hund den Geruch in seine Verknüpfung mit einbezogen.
2. Ein Hund erhält neben dem Küchentisch das Kommando „SITZ". Genau in dem Augenblick, in dem er sich setzt, fällt ein Topfdeckel vom Tisch und ihm auf den Kopf. Von nun an will er nicht mehr an dieser Stelle SITZ machen. Er hat die negative Erfahrung mit der Umgebung verknüpft.
3. Ein Hund muss jedesmal an der Eingangstür SITZ machen, wenn er vom Spaziergang kommt. Ihm werden die Pfoten abgewischt und dann bekommt er ein Leckerchen. Nachdem man dies mehrmals mit ihm geübt hat, läuft er jetzt schon jedesmal vor, setzt sich an die Haustür und wartet die Prozedur ab, in der Hoffnung ein Leckerchen zu bekommen.

Körpersprache

Hunde untereinander verständigen sich in erster Linie über Körpersprache. Feinste Signale zeigen dem Hund, ob sein Gegenüber Feind oder Freund ist. Auch uns gegenüber bedienen sich Hunde ihrer Körpersprache. Wir müssen also lernen, sie entsprechend zu verstehen.

Der kleine Sennenhundwelpe ist ebenfalls vom ersten Tag an bemüht, sein neues Rudel zu verstehen. Er beobachtet Sie und wird schon bald Ihrer Körperhaltung eine Bedeutung zuordnen können. Erwischen Sie ihn z. B. dabei, wie er gerade Ihre Lieblingsschuhe zerkaut, und Sie gehen nun mit energischen Schritten und finsterem Gesicht auf ihn zu, dann wird er sich ducken oder weglaufen. Er hat an Ihrer Körperhaltung bemerkt, dass Sie ziemlich sauer sind, und beschlossen, dass es besser ist, sich jetzt eher unterwürfig zu zeigen, um Schlimmeres zu vermeiden.

Ein anderes Mal gehen Sie in die Hocke und lachen ihn dabei fröhlich an. Er wird bestimmt freudig zu Ihnen gelaufen kommen und sich ankuscheln.

Wollen Sie mehr über die Körpersprache Ihres Sennenhundes wissen, empfehle ich Ihnen das „Lehrbuch der Hundesprache" von Anders Hallgren.

Agieren statt reagieren

Jeder Hund sollte von Anfang an seine Grenzen kennen und doch sollte er hauptsächlich über Lob erzogen werden. Müssen Sie ihn dennoch einmal tadeln, so ist es wichtig, dass Sie ihn danach für richtiges Verhalten loben.

Ihr Sennenhund zerkaut gerade die Teppichfransen. Sie gehen ganz ruhig zu ihm hin, wenden einen Schnauzengriff an und sagen dazu energisch „NEIN". Ihr Welpe hat sofort verstanden und hält inne. Loben sie ihn dafür und bieten Sie ihm ein Spielzeug oder seinen Kauknochen an. Er nimmt diese Alternative an und beschäftigt sich jetzt damit. Sie loben und streicheln ihn dafür.

Tadeln Sie Ihren Welpen also nicht ständig nur für falsches Verhalten, sondern bieten Sie ihm vor allen Dingen Alternativen an. Wenn Sie Ihren kleinen Sennenhund während der Wachphasen in den ersten Wochen stets für kurze Zeit beschäftigen und ihn die übrige Zeit beaufsichtigen, so wird er bald wissen, was richtig und was falsch ist.

Ein Welpe ist schrecklich neugierig und möchte seine Welt entdecken. Das macht er natürlich auf seine Art, nämlich mit den Zähnen. Deshalb heißt Agieren auch vorausschauend Denken und Handeln. Sorgen Sie dafür, dass er erst gar keine Chance bekommt, Ihnen lieb gewordene Dinge mit den Zähnen zu zerstören.

Wenn Sie ihn tadeln, handeln Sie bitte stets ruhig und besonnen, schreien Sie nicht rum oder stürzen mit Donnerhall auf ihn zu, auch wenn Sie noch so wütend sind. Denn der Lernerfolg wird dabei ausbleiben. Aufgrund Ihres lauten Gehabes wird Ihr Welpe vielleicht die Flucht ergreifen, weil er verwirrt ist. Aber mit seinem Vergehen wird er es kaum in Verbindung bringen.

Richtiges Timing

Entscheidend für einen Lernerfolg ist das Timing. Es ist wichtig, dass Sie das Loben oder Tadeln im richtigen Augenblick einsetzen, nämlich zeitgleich mit der Handlung.

Auf dem Spaziergang findet Ihr Welpe ein paar Pferdeäpfel. Wirklich verlockend, aus Welpensicht! Er macht sich auch direkt darüber her. Sie gehen ruhig und besonnen zu ihm hin und stehen jetzt neben ihm. Nun schaut er Sie an. Sie wenden genau in diesem Augenblick den Schnauzengriff an und sagen energisch „NEIN". Der Welpe schaut etwas verdattert und frisst dann aber weiter an den Pferdeäpfeln. Was ist falsch gelaufen? Na, ganz klar, das Timing stimmte nicht. Er schaute Sie an, als Sie getadelt haben, was soll er da verknüpfen? Wenden Sie nun den Schnauzengriff erneut an, aber während er noch frisst. Er wird Sie jetzt besser verstehen und es wahrscheinlich lassen. Vergessen Sie nicht, ihn dann zu loben.

Über die Verhaltensforschung hat man festgestellt, dass Lob oder Tadel zeitgleich mit einer Handlung oder unmittelbar danach erfolgen muss, wenn es zum Erfolg führen soll. Unmittelbar danach heißt, dass Sie maximal zwei Sekunden Zeit haben. Es kommt also auf Ihre Reaktionsfähigkeit und Beobachtungsgabe an.

Doch verzweifeln Sie bitte nicht, sollten Sie wieder einmal zu langsam gewesen sein. Die gleiche Situation bietet sich bestimmt ein zweites Mal. Zur Not kann man sie auch provozieren, um dann kontrolliert reagieren zu können. Es ist also vollkommen unsinnig, einen Sennenhund für etwas zu tadeln, was bereits länger zurückliegt.

Loben und Tadeln

Vielen Menschen fällt es im Umgang mit Hunden schwer, ein bisschen aus sich herauszugehen. Dabei ist es wichtig, gerade den Welpen überschwänglich zu loben, um ihm zu zeigen, was für ein toller Kerl er ist. Gleiches gilt natürlich auch für unerwünschtes Verhalten, auch hier müssen wir dem Welpen unseren Ärger deutlich zum Ausdruck bringen.

Das wichtigste Instrument für Lob und Tadel ist die Stimme. Bereits am Tonfall der Welpe erkennen, was gemeint ist. So wirkt eine hohe, freundliche Stimme immer motivierend und bringt den Hund in eine freudige, positive Grundstimmung. Das Wort FEIN lässt sich hierfür sehr gut verwenden. Besonders Männer sollten dieses Wort benutzen, da ihre Stimmlage von Natur aus schon recht tief ist. Das Wort BRAV mit einer tiefen Männerstimme gesprochen, kann mitunter recht bedrohlich wirken. Eine tiefe Stimme wirkt immer eher strafend und bedrohlich.

Durch Kraulen am Hals und Streicheln der Brust können Sie Ihr stimmliches Lob ergänzen. Klopfen und Streicheln über den Kopf sind falsch. Hunde gewöhnen sich zwar daran, aber sehr sensible Hunde können dadurch handscheu werden. Ein Lob ist immer eine positive Bestätigung für eine Handlung, genauso kann **ein Leckerchen oder ein Spiel** mit dem Welpen wirken. Für ein Leckerchen tun Sennenhunde so ziemlich alles, selbst der manchmal sture Große Schweizer.

Um eine bestimmte Handlung zu unterbrechen, sollte der Welpe auf **ein kurzes, energisches NEIN** konditioniert werden. Am wirkungsvollsten wenden Sie das NEIN schon in dem Augenblick an, in dem Ihr Sennenhund nur den Gedanken für eine bestimmte Handlung gefasst hat.

Es gibt natürlich noch weitere Ausdrucksmöglichkeiten, mit denen man dem Hund zeigen kann, dass man sein Verhalten missbilligt. Alle im Folgenden aufgeführten Möglichkeiten kommen auch im Verhaltensrepertoir eines Wolfs- oder Hunderudels vor. Deshalb kann der Hund sie am besten verstehen.

Das Ignorieren ist eine Aktion, die unter Hunden oder im Wolfsrudel am häufigsten gezeigt wird. Auch Sie sollten sie sich zunutze machen. Doch Ignorieren will gelernt sein. Es bedeutet, den Kontakt zum Hund abrupt abzubrechen. Am besten wendet man sich von ihm ab und beschäftigt sich für geraume Zeit mit etwas völlig anderem. Man schaut und spricht ihn nicht an und tut so, als ob er vorübergehend gar nicht existiert.

Der Schnauzengriff kommt unter Hunden und Wölfen in der Häufigkeit an zweiter Stelle. Dafür greifen Sie mit der Hand von oben über die Hundeschnauze und drücken seitlich mit den Fingern auf die Lefzen. Unter Hunden greift dafür der eine mit seiner Schnauze über die Schnauze des anderen.

Den Schnauzengriff müssen Sie schnell und sicher ausführen. Schwebt Ihre Hand erst noch zögernd über dem Hundekopf, während Sie überlegen, wie Sie ihn am besten greifen, wird Ihr Welpe schnell lernen, dass man dieser Hand auch ausweichen kann.

Das Herunterducken wird von Hunden/Wölfen untereinander angewendet. Zuerst wird dafür häufig die Schnauze im Nackenbereich des Kontrahenten aufgelegt. Dann folgt eine Vorderpfote, dann die zweite Vorderpfote und der Gegner wird nun mit ganzer Körperkraft im Schulterbereich zu Boden gedrückt. Dort wird er gehalten, bis er sich ergibt. Sie greifen zur Nachahmung den Hund im Nackenfell, ziehen ihn leicht zur Seite, dadurch verliert er den Bodenkontakt, kommt aus dem Gleichgewicht und lässt sich nun auf den Boden drücken. Hier halten Sie ihn so lange, bis er entspannt nachgibt.

Auf den Rücken drehen bedeutet die absolute Unterwerfung für den Hund: das Mittel der Wahl, wenn ein Hund nach Ihnen schnappt oder Sie ernsthaft anknurrt. Sie fassen den Hund dafür im Nackenfell, ziehen ihn zur Seite und drehen ihn blitzschnell mit beiden Händen auf den Rücken. Eine Hand sollte nun über der Kehle des Hundes liegen. Schauen Sie dem Hund in die Augen. Wichtig ist, dass der Hund sich in der Rückenlage ergibt, also absolut ruhig wird, was manchmal gar nicht so einfach zu erreichen ist. Halten Sie ihn so lange, bis er ruhig wird und Ihrem Blick ausweicht, erst dann hat er sich aktiv unterworfen.

Manche Welpen kreischen hell auf, wenn man einen dieser Griffe anwendet. Sie wollen damit sagen: „Hey, ich will das nicht, lass mich los!" Doch das sollten Sie auf gar keinen Fall tun. Halten Sie durch, bis der Welpe wirklich ruhig wird, ansonsten werden Sie keinen Lernerfolg erzielen.

Tasten Sie sich langsam an die für Ihren Hund richtige Strafform heran. Jeder Hund reagiert anders. Sennenhunde sind sehr sensibel und somit reicht in der Regel bereits die etwas erhobene oder grollende Stimme. Wenden Sie am Anfang zusammen mit dem Schnauzengriff ein energisches NEIN konsequent und im richtigen Augenblick an, so wird schon bald das NEIN allein reichen.

Erfahrungen sind wichtig

Ganz wichtig ist es, dass Ihr Welpe von jetzt an in den nächsten Wochen viele verschiedene Erfahrungen machen kann. Denn er befindet sich ja in seiner wichtigsten Entwicklungsphase, der Sozialisierungs- oder Prägungsphase. Die Erfahrungen, die er jetzt macht, bleiben besonders gut im Gedächtnis haften. Diese sensible Phase dauert bis zur 16. Lebenswoche.

Nehmen Sie ihn ruhig überall mit hin. Bedenken Sie aber dabei, dass sein Impfschutz sich erst mit der dritten Wiederholungsimpfung dauerhaft aufbaut. Darum meiden Sie Plätze, auf denen sich viele Ihnen unbekannte Hunde aufhalten, deren Gesundheitszustand Sie nicht kennen.

Ansonsten sollten Sie aber durchaus Hundekontakte suchen. Besonders ängstliche oder dominante Hunde sind jedoch nur als Zufallsbegegnung, aber nicht als Dauerspielpartner für Ihren Welpen geeignet. Zu gut sozialisierten Hunden jeden Alters, die nicht zu wild im Spiel sind und den Welpen nicht überrennen, darf er viel Kontakt haben. Am besten ist das Spiel mit Gleichaltrigen, denn hier kann er mal der Starke, mal der Schwache sein und seine eigenen Stärken herausfinden. Einem Welpen wird ein bestimmtes Verhalten angeboren, aber er muss erst lernen, es anzuwenden und bei andcren zu verstehen. Das bereits mit den Geschwistern im Spiel geübte Sozialverhalten muss jetzt mit anderen Hunden weitertrainiert werden. Damit unterstützt man eine gute Sozialverträglichkeit im späteren erwachsenen Alter gegenüber anderen Hunden. Welpenspielgruppen verfolgen genau dieses Ziel.

Zeigen Sie ihm auf Ihren Trödelgängen auch mal andere Tiere wie Schafe, Kühe und Pferde. Führen Sie ihn mal an eine stark befahrene Straße, lassen Sie ihn diese erst aus sicherer Entfernung beobachten und gehen dann langsam näher. Die schnell fahrenden Autos oder die großen Lkw und Busse können ihn schon noch verunsichern.

Nehmen Sie ihn ruhig mit zu einem Restaurantbesuch oder zu Freunden, die natürlich Hunde mögen. Ein Ausflug in die Innenstadt ist ebenfalls angebracht, allerdings nicht kombiniert mit dem Wocheneinkauf, sondern nur für den Welpen, damit er diese Eindrücke kennen lernen kann. Zehn Minuten die Fußgängerzone rauf und runter reichen vollkommen aus.

Bereits der Züchter sollte seinen Welpen vielfältige Anregungen bieten.

Vielleicht fahren Sie einmal mit ihm Straßenbahn oder mit dem Zug. Gehen Sie mit ihm in die Nähe eines Kinderspielplatzes, zeigen Sie ihm Fahrradfahrer und Skater. Ihr Ideenreichtum sollte keine Grenzen kennen. Doch machen Sie nie zu viel auf einmal und lassen Sie sich jeweils viel Zeit dafür.

Zeigt Ihr Welpe in einer dieser Situationen Unsicherheit oder Angst, dann streicheln Sie ihn bitte nicht oder reden tröstend auf ihn ein, denn dies würde eine Verstärkung seines Verhaltens bewirken. Er verhält sich nur so, weil er noch nicht weiß, dass diese Begegnung keine Gefahr für ihn bedeutet. Helfen Sie ihm, indem Sie für Bewegung sorgen, denn Bewegung löst Konflikte. Gehen Sie vielleicht einfach einen Bogen und somit nicht direkt auf das Gefürchtete zu und muntern Sie ihn mit fröhlicher Stimme auf. Sie können auch versuchen, ihn in ein Spiel zu verwickeln und ihn spielend weiterzuführen. Jeder Schritt des Welpen in Richtung auf das so Fürchterliche wird natürlich belohnt, evtl. sogar mit einem Leckerchen. Handelt es sich um einen Gegenstand, hilft es, wenn Sie diesen berühren. Dann sieht er, dass er ungefährlich ist. Versucht er zu fliehen, fliehen Sie nicht mit ihm gemeinsam. Versuchen Sie ihn zu halten, evtl. nehmen Sie ihn dafür auf den Arm. Reden Sie nicht tröstend auf ihn ein oder streicheln ihn beruhigend. Sie sollen ihn lediglich halten, damit er aus dieser Position heraus das Ganze beobachten und dann feststellen kann, dass ihm nichts passiert.

Üben Sie mit dem Welpen ein paar Mal das Autofahren. Fahren Sie dafür immer nur kurze Strecken mit einem für den Welpen angenehmen Ziel wie z. B. ein kleiner Trödelgang, ein tolles Spielchen oder ein Treffen mit einem Hundefreund. Die letzte Fütterung sollte mindestens zwei Stunden zurückliegen.

Wenn man mit einem Welpen unterwegs ist, wird man oft von wildfremden Menschen angesprochen und alle wollen den süßen kleinen Kerl streicheln. Doch die wenigsten wissen, wie man dies richtig macht, deshalb sollten Sie andere darin anleiten, besonders Kinder. Der Mensch in seiner aufrechten Position stellt an sich für den Hund schon eine Bedrohung dar, denn er steht auf zwei Beinen und nicht wie er auf vieren. Kommt dann auch noch so ein Riese auf einen kleinen Welpen zugelaufen und streckt seine Hand von oben herunter, um ihm auf dem Kopf herumzutatschen, braucht man als Welpe schon ein sehr gelassenes Gemüt, um das auszuhalten. Viele Welpen gehen daraufhin rückwärts, um dem auszuweichen, suchen Schutz bei ihrem Menschen oder verkriechen sich. Würde der Mensch von vornherein in die Hocke gehen, seine Hand ausstrecken, damit der Welpe erst einmal daran riechen kann – denn er möchte schließlich wissen, mit wem er es da zu tun hat –, um ihn dann rechts und links vom Hals zu streicheln, sähe die Situation vollkommen anders aus. Der Welpe hätte Zeit, Vertrauen zu finden und würde auch somit fremde Menschen als angenehm kennen lernen.

Welpen haben spitze Zähne

Wenn Sie Ihren Welpen während der Aufzuchtphase beim Züchter öfter besucht haben, konnten Sie auch beobachten, wie wild und rücksichtslos die Welpen miteinander spielen. Die gleiche Art von Spiel möchte Ihr kleiner Sennenhund jetzt natürlich mit seinen neuen Rudelmitgliedern weiterführen. Nach Welpenart wird er versuchen, Sie zum Spiel aufzufordern. Mal wird er versuchen, Sie mit seinen Zähnchen festzuhalten, und mal wird er Ihr lieb gemeintes Streicheln als eine Aufforderung zu einem wilden Kampfspiel interpretieren. Er muss erst lernen, dass Menschenhaut und -kleidung empfindlicher sind als wolliges Welpenfell.

Am besten zeigt man ihm daher von Anfang an, dass menschliche Haut und Kleidung tabu sind. Lenken Sie dafür sämtliche Beißspielchen auf einen Gegenstand, z. B. einen Baumwollknoten, alten Socken usw. Erwischt er im Spiel dann doch einmal Ihre Hand, ziehen Sie sie nicht weg, denn aus Welpensicht wird sie damit zur Beute, die man jagen und festhalten muss. Das hat ein heftigeres Zubeißen zur Folge. Beißt er also in Haut oder Kleidung, reagieren Sie mit einem kurzen, schrillen Aufschrei. In der Regel hält der Welpe dann inne und Sie können ihn dafür loben. Welpen untereinander machen es ähnlich. Wird dem einen das Spiel zu heftig, schreit er kurz auf und der Kontrahent lässt ihn sofort los. Das nennt man Beißhemmung.

Benutzen Sie diesen schrillen Aufschrei aber niemals häufig und schnell hintereinander, denn dann wird er für den Welpen eher zu einer Motivation für ein noch wilderes Spiel. Erreichen Sie mit Ihrer Aktion nicht das gewünschte Verhalten, brechen Sie das Spiel abrupt ab, sagen vielleicht noch ein Kommando, wie „SCHLUSS", gehen vom Welpen weg und ignorieren ihn für eine Weile. Beenden Sie das Spiel auf diese Weise, kann es sein, dass Ihr Welpe bei den ersten zwei- bis dreimal in Ihrem Weggehen eine neue Spielvariante entdeckt und versucht, Sie nun am Hosenbein o. Ä. festzuhalten. Kommentieren Sie das mit einem energischen „NEIN" und dem Schnauzengriff oder einem kurzen Herunterducken.

Reagieren Sie ebenfalls mit einem abrupten Spieleabbruch und anschließender Ignoranz, wenn das Welpenspiel aus Ihrer Sicht zu heftig oder wild wird.

Kinder und Welpen sind in ihrem Verhalten oft ähnlich. So wird das Spiel der Kinder, gerade wenn es besonders viel Spaß macht, häufig immer wilder. Erreicht das Spiel mit dem Welpen dann für das Kind eine stufe, bei der es den Welpen nicht mehr kontrollieren kann, beginnt es vielleicht aus Hilflosigkeit zu schreien, läuft womöglich auch noch vom Welpen weg. Aus Welpensicht ein tolles neues Spiel.

Es kann natürlich auch sein, dass der Welpe im Übereifer das Kind so heftig zwickt, dass es richtig weh tut. Das Kind fühlt sich daraufhin vom

Hund ungerecht behandelt, wird wütend und aus lauter Ärger tritt oder schlägt es den Welpen.

In beiden Fällen kann man sich die Folgen sicher selber ausmalen. Grund genug, Hund und Kinder nie allein miteinander spielen zu lassen. Erklären Sie ihren Kindern immer wieder das Verhalten des Welpen und wie sie darauf reagieren können. Ein vernünftiges älteres Kind, ab Grundschulalter, kann sicher schon lernen, ein Spiel abrupt abzubrechen und den Welpen zu ignorieren. Natürlich nur, wenn es die Eltern vorleben und dem Kind dabei helfen.

Ein Kind im Kindergarten- oder Krabbelalter wird von einem Welpen als gleichrangig eingestuft und somit kann es sein, dass er es versucht nach Welpenart zu zwacken, um es damit wie ein Geschwisterchen zum Spielen aufzufordern. Ein Kind in diesem Alter ist so einer Attacke natürlich nicht gewachsen. Hier muss der Welpe für sein Verhalten diszipliniert werden.

Nehmen Sie sich täglich ein wenig Zeit, um die Kontakte zwischen Welpe und Kindern zu steuern. Vermitteln Sie zwischen beiden und seien Sie gleichermaßen konsequent.

Stürmische Begrüßung

Sennenhundwelpen sind in ihrer Begrüßung noch recht stürmisch, besonders am Morgen, wenn alle wieder zusammenkommen, wenn ein Familienmitglied nach Hause kommt oder manchmal auch nur für 10 Minuten außer Sicht war. Vor lauter Freude springt der Welpe an der Person immer wieder hoch. Der Entlebucher quiekt und winselt dabei gerne. Manche Welpen zwicken vor Übermut in Haut oder Kleidung. Steigern Sie dieses Verhalten nicht noch, indem Sie genauso albern reagieren!

Probieren Sie aus, was bei Ihrem Welpen am ehesten zum Erfolg führt. Beugen Sie sich zu ihm herab und streicheln ihn beruhigend, während Sie ihn mit den Händen gleichzeitig am Boden halten, damit er nicht mehr springen kann. Oder ignorieren Sie dieses wilde Verhalten und beachten Sie den Welpen nur, wenn er sich in gewünschter Art zeigt. Das Zwicken sollten Sie auf ein Spielzeug umlenken.

Manche Sennenhundwelpen urinieren vor lauter Freude ein wenig. Dieses Verhalten verliert sich spätestens mit der Pubertät. Durch Zurückhaltung vonseiten des Menschen kann auch hier eine Besserung erreicht werden.

Begrüßt Ihr Welpe auch jeden Besuch auf gleiche Weise, dann bitten Sie Ihre Freunde und Bekannten ebenfalls, wie beschrieben zu reagieren. Sobald Ihr Welpe das Kommando SITZ beherrscht, lassen Sie ihn an der Eingangstür angeleint SITZ machen und bitten Sie Ihre Besucher, den

Welpen nur zu streicheln, solange er noch sitzt. An der Leine können Sie die Übung kontrollieren. Erst wenn der Hund sicher sitzen bleibt, kann man es auch ohne Leine probieren. Das kann allerdings viele Wochen dauern.

Bei einem Welpen erscheint einem diese Maßnahme noch als vollkommen überflüssig, finden ihn doch alle so lustig und wonnig. Doch bald ist der Welpe groß und wenn dann ein 50-kg-Berner Ihrem Besuch um den Hals fällt, war er wahrscheinlich das letzte Mal bei Ihnen.

Allein bleiben

Hunde sind Rudeltiere und von daher ist das Alleinsein für sie etwas Unnatürliches. Trotzdem lässt es sich kaum vermeiden, einen Hund ab und zu für kurze Zeit allein zu lassen. Doch muss man ihn daran langsam gewöhnen. Hier zahlt sich ein geregelter Tagesrythmus aus.

Nach zwei Wochen Eingewöhnungsphase können Sie langsam mit dem Training anfangen. Beginnen Sie damit, den Welpen während einer Ruhephase wiederholt kurz allein zu lassen, indem Sie in ein anderes Zimmer oder in den Keller gehen, jeweils für 5 bis 10 Minuten. Ist der Welpe an einen Laufstall gewöhnt und verbringt seine Schlafphasen überwiegend darin, kann dieser auch für solche Übungen von Nutzen sein. Sollte Ihr Welpe anhaltend winseln oder jaulen, rufen Sie ein energisches „NEIN" und loben ihn, sobald er ruhig ist. Gehen Sie nur in einem Augenblick zurück zu ihm, in dem er sich ruhig verhält. Verhält er sich extrem unruhig, beginnen Sie erst nach ein paar Tagen erneut mit der Übung und starten mit einem Zeitraum von höchstens 2 bis 3 Minuten.

Geht alles schon sehr gut, verlassen Sie für 5 bis 10 Minuten das Haus, bleiben aber in Hörweite, um kontrollieren zu können, ob der Welpe sich ruhig verhält. Klappt dies, können Sie die Zeitspanne langsam erhöhen. Nutzen Sie stets eine Ruhephase dafür und beschäftigen Sie den Welpen vorher ausgiebig. Machen Sie aber keine große Abschiedsszene, wenn Sie den Hund allein lassen.

Bis zu einem Alter von einem halben Jahr sollten Sie ihn nie länger als 2 bis 2½ Stunden allein lassen. Müssen Sie dies aus beruflichen Gründen tun, müssen Sie eine Person organisieren, die Ihren Welpen nach zwei Stunden Gassi führt und ein wenig beschäftigt.

Spielen ist wichtig

Welpen spielen nicht nur, um zu spielen. Spielen bedeutet Lernen fürs Leben. Im Spiel mit den Geschwistern oder anderen Welpen lernt der Sennenhund das richtige Sozialverhalten. Seine eigenen speziellen Fähigkeiten kann er ebenfalls dabei herausfinden. Aber nicht nur das Spiel mit anderen Hunden, sondern ebenso das Spiel mit seinen Menschen ist wichtig. Denn durch gemeinsames Spiel kann er seine Menschen kennen lernen. Spiel gibt Vertrauen und stärkt die Bindung.

Lassen Sie sich darauf ein und seien Sie mal wieder richtig albern. Setzten Sie sich dafür ruhig zu Ihrem Welpen auf den Boden oder ins Gras, er wird es genießen. Verwenden Sie geeignetes Spielzeug, niemals Stöcke, die Verletzungsgefahr ist einfach zu groß. Auch keine Gegenstände, die sehr klein sind, so dass der Welpe Sie verschlucken könnte.

Im Spiel ist fast alles erlaubt, da kann es durchaus sein, dass Ihr kleiner Wonneproppen Sie spielerisch anknurrt, wenn Sie um ein Spielzeug streiten. Sie dürfen auch zurückknurren. Gerade das Beutestreiten lieben Hunde sehr. Am schönsten findet es der Welpe, wenn sich das Spielzeug wie eine richtige Beute verhält. Sie kommt erst vorsichtig aus ihrem Versteck, läuft ein paar Mal zickzack, springt in die Luft, versteckt sich und schaut dann wieder vorsichtig um die Ecke. Dabei gibt sie durchaus auch verschiedene Laute von sich. Lassen Sie Ihrer Fantasie freien Lauf und probieren Sie aus, womit Sie Ihren Sennenhund begeistern können.

Das Beutestreiten muss natürlich der Größe und der Kraft des Hundes angepasst sein. Also ziehen Sie ihn nicht an der Beute in die Luft. Sie sollten am Ende immer als Sieger aus dem Spiel hervorgehen, d. h., Sie beenden das Spiel, bevor der Welpe die Lust verliert, und überlassen die Beute niemals dem Hund.

Es gibt natürlich auch noch viele andere geeignete Spiele. Richten Sie Zeiten ein, in denen sich die ganze Familie mit dem Welpen beschäftigt. Kinder lernen dabei durch Ihre Anleitung den richtigen Umgang mit dem Welpen und der kleine Vierbeiner findet spielerisch die richtige Stellung im Rudel.

Ein paar Tipps:

- Jagen Sie nie hinter Ihrem Welpen her, auch nicht spielerisch. Er versucht sonst, dieses Spiel auch in anderen Situationen anzuwenden, z. B. wenn er Ihren Lieblingsschuh gefunden hat und Sie ihm diesen abnehmen wollen. Spielen bedeutet schließlich Lernen. Darüber hinaus bestimmt der Gejagte auch immer das Spiel, also bestärken Sie ihn damit in seinem Selbstbewusstsein.
- Jagdspiele mit Appenzeller oder Entlebucher sind sowieso nicht ratsam. Egal ob der Hund oder Sie den Gejagten spielen, bei diesen beiden Rassen wird sofort der Hüte- und Treibtrieb geweckt. Sie werden versuchen, in die menschlichen Fersen zu zwicken, was ausgesprochen unangenehm sein kann und sofort zu unterbinden ist. Denn auch dieses Verhalten kann man über das Spiel trainieren und festigen. Also aufgepasst!!

- Solange der Welpe noch im Zahnwechsel ist, also bis Ende 6. Monat, darf er immer ein bis zwei Spielzeuge zur Verfügung haben, um sein Kaubedürfnis abreagieren zu können. Danach kommen alle Spielzeuge unter Verschluss. Vielleicht bekommt Ihr Hund eine eigene Spielzeugkiste. Für das gemeinsame Spiel holen Sie dann zusammen mit Ihrem Sennenhund ein Spielzeug aus der Kiste. Gestalten Sie dies recht geheimnisvoll, damit wächst die Vorfreude für den Hund. Nach dem gemeinsamen Spiel bringen Sie es dann auch wieder dorthin zurück. Spielzeug, das ständig zur Verfügung steht, ist in der Regel für Hunde sowieso nicht interessant, denn Hunde lieben Beutespiele, und da sich herumliegendes Spielzeug nicht wie Beute verhält, ist es einfach langweilig.

Was ein Familienhund alles lernen muss

Um einen Sennenhund in allen Lebenslagen kontrollieren zu können, ist es erforderlich, dass er einige Kommandos lernt, über die man sich mit ihm verständigen kann. Kommandos sollten aus kurzen prägnanten Worten bestehen und in bestimmendem oder motivierendem Tonfall mit leiser bis normal lauter Stimme ausgesprochen werden. Kombiniert man ein Kommando mit einem Sichtzeichen, wird der Lernvorgang für den Welpen vereinfacht, da Hunde auf Körpersprache schneller und präziser reagieren als auf gesprochene Worte.

Sie haben in der Familie abgesprochen, wer von den erwachsenen Personen die Erziehung des Welpen übernehmen soll. Stimmen Sie jetzt auch noch ab, welche Kommandos Ihr Sennenhund lernen soll. Immer dann, wenn ein Kommando bereits gut konditioniert ist und somit vom Hund problemlos ausgeführt wird, können auch die anderen Familienmitglieder dieses Kommando geben. Kinder unter zwölf Jahren sollten dies allerdings nicht ohne Beisein der Eltern dürfen.

Wie übt man richtig

Mit Ihrem Sennenhundwelpen üben Sie am besten zwei- bis dreimal am Tag für wenige Minuten. Zuerst spielen Sie ein wenig mit dem Welpen und bringen ihn und auch sich selbst damit in eine positive Grundstimmung. Dann üben Sie eine Lektion zwei- bis dreimal hintereinander. Schließen Sie die Übungen immer für den Hund positiv ab. Sollten Sie einmal etwas Neues geübt haben und der Hund arbeitet nicht mit, aus welchem Grund auch immer, beenden Sie das Ganze mit einer Übung, die er schon sicher kann. Nach dem Üben wird wieder ausgiebig gespielt.

Beutestreiten zusammen mit der Mama ist absolut das Größte. (Appenzeller)

Auch wenn es Spaß macht, aber mit Stöcken spielen ist gefährlich, wegen der Verletzungsgefahr.

Beginnen Sie eine Übung nur, wenn Sie auch wirklich Zeit haben und selbst ausgeglichen sind. Wenn Sie oder Ihr Hund sich einmal schlecht fühlen, verzichten Sie an diesem Tag auf das Üben.

Ein Welpe kann sich noch nicht lange konzentrieren, also nicht übertreiben. Wenige Minuten reichen zum Üben vollkommen aus. Diese Form des Übens können Sie ein Hundeleben lang beibehalten, wobei mit zunehmendem Alter des Hundes die Zeitdauer verlängert werden kann.

Erwarten Sie nicht, dass Ihr Sennenhund Ihnen zuliebe Gehorsam zeigt. Auch ein Sennenhund braucht eine Motivation, um an ihn gestellte Aufgaben zu erfüllen. Je stärker er die Motivation empfindet, desto freudiger und williger wird er reagieren. Eine Motivation kann ein Leckerchen, ein Spielzeug bzw. gemeinsames Spiel oder auch eine Streicheleinheit sein. Testen Sie, was Ihrem Sennenhund am besten gefällt. Die meisten Sennenhunde reagieren auf Leckerchen besonders gut, da viele recht verfressen sind. Setzt man ein Spielzeug richtig ein, kann es die gleiche

Tabelle 6   Liste der Kommandos, die Ihr Familienhund kennen sollte

Kommando	Erklärung	Sichtzeichen
HIER	Herankommen	seitlich waagerecht ausgestreckter Arm, der mit Ertönen des Kommandos an den Oberschenkel geführt wird
TÜ-TÜ (Doppelpfiff)	Herankommen	wie oben
SITZ	Sitzen	ausgestreckter Zeigefinger
PLATZ	Hinlegen	flache Hand, waagerecht
FUSS	an kurzer Leine laufen, links neben dem Hundeführer	linker Fuß beginnt und zeigt Richtungsänderungen an
BLEIB	zum Verweilen auf der Stelle	flache Hand, senkrecht nach oben
BRING	Apportieren von Gegenständen	
AUS	Abgeben von Gegenständen	
NEIN	Handlungsunterbrechung	
LAUF, LAUF	alternativ: FREI, OKAY oder LOS für Freilauf nach Ableinen u. Aufheben von Kommandos	
Auf die Decke o. Ä.	um ihn auf sein Lager zu schicken	
SCHAU HER	um die Aufmerksamkeit zu erhalten	

Wirkung haben. Appenzeller und Entlebucher sind mit Spielzeug besonders gut zu motivieren. Der Berner und der Große reagieren genauso freudig darauf, wenn sie es von Welpenbeinen an kennen gelernt haben.

Eine neue Lektion üben Sie stets erst einmal ohne Ablenkung. Nutzen Sie Haus und Garten, eine einsame Wiese oder einen Waldweg dafür. Erst wenn sie der Hund unter diesen Bedingungen sicher ausführt, steigern Sie langsam die Ablenkung. Üben Sie nun, wenn die Familie dabei ist, später, wenn fremde Personen dabei sind und auf verschiedenen Plätzen. Immer dort, wo die Ablenkung für Ihren Sennenhund noch sehr groß ist, werden Sie viel Motivationshilfen (Leckerchen, Spielzeug etc.) einsetzen müssen, um die Aufmerksamkeit auf sich und die Übungen zu lenken. Doch die Wiederholung und die Gewohnheit bringen den zuverlässigen Gehorsam.

Geben Sie bereits erlernte Kommandos nur dann, wenn Sie sicher sind, dass Sie sie auch durchsetzen können. Ist Ihr Hund z. B. gerade im Spiel mit anderen Hunden und Sie geben ihm das Kommando „SITZ", wird er es kaum befolgen, denn die Ablenkung ist zu groß. Er lernt daraus aber, dass es egal ist, ob man gehorcht oder nicht.

Achten Sie darauf, dass Ihr Sennenhund Ihre Kommandos immer befolgt. Ein Kommandowort sagen Sie stets nur einmal und warten ab, dass Ihr Hund es ausführt. Reagiert er nicht oder wendet sich sogar von Ihnen ab, folgt ein energisches „NEIN" und Sie beginnen die Übung von neuem. Geben Sie Kommandos nur, wenn die Aufmerksamkeit des Hundes auf Sie gerichtet ist, z. B. durch Blickkontakt. Ist er gerade auf etwas anderes konzentriert, machen Sie ihn auf sich aufmerksam. Rufen Sie dafür seinen Namen oder verschiedene Lockrufe, klatschen in die Hände oder benutzen das Kommando „SCHAU HER".

Führt er Ihr Kommando nicht aus, überlegen Sie, was der Grund dafür sein kann. Suchen Sie den Fehler zuerst bei sich selbst und dann beim Hund.

Häufige Fehler sind:

- fehlende Aufmerksamkeit des Hundes
- fehlende Motivation beim Hund
- undeutliche Sichtzeichen oder Körpersprache
- falsche Stimmlage
- unzureichende Konzentration beim Menschen

Werden Sie nicht ungeduldig mit Ihrem Sennenhund. Er ist jetzt noch jung und voll dabei, die Welt zu entdecken. Die Zeit, die Sie im ersten Lebensjahr des Hundes in solche Übungen investieren, investieren Sie in ein ganzes Hundeleben. Arbeiten Sie kontinuierlich mit ihm, wird er mit einem Jahr bereits einen guten Grundgehorsam zeigen. Mit zwei Jahren können Sie sich dann schon ganz gut auf ihn verlassen und mit drei Jahren sind Sie ein unschlagbares Team.

HIER

Um den Hund heranzurufen, sollten Sie ein eindeutiges Kommando verwenden. Das Wort HIER ist ideal, da es sich auch stimmlich in verschiedenen Formen variieren lässt. Auch gut ist es, mit einer Pfeife zu arbeiten, da diese immer neutral wirkt, wogegen ein gerufenes Wort der jeweiligen Stimmung unterliegt. Ein Hund begreift schnell, dass, wenn man besonders aufgeregt ruft, auch etwas ganz Besonderes in der Nähe sein muss. Dadurch ist er dann eher motiviert danach zu suchen, als das Kommando auszuführen. Sie können Ihren Hund auf HIER und Pfeife konditionieren. Verwenden Sie mit der Pfeife einen Doppelpfiff, also TÜ-TÜ.

Als erstes muss das Hörzeichen eingeübt werden. Zwei bis drei Tage lang sollten sie Ihr gewähltes Hörzeichen vor der Welpenmahlzeit ertönen lassen. Sie lassen Ihren Welpen bei der Futterzubereitung zuschauen, halten dann den Futternapf noch einen Augenblick in der Hand. Der Welpe schaut Sie dabei aufmerksam an. Mit Absetzen der Futterschüssel rufen Sie Ihr Kommando. Jetzt erst darf der Welpe fressen. Ab dem 3. oder 4. Tag hält ein Helfer Ihren Welpen, Sie gehen mit der Futterschüssel bei jeder Mahlzeit in einen anderen Raum und rufen oder pfeifen von dort. Der Welpe darf das Futter immer dort fressen, wo er Sie findet.

Nach weiteren zwei bis drei Tagen hält der Helfer den Welpen im Haus fest, während Sie sich im Garten verstecken. Auf Ihren Ruf/Pfiff hin muss der Welpe jetzt richtig suchen.

Nun üben Sie das Herankommen auch ohne Futterschüssel. Ein Helfer hält den Welpen und Sie entfernen sich im Laufschritt zehn Schritte vom Hund, gehen in die Hocke, dadurch wirken Sie für den Hund weiter weg, und rufen Ihr Kommando. Sie halten in einer Hand ein Leckerchen bereit, das Sie dem Welpen entgegenstrecken, und führen ihn damit so dicht an Ihren Körper wie möglich. Dort darf er es langsam fressen. Sie loben ihn mit den schönsten Worten und kraulen ihn dabei am Hals in Halsbandhöhe, damit er den Griff zum Halsband später als angenehm empfindet. Dann laufen und spielen Sie mit ihm.

Wiederholen Sie die Übung täglich drei- bis viermal und steigern Sie langsam die Entfernung und dann die Ablenkung. Nach einer Woche gehen Sie für das Heranrufen nicht mehr in die Hocke, sondern bleiben stehen und fügen nun auch Körpersprache dazu. Dafür strecken Sie den rechten Arm seitlich waagerecht aus und führen ihn an den Oberschenkel, genau in dem Augenblick, in dem Sie Ihr Kommando ertönen lassen.

Kommt der Welpe nun freudig angelaufen, führen Sie ihn mit dem bereitgehaltenen Leckerchen, das Sie über seinen Kopf nach hinten bewegen, ins Sitz. Sobald er sitzt, wird er überschwänglich gelobt und darf das Leckerchen fressen. Nun ist die Abfolge immer gleich, Hörzeichen erfolgt zusammen mit Sichtzeichen, der Hund sitzt vor und wird gelobt.

Die Komm-Übung ist eine der schwierigsten Übungen überhaupt, deshalb müssen Sie dabei ganz besonders konzentriert und überlegt vorgehen.

- Rufen Sie Ihren Hund während der Lernphasen nur in solchen Situationen, in denen Sie sicher sein können, dass Ihr Hund auch folgt.
- Rufen Sie zuerst seinen Namen oder machen ihn auf sich aufmerksam, indem Sie in die Hände klatschen, mit einem Schlüsselbund, einer Leckerlidose oder Spielzeug. Erst wenn er zu Ihnen schaut, folgt Ihr Hörzeichen.
- Laufen Sie grundsätzlich vom Hund weg zur Unterstützung oder wenn er nicht sofort folgt, niemals auf ihn zu.
- Wenn es die Situation erlaubt, verstecken Sie sich einfach. Wenn er Sie nicht mehr sieht, wird er Sie suchen.
- Spielen Sie oft verstecken, damit Ihr Hund auf Sie achtet und nicht umgekehrt.
- Ist die Ablenkung für Ihren jungen Sennenhund zu groß, dann rufen Sie ihn nicht, sondern holen ihn heraus.
- Und sind Sie noch so ärgerlich, wenn Ihr Hund erst nach langem Zögern kommt, müssen Sie ihn doch loben, denn eine Strafe würde Ihr Sennenhund nun mit dem Kommen verknüpfen und das wäre fatal, denn das Kommen sollte immer so schön wie möglich für ihn sein.
- Immer wenn Ihr Welpe gerade auf Sie zugelaufen kommt, sollten Sie Ihr Hörzeichen anwenden, um es zu festigen.
- Damit Ihr Sennenhund das Herankommen als etwas Angenehmes und nicht als Einschränkung empfindet, sollte stets ein überschwängliches Lob, ein Leckerchen oder ein Spiel als Belohnung folgen. Von zehnmal Heranrufen sollten Sie ihn siebenmal wieder laufen lassen und nur dreimal anleinen. Dadurch verhindern Sie, dass der Hund das Heranrufen mit dem Anleinen verknüpft.

SITZ

Leinen Sie Ihren Welpen an, damit Sie die Übung kontrollieren können. Sie nehmen ein Leckerchen in die rechte Hand zwischen Mittelfinger und Daumen, somit können Sie gleichzeitig den Zeigefinger ausstrecken als späteres Sichtzeichen für das SITZ.

Machen Sie den Welpen auf das Leckerchen aufmerksam, lassen ihn daran riechen und führen es langsam dicht über seinen Kopf nach hinten. Hierdurch wird der Welpe automatisch ins Sitz geführt. In dem Augenblick, in dem er sich setzt, sagen Sie SITZ, lassen ihn dann langsam das Leckerchen fressen und loben ihn durch Kraulen am Hals und mit der Stimme, aber nicht zu sehr, denn sonst steht er vor lauter Freude sofort wieder auf. Wiederholen Sie die Übung zwei- bis dreimal.

Gut erzogene Sennenhunde sind eine Freude für ihre Besitzer und die Umwelt. (Großer Schweizer)

Am zweiten Tag üben Sie beim ersten Mal genauso. Beim zweiten Mal halten Sie das Leckerchen mit dem gestreckten Zeigefinger in Hüfthöhe. Geben Sie Sichtzeichen und Kommando gleichzeitig. Hat sich Ihr Welpe gesetzt, darf er das Leckerchen fressen, aber nur sitzend. Sie loben ihn für diese tolle Leistung. Springt Ihr Sennenhund dabei an Ihnen hoch, ignorieren Sie dies oder sagen energisch „NEIN". Beim dritten Mal verfahren Sie genauso.

Am dritten Tag üben Sie zunächst wie am Vortag. Beim zweiten Mal halten Sie kein Leckerchen mehr in der Sichtzeichenhand und loben nur mit Stimme und Streicheln für korrekte Ausführung. Beim dritten Mal geben Sie das Leckerchen aus der anderen Hand.

Von nun an halten Sie das Leckerchen nicht mehr gleichzeitig in der Hand und gestalten die Übung spannend: Mal gibt es eins und mal keines. Wollen Sie, dass Ihr Sennenhund das SITZ in Zukunft freudig, schnell und zuverlässig ausführt, sollten Sie ihn in unregelmäßigen Abständen außer mit der Stimme und Streicheln mit einem Leckerchen oder einem Spiel belohnen.

Die Zeitspanne, die Ihr Welpe sitzen bleiben soll, verlängern Sie allmählich. Halten Sie ihn im Anfang durch Kraulen und Aufrechterhalten des Sichtzeichens in der Position und geben Sie ihm ein Auflösekommando (FREI, LAUF, LOS etc.), um die Übung zu beenden.

Sobald der Welpe auch bei großer Ablenkung das Kommando ausführt, lassen Sie ihn an jeder Bürgersteigkante sitzen, bevor Sie die Straße überqueren, wenn Jogger oder Radfahrer vorbeikommen, bevor er ab- und angeleint wird, bevor er ins oder aus dem Auto springt. (Der Welpe und spätere Junghund wird natürlich so lange rein- und rausgehoben wie möglich.) Läuft Ihr Sennenhund zu jedem hin, um ihn freudig zu begrüßen und vielleicht auch noch anzuspringen, halten Sie ihn davon ab, indem Sie ihn ins Sitz bringen, z. B. bei der Begrüßung an der Eingangstür, aber auch unterwegs. Er sollte dann nur sitzend begrüßt werden.

PLATZ

Üben Sie anfangs mit dem angeleinten Welpen. Das PLATZ lässt sich am einfachsten aus der Sitzposition entwickeln. Bringen Sie den Welpen also ins SITZ.

Die flach ausgestreckte Hand wird das Sichtzeichen für das PLATZ. In diese flache Hand legen Sie ein Leckerchen zwischen dem anliegenden Daumen und der Hand. Machen Sie den Welpen auf das Leckerchen aufmerksam und führen Sie die Hand von der Welpennase abwärts zwischen die Welpenpfötchen. Folgt der Welpe mit der Nase, ziehen Sie langsam die flache Hand dicht über dem Boden nach vorne, bis er sich hinlegt. Genau in diesem Augenblick sagen Sie „PLATZ". Lassen Sie ihn langsam das Leckerchen aus der flachen Hand fressen und kraulen ihn mit der anderen Hand in Schulterhöhe, um ihn auch noch ein wenig in der Position zu halten. Gleichzeitig wird er natürlich mit der Stimme gelobt, aber verhalten, damit er nicht sofort wieder aufsteht. Diese Übung wiederholen Sie zwei- bis dreimal.

Am zweiten Tag üben Sie erst wie am Vortag. Beim zweiten Mal halten Sie das Leckerchen in der anderen Hand, geben Ihr Kommando PLATZ und führen den Welpen mit der flachen Hand in die Platzposition, als wenn Sie ein Leckerchen darin hätten. Halten Sie die flache Hand über dem Boden, bis Ihr Welpe sich legt. Das kann manchmal sehr lange dauern und man braucht Geduld. Wiederholen Sie nicht ständig das Kommando PLATZ, einmal sagen genügt. In dem Augenblick, in dem der Welpe sich legt, muss blitzschnell das Leckerchen aus der anderen Hand kommen. Beim dritten Mal verfahren Sie wie beim ersten, also Leckerchen noch einmal in der flachen Hand.

Am dritten Tag üben Sie beim ersten Mal nochmals mit Leckerchen in der Sichtzeichenhand. Beim zweiten Mal ohne und loben nur mit Stimme und Streicheln. Beim dritten Mal kommt das Leckerchen aus der anderen Hand.

Von nun an gestalten Sie die Übung spannend, wie bei der SITZ-Übung. Das Leckerchen kommt grundsätzlich nicht mehr in die Sichtzeichenhand und die Belohnung aus der anderen Hand erfolgt unregelmäßig. Die Sichtzeichenhand wird nun auch nicht mehr vor der Welpennase langsam geführt, bis er sich legt. Sie halten einfach die flache Hand an einer Stelle dicht über dem Boden und warten, bis der Welpe Ihr Kommando ausgeführt hat.

Verlängern Sie langsam die Zeitspanne, die Ihr Sennenhund im PLATZ verbleiben soll, durch Kraulen und Aufrechterhalten des Sichtzeichens. Beenden Sie die Übung mit einem Auflösekommando. Erweitern Sie ebenfalls stetig den Abstand zwischen Ihrer Sichtzeichenhand und der Bodenfläche, so dass Sie schon bald das Sichtzeichen nur noch in Hüfthöhe zu geben brauchen.

Gewöhnung an Geschirr/Halsband und Leine

Zuerst legen Sie das Geschirr/Halsband vor und während einer Fütterung um und/oder während Sie mit dem Welpen spielen. Somit macht der Welpe erst einmal nur gute Erfahrungen damit. Später lassen Sie ihm dann Geschirr/Halsband auch während einer Schlafphase um.

Die Gewöhnung an die Leine geschieht am besten, indem Sie während einer Wachphase diese an Geschirr/Halsband befestigen und einfach nur hinter Ihrem Welpen herlaufen. Sie halten dabei die Leine in der Hand und sorgen dafür, dass sie nicht gestrafft wird. Verwenden Sie dafür die leichte 3-m-Leine. Diese Übung sollte nur kurz und zuerst nur im Haus, dann auch im Garten erfolgen.

Leinenführigkeit

Generell zur Leinenführigkeit ist zu sagen, dass Sie gerade den Welpen so viel wie möglich frei laufen lassen sollten. Suchen Sie bewusst Plätze auf, an denen er gefahrenfrei laufen kann und die immer mal wieder vollkommen neu bzw. unbekannt für Ihren Welpen sind. Dieses Freilaufen fördert den natürlichen Folgetrieb des Welpen und verstärkt die Bindung zu Ihrer Person. Rufen und locken Sie ihn dabei nicht ständig, sondern belohnen Sie die vom Welpen ausgehende Kontaktaufnahme wie Blickkontakt suchen oder in Ihre Richtung laufen.

Haben Sie das Gefühl, dass Ihr Sennenhund dabei zu selbstständig die Gegend erkundet, sich zu weit entfernt oder Sie gar nicht mehr beachtet, verstecken Sie sich hinter einem Baum oder einem Gebüsch. Beobachten Sie von dort aus den Welpen. Bemerkt er Ihren Verlust und beginnt Sie zu suchen, können Sie ihm durch ein paar Lockworte helfen, Sie zu finden. Nach ein paar Wiederholungen wird er Sie kaum noch aus den Augen lassen. Beim Appenzeller und Entlebucher ist dieses Verstecken oftmals gar nicht möglich, da sie sowieso stets damit beschäftigt sind, ihr Rudel zusammenzuhalten.

Leider erlaubt unsere zivilisierte Welt nicht, einen Hund immer und überall gefahrlos frei laufen zu lassen. Darum muss der Welpe lernen, an der Leine zu gehen.

Zunächst weiß Ihr Sennenhundwelpe natürlich noch gar nicht, wie er sich an der Leine verhalten muss. Von Anfang an ist wichtig, dass er keine schlechten Erfahrungen mit der Leine macht. Er wird schon früh genug lernen, dass ihn dieses lange Ding in seiner Bewegungsfreiheit einschränkt. Ebenfalls ist es wichtig, dass Ziehen an der Leine tabu ist. Denken Sie immer daran, dass, wenn Sie Ihren Hund zu irgendetwas hinziehen lassen, Sie ihn damit regelrecht zum Ziehen erziehen. Denn die toll riechende Stelle oder der Hundekumpel, der ihm entgegenkommt, wirken immer wie eine Belohnung für das Ziehen. Also verknüpft Ihr Hund: Ziehen lohnt sich!!!

Man kann drei Leinenführigkeitsformen unterscheiden:

Die lange Leine. Der Hund läuft an einer Leine von 2 bis 6 m Länge (keine Flexileine). Er darf rechts und links von Ihnen laufen, zurückbleiben, vorlaufen oder sich seitlich entsprechend der Leinenlänge entfernen und er darf schnüffeln. Jedoch darf er nie an strammer Leine gehen bzw. ziehen. Diese Leinenform verwendet man bei einem Welpen, wenn man ihn nicht frei laufen lassen kann und gibt ihm dabei immer so viel Leinenlänge, wie er gefahrlos nutzen kann. Man verwendet sie auch generell in Leinenzwanggebieten.

Sobald Ihr Sennenhundwelpe an die Leine gewöhnt wurde, können Sie ihn an einer mindestens 3 m langen Leine ausführen. Motivieren Sie ihn, Ihnen zu folgen, indem Sie ihn mit einer fröhlichen, aufmunternden Stimme locken, oder verwenden Sie ein Spielzeug oder Leckerchen, auf das Sie ihn aufmerksam machen. Loben Sie den Welpen für jedes Nachfolgen, egal ob Sie ihn dafür locken mussten oder ob er es von sich aus angeboten hat. Versucht der Welpe in eine bestimmte Richtung zu ziehen, geben Sie auf gar keinen Fall nach, sondern bleiben einfach stehen und warten ab. Ihr Welpe wird sich zu Ihnen umdrehen, dafür loben Sie ihn. Der Blickkontakt ist dadurch wieder hergestellt und Sie können nun über Locken die Aufmerksamkeit auf sich lenken. Auf ein allzu vorwitziges Vorpreschen reagieren Sie mit einem abrupten Richtungswechsel.

Die kurze Leine. Der Hund läuft an einer 120 bis 150 cm langen Leine, die stets leicht durchhängen sollte, links neben Ihnen. Er darf nicht mehr als eine Körperlänge vor-, zurück- oder seitlich abprellen. Er soll jedem Richtungswechsel aufmerksam folgen. Diese Form der Leinenführigkeit ist für den normalen Familienhund bereits ein hervorragendes Bei-Fuß-gehen. Man wendet sie an im Straßenverkehr, in Menschenmengen, bei Hundebegegnungen usw., also immer dann, wenn man den Hund gut kontrolliert führen möchte.

Diese Art der Leinenführigkeit kann ein Welpe nur kurz ausführen, da sie bereits ausdauernde Konzentrationsfähigkeit erfordert. Im Anfang üben Sie 2 bis 3 Minuten täglich. Je nach Konzentrationsfähigkeit des Welpen wird die Übungszeit allmählich verlängert.

Diese Leinenführigkeit soll der Hund über positive Erfahrungen erlernen. Sie probieren nun aus, womit Sie die Aufmerksamkeit des Welpen am besten wecken und auch halten können. Das kann ein Spielzeug oder ein Leckerchen sein, manchmal reicht auch die Stimme oder man verwendet eine Leckerlidose als Lockmittel.

Am Anfang geht man nur eine kurze gerade Strecke. Die Leine wird in der rechten Hand gehalten. Sie machen den Welpen auf sich aufmerksam, indem Sie versuchen, ihn für das Lockmittel zu interessieren, das Sie in der linken Hand halten. Ist er neugierig geworden, geht man mit dem linken Fuß los und lockt den Welpen mit dem Lockmittel bzw. versucht ihn damit in der gewünschten Position zu halten.

Zieht der Welpe trotz Ihrer Bemühungen in eine bestimmte Richtung, bleiben Sie einfach stehen, sagen kein Wort, warten, bis der Welpen sich zu Ihnen dreht, loben ihn und locken ihn wieder in die gewünschte Position.

Schaffen Sie es, den Welpen recht konstant in der Position zu halten, dann können Sie anfangen, für diese Form der Leinenführigkeit dem Welpen ein Kommando zu lehren. Ich verwende hierfür das Kommando „BEI MIR". Da ich meine Hunde auch hundesportlich führe, verwende ich nur im Hundesport das Kommando „FUSS". Wissen Sie jetzt schon, dass Sie Ihren Hund niemals hundesportlich führen wollen, können Sie natürlich für diese Leinenführigkeitsform das Kommando „FUSS" verwenden.

Wenn der Welpe in der gewünschten Position neben Ihnen läuft, sagen Sie Ihr gewähltes Kommando. Arbeiten Sie mit Futter, geben Sie ihm zeitgleich im Laufen ein Leckerchen. Verwenden Sie ein Spielzeug, unterbrechen Sie öfter kurz nach erfolgtem Kommando und belohnen den Welpen mit einem fröhlichen Spiel.

Das sportliche FUSS. Der Hundesportler benötigt noch eine dritte Form der Leinenführigkeit, nämlich das sportliche FUSS. Der Hund läuft dicht links neben Ihnen mit seiner Schulter in Kniehöhe und schaut Sie

Ihr Sennenhund sollte lernen, auf ein Kommando seinen Liegeplatz aufzusuchen. (Entlebucher)

dabei aufmerksam an. Er folgt jedem Richtungswechsel zügig und ohne die Position zu verlassen. Die Leinenlänge sollte recht kurz sein, 100 bis 120 cm.

BLEIB

Der Hund soll mit dem Kommando BLEIB verknüpfen, an einem Ort zu verweilen, bis Sie ihn wieder abholen.

Für einen jungen Hund ist es am einfachsten, diese Übung aus dem SITZ heraus zu entwickeln, da dies eine Position ist, die er altersgemäß bereits sicher und auch schon länger ausführen kann. Später üben Sie auch aus dem PLATZ.

Am Anfang üben Sie grundsätzlich mit dem angeleinten Hund. Sie machen den Hund auf sich aufmerksam, geben ihm das Kommando SITZ. Wenn er es ausgeführt hat, loben Sie ihn verhalten, damit er nicht direkt wieder aufsteht. Sie schnallen die Leine so lang wie möglich und nehmen dann das Leinenende in die linke Hand. Aber bitte wirklich nur das Lei-nenende, der Rest liegt locker auf der Erde. Denn lassen Sie die Leine beim Rückwärtsgehen langsam aus der Hand gleiten, kann dadurch ein kleiner Ruck auf das Halsband/Geschirr übertragen werden, der empfindliche Hunde bereits dazu animiert, aufzustehen und zu folgen. Mit der rechten Hand geben Sie ein Sichtzeichen, indem Sie eine flache Hand bilden und diese senkrecht hochhalten. Achtung, geben Sie das Sichtzeichen deutlich, sonst verwechselt der Hund es wohlmöglich mit der waagerechten flachen Hand für das PLATZ. Nun geben Sie ihm das Kommando BLEIB und machen gleichzeitig zwei Schritte rückwärts. Sie behalten Ihr Sichtzeichen bei und wiederholen evtl. das Kommando. Sie verweilen 1 bis 2 Sekunden und gehen zurück zum Hund, loben ihn sofort, aber verhalten und nur so lange, wie er noch sitzt.

Dies üben Sie anfangs nur im Haus ohne jegliche Ablenkung. Sie steigern erst langsam die Verweildauer, dann erst die Entfernung. Klappt es im Haus schon recht gut, üben Sie auch im Garten und dann auf dem einsamen Spazierweg.

Steht der Hund einmal auf, während Sie noch in Entfernung verweilen, sagen Sie zeitgleich mit dem Aufstehen „NEIN" und gehen dann ganz ruhig zu Ihrem Hund zurück, lassen ihn auf der gleichen Stelle SITZ machen und wiederholen die Übung. Evtl. entfernen Sie sich diesmal nicht ganz so weit, vielleicht war auch gerade eine Ablenkung da, die ihn hat aufstehen lassen. Wiederholen Sie die Übung in einer Weise, dass der Hund Sie auf jeden Fall korrekt befolgt.

Das BLEIB ist eine Übung, die man im täglichen Leben häufig verwenden kann. Man muss sorgfältig üben, damit sie sicher beherrscht wird. Nehmen Sie sich Zeit, haben Sie viel Geduld und seien Sie nicht mit halben Ausführungen zufrieden, denn es zahlt sich später aus.

Eine realistische Entfernung vom Hund im BLEIB sind 15 bis 20 Meter. Können Sie sich bereits so weit von ihrem Hund entfernen, üben Sie auch einmal, außer Sicht zu gehen oder eine starke Ablenkung herbeizuführen, indem Sie in Entfernung auf der Stelle hüpfen, hin und her gehen oder sogar rennen. Dies stellt eine harte Probe für Ihren Hund da. Bleibt er ruhig auf seinem zugewiesenen Platz, dann haben Sie schon eine Menge erreicht.

Rufen Sie jedoch niemals Ihren Hund aus der BLEIB-Position ab. Erst wenn es so sicher wie im letzten Abschnitt beschrieben funktioniert, dürfen Sie auch gelegentlich abrufen, doch von zehnmal höchstens zwei- bis dreimal, ansonsten wird er abgeholt.

SCHAU HER

Mit diesem Kommando sollen Sie jederzeit die Aufmerksamkeit Ihres Hundes auf sich lenken können. Nehmen Sie ein Leckerchen, machen Sie Ihren Hund darauf aufmerksam und halten Sie es sich kurz zwischen Ihre Augen. In dem Augenblick, in dem der Hund dorthin schaut, geben Sie das Kommando „SCHAU HER" und reichen ihm das Leckerchen. Sie wiederholen diese Übung zwei- bis dreimal. Am nächsten Tag führen Sie die Übung ebenso durch. Dann warten Sie ab, bis der Hund Sie nicht beachtet. Nun sagen Sie das Kommando „SCHAU HER". Reagiert er darauf und schaut Sie an, hat die Verknüpfung bereits stattgefunden. Sie müssen ihn natürlich sofort mit einem Leckerchen belohnen. Jetzt können Sie das SCHAU HER mit steigender Ablenkung anwenden, doch belohnen Sie es noch häufig, damit es gefestigt wird.

NEIN

Mit dem Kommando NEIN sollen Sie unerwünschte Handlungen des Hundes unterbrechen. Allein die grollende, energische Stimme, die das NEIN ausspricht, stellt ein deutliches Signal für den Hund da. Doch kann man dem Hund über die nachfolgende Übung das gewünschte Meideverhalten zusätzlich verdeutlichen.

Sie bringen Ihren Sennenhund in einen Raum, von wo aus er Sie nicht beobachten kann. Nun legen Sie ein besonders schönes Leckerchen (größeres Stück Käse oder Fleischwurst) gut sichtbar in einen Raum, in dem der Hund sich jetzt nicht befindet. Sie holen den angeleinten Hund und führen ihn an den Leckerbissen heran. Ihr Sennenhund wird versuchen, den Leckerbissen zu nehmen. Über die Leine hindern Sie ihn daran, während gleichzeitig ein energisches „NEIN" ertönt. Wahrscheinlich wird es der Hund direkt wieder versuchen. Sie halten ihn zurück und zeitgleich ertönt Ihr „NEIN". Manchmal muss man es auch noch ein drittes Mal wiederholen. Ist ein kurzes Innehalten beim Hund zu erkennen, greift man blitzschnell den Leckerbissen, hält dem Hund die geschlossene Hand hin, wartet einen kleinen Augenblick, öffnet die Hand und lässt den Hund mit dem Wort „NIMM'S" den Bissen fressen.

Vermeiden Sie unter allen Umständen, dass der Hund den Leckerbissen vom Boden fressen kann. Üben Sie häufiger, doch in verschiedenen Räumen, an verschiedenen Plätzen und mit verschiedenen Leckerbissen. Üben Sie dann auch im Garten, später auf dem Spaziergang. Der Hund darf nie mitbekommen, dass Sie den Leckerbissen auslegen.

Wenn Sie das Gefühl haben, Ihr NEIN-Kommando hat an Wirkung verloren, können Sie diese Übung durchführen, um es wieder zu verstärken.

AUS

Das Kommando AUS soll der Welpe lernen, um ein Spielzeug, einen Kauknochen oder einen Apportiergegenstand abzugeben. Dieses Kommando soll er auf freundliche Art lernen, denn hiermit ist nicht das Abgeben von unerlaubten Gegenständen gemeint.

Befinden Sie sich mit Ihrem Welpen in einem Beutestreit um ein Spielzeug, dann halten Sie ihm mit der freien Hand ein Leckerchen vor die Nase. In dem Augenblick, in dem er die Spielbeute los lässt, um das Leckerchen zu greifen, sagen Sie AUS. Nun kann er verknüpfen, loslassen heißt AUS. Danach geht das fröhliche Beutespiel weiter. Wenn Sie es so zwei- bis dreimal wiederholt haben, wird Ihr Sennenhund die Übung verstanden haben. Nun sagen Sie „AUS", ohne ein Leckerchen anzubieten. Lässt er auch jetzt los, reichen Sie ihm schnell einen Leckerbissen. Von nun an belohnen Sie ihn unregelmäßig.

Soll Ihr Sennenhund einen unerlaubten Gegenstand abgeben, ist das richtige Kommando dafür NEIN. Um dem ganzen Nachdruck zu verleihen, können Sie zeitgleich einen Schnauzengriff anwenden.

Apportieren

Das Bringen von Gegenständen auf Kommando ist das Ziel dieser Übung. Hat ein Sennenhund das Bringen richtig gelernt, kann man daraus viele Spielarten entwickeln. Gleichzeitig kann man dem Sennenhund hierdurch Aufgaben bzw. Beschäftigung bieten. Jeder Hund ist anders, es gibt einige Rassen, die bereits von ihrem Ursprung her ein gewisses Talent für diese Übung mitbringen, wie Appenzeller und Entlebucher. Diese Rassen lernen es in der Regel recht schnell, weniger talentierte Hunde brauchen meist etwas mehr Zeit, doch ich denke, der Einsatz lohnt sich. In diesem Rahmen kann nur das spielerische Apportieren erklärt werden. Planen Sie eine hundesportliche Ausbildung mit Ihrem Hund, so verwenden Sie für das spielerische Apportieren nicht das Kommando BRING.

Als Erstes muss man wissen, dass man dem Sennenhund hiermit kein Kunststück beibringt, sondern wie bei allen anderen Übungen lediglich eine natürliche Veranlagung nutzt und diese mit einem entsprechenden Kommando verknüpft. Man nutzt also den natürlichen Beutetrieb des Hundes. Jeder Hund, dem man einen Gegenstand interessant gemacht hat, wird diesen besitzen wollen. Wirft man ihn ein paar Meter von sich weg, wird der Hund hinterherlaufen, um diesen Gegenstand aufzunehmen und in Sicherheit (z. B. auf sein Lager) zu tragen. Ja, und das ist das Problem. Der Hund trägt den Gegenstand in Sicherheit, aber mit großer Wahrscheinlichkeit nicht zu Ihnen zurück. Sie müssen also eine Situation schaffen, die dem Hund keine andere Möglichkeit bietet, als mit dem Gegenstand auf Sie zuzulaufen und müssen das „zu Ihnen kommen" so toll und spannend wie möglich gestalten. Aber wie??!!

Ganz einfach: Als Erstes suchen Sie ein Spielzeug für den Welpen aus, das er vielleicht sogar besonders gerne hat, das er gut tragen kann und das nicht zu hart und nicht zu schwer ist, denn während des Zahnwechsels wird er nicht mehr gerne harte Gegenstände tragen wollen.

Dieses Spielzeug machen Sie von sofort an rar, verstecken es in einer Kiste o. Ä., zu dem der Welpe keinen freien Zugang hat.

Jeder hat in seiner Wohnung, seinem Haus zwei Räume, die durch eine Tür oder einen (nicht zu breiten) Durchgang miteinander verbunden

Dem Appenzellerrüden Doolittle von der Erftquelle ist kein Ast zu schwer.

sind. In dem einen Raum befindet sich der Lieblings-Liegeplatz Ihres Welpen, an den er auch seinen Kauknochen und sein Spielzeug trägt, wo sein Körbchen oder seine Decke liegt. Der andere Raum ist relativ neutral und wird vom Welpen weniger „geliebt". Zu den weiteren Vorbereitungen: Sie befinden sich in einer guten Stimmung, haben genug Zeit, Ihr Welpe befindet sich in einer Wachphase, Sie sind mit dem Welpen allein und es besteht auch sonst keine große Ablenkung.

Na, dann kann's los gehen: Sie holen nun mit dem Welpen zusammen dieses tolle Spielzeug aus dem „Versteck" und machen es super interessant für Ihren Welpen, begeben sich währenddessen zu der Verbindungstür, der oben beschriebenen Räume und beginnen ein Beutespiel, streiten also mit Ihrem Welpen um die Beute (das Spielzeug, das Bringsel). Je spannender Sie es gestalten, desto interessierter wird Ihr Welpe mitarbeiten. Ist der Welpe richtig interessiert an dem Bringsel (der Beute) schleudern Sie es ca. 1 bis 2 m über den Boden in den „weniger geliebten Raum". Der Welpe wird hinterherlaufen, wird das Bringsel aufnehmen und wird es nun auf sein Lager bzw. seinen Lieblingsplatz tragen wollen, um es in Sicherheit zu bringen. Dafür muss er an Ihnen vorbei durch den Engpass der Verbindungstür. Und genau diese Situation machen Sie sich zunutze. Hat der Welpe das Bringsel aufgenommen und läuft damit auf Sie zu (natürlich um an Ihnen vorbeizulaufen und an sein Lager zu kommen) sagen Sie einmal das Kommando „BRING". Damit hat der Welpe die Chance, das Kommando mit dem auf Sie Zulaufen zu verknüpfen. Kommt er nun in Ihre Nähe, greifen Sie sofort wieder nach dem Bringsel, ohne es dem Welpen direkt abzunehmen, loben und freuen sich riesig und gleichzeitig geht das tolle Beutestreiten weiter. Hierdurch soll der Welpe lernen: Aha, geh ich mit dem Bringsel zu Herrchen oder Frauli zurück, geht dort das tolle Beutespiel weiter, es lohnt sich also. Diese Übung wiederholen Sie ca. zwei- bis dreimal alle zwei bis drei Tage.

Sollte es dem Welpen gelingen, mit dem Bringsel an Ihnen vorbeizulaufen oder versucht er erst gar nicht, auf Sie zu zulaufen bzw. an Ihnen vorbeizukommen, sondern hält z. B. auf halber Strecke inne und verliert auch noch das Interesse an dem Bringsel, ist das Spiel sofort beendet. Sie beachten den Welpen nicht mehr und natürlich auch nicht das Bringsel. Ist das Bringsel dann auch vollkommen uninteressant für den Welpen geworden, nehmen Sie es auf und bringen es in das „Versteck". Und nach zwei Tagen versuchen Sie es erneut.

Hält der Welpe während des Beutestreitens das Bringsel so fest, dass Sie es nicht frei bekommen, um es evtl. nochmals zu werfen, tauschen Sie es einfach gegen ein Leckerchen. Hat Ihr Sennenhund bereits das Kommando „AUS" gelernt, benutzen Sie dieses dafür.

Am Ende dieser Übung tauschen Sie das Bringsel mit einem Leckerchen und bringen es wieder ins Versteck.

Stellen Sie fest, dass eine Verknüpfung des Kommandos stattgefunden hat, sagen Sie es bereits, wenn Sie das Bringsel werfen. Nun können Sie anfangen, die Ablenkung zu steigern: Suchen Sie andere Räumlichkeiten in der Wohnung/im Haus, werfen Sie „um die Ecke", gehen dann in den Garten, auf den einsamen Waldweg etc.

Bei den ersten Übungen im Garten oder später auch auf freiem Gelände ist es sicherlich vorteilhaft, den Hund an eine 5- bis 10-m-Leine zu nehmen, um das Bringen besser kontrollieren zu können.

Da, wo das Gelände es zulässt, können Sie das Bringen fördern, indem Sie genau in dem Augenblick, in dem Ihr Sennenhund das Bringsel aufgenommen hat, vom Hund weglaufen. Er wird daraufhin umso schneller zu Ihnen kommen. Sollte er sich einmal mit dem Bringsel auf und davon machen, ignorieren Sie ihn einfach und brechen die Übung ab. Üben Sie niemals mit Stöcken, allein schon wegen der Verletzungsgefahr. Über ein Spielzeug können Sie die Spielregeln optimal bestimmen.

Trägt Ihr Sennenhund alles, was er besitzt oder erbeutet grundsätzlich auf sein Lager, dann können Sie die ersten Übungen gut von dort aus aufbauen.

Appenzeller und Entlebucher bringen meist von sich aus geworfene Gegenstände zurück. In dem Fall brauchen Sie nur noch dafür sorgen, dass der Hund ein Kommando damit verknüpft. Also sagen Sie anfangs jedesmal „BRING", wenn er mit einem Gegenstand kommt. Loben Sie ihn dann dafür noch tüchtig und freuen sich riesig, hat er es ganz schnell gelernt.

Ein Tipp: Belohnen Sie Ihren Sennenhund für das Bringen nicht mit einem Leckerchen, da sonst die Gefahr besteht, dass er das Bringsel bereits 2 Meter vor Ihnen fallen lässt, „weil er ja das Maul frei haben muss, um das Leckerchen nehmen zu können." Er sollte lernen, Ihnen das Bringsel in die Hand zu legen. Dafür belohnen Sie stets mit einem kleinen Beutestreit. Zum Abgeben sagen Sie dann AUS. Für das AUS dürfen Sie ein Leckerchen verwenden, wie beschrieben.

Wenn Ihr Sennenhund von sich aus einen Gegenstand trägt oder sogar damit auf Sie zugelaufen kommt, loben Sie ihn sehr dafür. Dadurch fördern Sie seine Apportierfreude.

Unarten

Wolfswelpen stupsen und lecken den Alttieren die Lefzen, wenn diese von der Jagd kommen, damit sie ihnen Futter vorwürgen. Aus diesem Ritual wird dann später eine Unterwerfungsgeste. Der Rangniedere begrüßt den Ranghöheren mit Lefzenlecken. Unsere Hunde zeigen gleiches Verhalten. Damit erklärt man den ausgeprägten Drang der Welpen, Menschen bei der Begrüßung anzuspringen. Unsere Lefzen sind halt sehr hoch und dafür muss man kräftig springen, um seine Untergebenheit zu zeigen. Wird dann das Anspringen durch eine freudige Stimme und Streicheln erwidert, wird dieses Verhalten gefördert und gefestigt.

Wollen Sie **das Anspringen** nicht fördern, müssen Sie vom ersten Tag an stets Ihren Welpen etwas zurückhaltender begrüßen. Begeben Sie sich zusätzlich in die Hocke und halten ihn mit streichelnden Händen auf dem Boden, so dass er gar nicht springen kann. Konsequenz führt Sie ans Ziel. Helfen Sie Ihren Kindern dabei.

Eine weitere Unart ist **das Futterbetteln**. Dagegen sollten Sie ganz klare Regeln aufstellen:

- Ihr Sennenhund bekommt niemals etwas Essbares vom Tisch.
- Er bekommt Futter grundsätzlich nur aus seinem Napf.
- Wenn ein Familienmitglied etwas aus der Hand isst, bekommt der Hund niemals einen Brocken davon gereicht.
- Wenn die Familie Ihre Mahlzeiten einnimmt, bekommt der Hund niemals gleichzeitig Futter, auch kein Leckerchen.
- Ein Leckerchen bekommt der Hund nur, wenn er vorher eine Aufgabe (z. B. SITZ, PLATZ, Pfötchen geben) erfüllt hat.
- Diese Regeln gelten auch für Ihre Gäste.

Manchmal beobachtet man einen Welpen beim **Aufreiten** an größeren Gegenständen oder menschlichen Körperteilen. Als Aufreiten bezeichnet man, wenn der Welpe mit den Vorderbeinen etwas umklammert und dazu wippende Bewegungen im Beckenbereich zeigt. Erlauben Sie ihm dieses Verhalten auf gar keinen Fall, sondern disziplinieren Sie ihn durch Herunterducken kombiniert mit einem energischen „NEIN".

Besuch einer Hundeschule ja oder nein?

Ratsam ist die Teilnahme an Welpenspieltagen, Junghund- und Erziehungskursen immer. Man kann Anregungen und Hilfestellungen bekommen, Erfahrungen austauschen und der Hund hat Kontakte zu Artgenossen. Das Problem ist allerdings, die richtige Schule zu finden. Es ist ganz egal, ob es sich um eine private Hundeschule oder das Kursangebot eines Hundesportvereins handelt. Entscheidend ist die Ausbildungsmethode und die Fähigkeit des Trainers, diese vermitteln zu können. Der Trainer muss Ihnen erklären können, warum er diese Methode anwendet. Sie sollten sich nur für eine Methode entscheiden, die über Spiel und Motivation arbeitet. Die Gruppengröße, die Altersstruktur in der Gruppe und die Gesundheitsvorsorge spielen ebenfalls eine Rolle. Bevor Sie sich für einen Kurs entscheiden, sollten Sie die Möglichkeit erhalten, einmal zuzuschauen. Eine ein- bis zweimalige Teilnahme zur Probe mit Hund sollte die Regel sein. Zur Gesundheitsvorsorge gehört die Impf- und Entwurmungspflicht.

Eine Welpenspielgruppe sollte für Welpen im Alter von acht bis 16 Wochen organisiert werden und pro Trainer nicht mehr als sechs bis acht Welpen umfassen. Neben dem Spielen sollten auch Erziehungsübungen durchgeführt und Tipps und Ratschläge zum Umgang mit dem Welpen gegeben werden. Wollen Sie mehr über den optimalen Aufbau von Welpenspielgruppen wissen, so ist das Buch von Ute Narewski „Welpen brauchen Prägungsspieltage" zu empfehlen.

Eine Junghundgruppe schließt sich im Idealfall an eine Welpenspielgruppe an. Die Junghunde werden nach Alter in Gruppen zusammengeführt. Ideale Altersstufen sind 17 Wochen bis ca. sechs Monate, sieben und acht Monate, ca. neun Monate und älter. Das Spiel der Hunde miteinander tritt langsam in den Hintergrund und die Erziehungsübungen, die am täglichen Leben orientiert sein sollten, werden mit steigender Ablenkung trainiert. Dafür sollten auch verschiedene Übungsplätze aufgesucht werden. Die Gruppengröße pro Trainer sollte sechs bis acht Hunde nicht überschreiten. Theoriestunden sollten zum Programm gehören.

Fragen Sie Ihren Rassezuchtverein, Hundefreunde und Ihren Tierarzt nach empfehlenswerten Adressen.

Die Entwicklungsphasen der Sennenhunde

Die Welpenzeit

Von der 3.–14./16 Lebenswoche durchlebt der Sennenhund die Sozialisierungs-oder Prägungsphase. Das, was der Welpe in dieser Zeit an Erfahrungen macht, bleibt besonders gut im Gedächtnis haften. Ausbleibende Erfahrungen sind kaum mehr nachzuholen. Die Beziehung zu Artgenossen und Menschen wird jetzt gestaltet. Wichtig in dieser Zeit sind verständnisvolle und artgerechte Zuwendung des Menschen, gemeinsame Unternehmungen, das Spiel mit gleichaltrigen Artgenossen und Umwelterfahrungen.

Die Jugendphase

Bis zum 6./7. Monat folgt dann die Jugendphase, erkennbar an der körperlichen Entwicklung des Sennenhundes. Das Welpenhafte geht verloren. Die Kopfform verändert sich, häufig sind sie etwas überbaut und die Beine werden länger. Der Zahnwechsel findet statt. Das Welpenfell wird durch das neue ersetzt. Das erlernte Verhalten wird gefestigt. Im sechsten Lebensmonat kann manchmal eine leichte Unsicherheit beobachtet werden.

Die Pubertät

Im 7.–12. Lebensmonat setzt die Pubertätsphase ein. Erkennbar bei der Hündin an der ersten Läufigkeit, beim Rüden an den ersten Versuchen, das Bein zu heben. Appenzeller und Entlebucher können durchaus auch schon früher in diese Phase kommen, der Große und der Berner manchmal auch erst nach dem 12. Lebensmonat.

Hündinnen können kurz vor und während der ersten Läufigkeit sehr sensibel sein. Doch im Allgemeinen verläuft die Pubertätsphase bei Hündinnen recht problemlos.

Anders kann es bei einem Rüden sein. Die Hormone bringen ihn zeitweise ganz schön durcheinander. Eine nicht läufige, aber gut riechende Hündin bringt ihn glatt aus dem Häuschen und er vergisst alles um sich herum. Er versucht aufzureiten und Deckbewegungen auszuführen. Die Abwehrreaktionen der Hündin werden oftmals ignoriert. Lassen Sie nicht zu, dass Ihr Rüde eine Hündin so stark bedrängt. Disziplinieren Sie ihn, indem Sie ihn im Nackenfell packen und herunterducken. In dieser Phase versuchen junge Rüden andere, meist gleichaltrige oder jüngere, durch Aufreiten zu dominieren. Auch dieses Verhalten sollten Sie unterbinden. Der Umwelt gegenüber können beide Geschlechter während dieser Zeit leichte Unsicherheiten zeigen.

Auch der Gehorsam lässt nach. Der Sennenhund ignoriert häufig Ihre Kommandos. Auf dem Spaziergang werden entgegenkommende Hunde interessanter als das schönste Leckerchen. Bewahren Sie Geduld, geben Sie Kommandos nur, wenn Sie die Ausführung kontrollieren können. Üben Sie kontinuierlich weiter und setzen Sie viel Motivationshilfen ein. Ändern Sie nicht Ihr Verhalten dem Hund gegenüber, indem Sie nach harten Korrekturmaßnahmen greifen. Das Vertrauen könnte darunter leiden. Reagieren Sie konsequent, vorausschauend und verständnisvoll. Beachten Sie während dieser Phase besonders die Regeln, die Ihre Rudelführerschaft demonstrieren.

Eine zweite Pubertätsphase findet zwischen dem 12.–18. Lebensmonat statt. Bei der Hündin ist sie kaum merkbar. Rüden zeigen vorübergehend ein verstärktes Interesse an Hündinnen und versuchen sich auch durch gewachsenes Selbstbewusstsein häufiger mit anderen Rüden zu messen oder ordnen sich nicht mehr jedem älteren Rüden bedingungslos unter.

Mit zwei Jahren ist Ihr Sennenhund selbstbewusster und erwachsener geworden. Sein Wesen ist jetzt gefestigt. Sein Wachstum ist endgültig abgeschlossen. Die beiden größeren Sennenhund-Rassen werden sich noch bis zum dritten Lebensjahr körperlich ausformen.

Mit drei Jahren sind Sennenhunde dann erwachsen. Sie werden merklich ruhiger, selbst die temperamentvollen Appenzeller. Doch manchmal vergessen Sie glatt das Erwachsensein und benehmen sich vorübergehend übermütig und ausgelassen wie im ersten Lebensjahr.

Ein paar Worte zur Rangordnung

Auch Sennenhunde sind Rudeltiere. Ein Rudel kann nur durch ein hoch entwickeltes Sozialverhalten bestehen, das Hunde untereinander haben, und durch eine klare Rangordnung, die die Machtverhältnisse innerhalb der Gemeinschaft deutlich macht.

Lebt ein Hund nun in einer menschlichen Gemeinschaft, kann er sich dort nur wohl fühlen und zurechtfinden, wenn ihm diese Grundlagen geboten werden. Er ist nicht in der Lage, menschliches Verhalten oder Denken anzunehmen. Somit müssen wir versuchen, uns in seine Weltanschauung hineinzuversetzen. Nur dann wird er sich problemlos einfügen. Werden diese Grundsätze von uns Menschen nicht befolgt, kommt es zu Problemen in der Mensch-Hund-Beziehung.

Sennenhunde ordnen sich gerne unter, doch brauchen Sie dafür klare Vorgaben. Sprunghaftigkeit, indem man eine Sache mal verbietet und mal erlaubt, zeugt von mangelnder Konsequenz, und das darf man sich nicht leisten.

Selbstbewusste junge Entlebucherin.

157

Wie ist ein Rudelführer?

In einem Hunderudel ist er sicher nicht der Aggressivste, denn der lebt gefährlich. Ein Rudelführer ist in der Regel weniger kampfbereit, denn Kampf bedeutet Schwächung und evtl. Herabsetzung der Überlebenschance. Ein Rudelführer zeichnet sich durch Überlegenheit aus und wird sich stets so verhalten, dass weder er noch das Rudel gefährdet werden. Diese Überlegenheit gibt auch Sicherheit und Vertrauen. Seine übergeordnete Stellung im Rudel muss er nicht durch Kämpfe ständig festigen oder bestätigen, sondern er stellt sie sozusagen zur Schau durch bestimmte Verhaltensweisen.

Tabelle 7   Eigenschaften eines Rudelführers

Der Hund als Rudelführer...	Der menschliche Rudelführer...
1. ...bestimmt den Weg.	1. ...geht in Engpässen voran, der Hund hat zu folgen (z.B.Türen,Treppen). Der Hund darf niemals an der Leine zerren.
2. ...bestimmt den Angriff was und wie.	2. ...bestimmt Anfang und Ende des Spiels und was und wie gespielt wird.
3. ...ignoriert die Annäherungen der anderen Rudelmitglieder.	3. ...bestimmt Anfang und Ende von Streicheleinheiten und ignoriert das Einfordern von Streicheleinheiten. Eine regelmäßige Fellpflege sollte der Hund dulden.
4. ...lässt sich hoheitsvoll begrüßen.	4. ...sollte sich bei der Begrüßung reservierter verhalten und nicht so albern sein wie der Hund.
5. ...erwartet, dass andere den Weg räumen.	5. ...fordert den Hund immer mal wieder auf, den Weg zu räumen, wenn er da liegt, wo er entlanggehen muss.
6. ...duldet kein über sich Hinwegsteigen.	6. ...sollte jederzeit über den Hund hinwegsteigen können.
7. ...diszipliniert und/oder hält die Untergebenen auf Distanz durch Anstarren, starre Körperhaltung, Griff über den Fang, Herunterducken, Ignorieren, auf den Rücken Drehen.	7. ...wendet die gleichen Maßnahmen an.

Wie erkennt man einen Rudelführer?

In der nachfolgenden Tabelle sehen Sie auf der linken Seite, was eine Rudelführerschaft ausmacht und auf der rechten Seite, wie wir Menschen uns dieses Verhalten zu eigen machen können, um unserem Hund unsere Rudelführerschaft zu demonstrieren.

Punkt 3 dieser Tabelle fällt den meisten Hundefreunden am schwersten. Sind Sie hierbei inkonsequent und geben dem Schmusedrang Ihres Sennenhundes häufig nach, ist es nicht tragisch, solange Sie jederzeit Ihren Vierbeiner wegschicken können, wenn Sie ihn mal nicht streicheln wollen.

Mit nachfolgenden Maßnahmen können Sie ebenfalls Ihre Rudelführerschaft festigen:

- Ihr Sennenhund erhält sein Futter, nachdem Sie gegessen haben, niemals unmittelbar davor. Üben Sie schon mit dem Welpen, ihm die noch gefüllte Futterschüssel und den Kauknochen kurz wegzunehmen. Gehen Sie dabei ruhig und freundlich vor. Loben Sie ihn für richtiges Verhalten und geben Sie ihm die Schüssel oder den Knochen dann wieder zurück.
- Gewöhnen Sie bereits den Welpen daran, sich überall von Ihnen anfassen zu lassen. Tasten Sie ihn dafür am ganzen Körper ab, einschließlich der Rute und der Pfoten. Kontrollieren Sie seine Ohren, Augen und Zähne. Gehen Sie dabei ruhig und freundlich vor.
- Während einer Spiel- oder Schmusephase sollten Sie ihn immer mal wieder freundlich auf den Rücken drehen, was er sich problemlos gefallen lassen sollte.
- Setzen Sie sich auch mal auf seine Decke oder in sein Körbchen, auch dies hat er zu akzeptieren.
- Gestatten Sie Ihrem Sennenhund nicht, auf erhöhten Plätzen wie Sofa, Sessel oder Bett zu liegen.

Wenn Sie diese Regeln beim Welpen schon üben und fortsetzen, werden Sie später keine Führerprobleme bekommen. Beherzigen Sie diese Regeln nicht und sind auch ansonsten in Ihrem Verhalten dem Hund gegenüber recht inkonsequent, kann es passieren, dass Ihr Hund Sie nicht für einen geeigneten Rudelführer hält und versucht, selbst diese Rolle zu übernehmen. Daraus können vielfältige Probleme entstehen.

Kinder und Hunde – Hunde und Kinder, alles kein Problem?

Kinder lieben Hunde. Wie abenteuerlich, lebendig, ideenvoll ist ein wirklicher Hund im Vergleich zu einem Stofftier! Der schaut einen an, den kann man lieb haben, der vertraut einem und dem kann man sein ganzes Kinderherz ausschütten. Ein Hund hilft, mit anderen Kontakt zu finden. Denn wer einen Hund hat, ist beliebt. Besonders gehemmte, kontaktscheue Kinder profitieren davon. Kinder brauchen Brücken zu Menschen. Ein Sennenhund kann eine solche Brücke sein. Er ist ein echter Kumpel, man kann mit ihm spielen, laufen, toben und schmusen. Man kann und muss aber auch Verantwortung für ihn übernehmen. Man muss lernen, Rücksicht zu nehmen und eigene Bedürfnisse zurückzustecken. So hat man festgestellt, dass Kinder, die mit Tieren aufwachsen, weniger aggressiv sind, sich besser mit Mitschülern vertragen, ein ausgeprägtes Sozialverhalten und mehr Verantwortungsbewusstsein zeigen, darüber hinaus seelisch ausgeglichener, fröhlicher und einfühlsamer sind. Gründe genug, einen Sennenhund in die Familie aufzunehmen. Doch eine Beziehung zwischen Kind und Hund wird nur dann wirklich gut, wenn verantwortungsbewusste Eltern diese gestalten.

Wenn der Welpe einzieht, wird er Kinder bis etwa fünf Jahre als gleichrangig, nämlich als Welpe, einstufen und alle älteren Familienmitglieder als übergeordnet ansehen. Doch nun ist es so, dass der Welpe sehr viel schneller wächst im Vergleich zu den Kindern und somit verändert sich seine Rangposition im Rudel bereits mit Einsetzen der Pubertät. Er erkennt, dass Kinder den erwachsenen Personen im Rudel untergeordnet sind, da sie noch unselbstständig und hilfs- bzw. pflegebedürftig sind.

Der ältere Sennenhund, der Pubertät entwachsen, teilt sein Rudel in etwa so ein:

- Ein Elternteil ist für ihn der Rudelchef, wahrscheinlich der, der die Erziehung übernimmt. Alle anderen sind diesem „Leithund" untergeordnet.
- Als nächstes kommen die anderen Erwachsenen.
- Ältere Kinder ab ca. zwölf Jahren ordnet er als gleichrangig ein. Solange sie ihm seinen Rang nicht streitig machen, haben sie gleiche Rechte.
- Kinder unter zwölf Jahren sind für ihn nachgeordnet. Überschreitet ein Rangniederer seine Toleranzgrenze, weist er ihn vielleicht in seine Schranken zurück.

Verantwortungsvolle Eltern sorgen dafür, dass Kinder und Sennenhunde dicke Freunde werden.

Sennenhunde sind Kindern gegenüber sehr tolerant.

- Kinder bis fünf Jahre haben bei ihm eine gewisse „Narrenfreiheit". Sie sind ihm nachgeordnet und er stuft sie als Welpe ein. Wie weit so ein Kleinkind gehen darf, hängt wiederum ganz von seiner Toleranzgrenze ab.

Ist diese Toleranzgrenze erreicht, wird der Hund es deutlich zeigen. Vielleicht geht er einfach nur weg, um seine Ruhe zu haben. Es kann auch sein, dass er brummt oder jault oder gar knurrend die Zähne zeigt. Hier ist das Kind deutlich zu weit gegangen. Die Handlung, die dazu geführt hat, muss sofort beendet werden.

Nachfolgend ein paar Regeln für Kinder im Umgang mit Hunden:

- Hunde muss man so behandeln, wie man selbst auch gern behandelt werden möchte!
- Man muss den Besitzer fragen, bevor man zu einem fremden Hund geht oder ihn anfasst!
- Einem Hund soll man nicht starr in die Augen schauen!
- Am Schwanz des Hundes zieht man nicht und man muss aufpassen, damit man nicht darauf tritt!
- Wenn der Hund frisst, will er seine Ruhe haben, deshalb nehme ihm dann niemals das Futter weg!
- Eingesperrte Hunde darf man niemals ärgern!
- Wenn Hunde miteinander raufen, gehe niemals dazwischen!
- Laufe niemals vor einem Hund davon, auch wenn du Angst hast!
- Wenn ein Hund dich mit den Zähnen festhält, solltest du dich nicht bewegen!
- Spiele nur dann mit einem Hund, wenn ein Erwachsener in der Nähe ist!
- Vermeide alles, was ein Hund als Bedrohung auffassen könnte!
- Schreie einem Hund niemals ins Ohr!
- Störe einen Hund niemals im Schlaf!
- Ziehe einen Welpen niemals an den Vorderpfoten vom Boden hoch!

Und noch ein paar Regeln für die Eltern:

- Kinder unter zwölf Jahren sollten einem Hund nur im Beisein der Eltern Kommandos erteilen dürfen.
- Kinder unter 14 Jahren dürfen einen Hund nur selbstständig spazieren führen, wenn sie dem Hund körperlich gewachsen sind. Bedenken Sie, was passieren könnte, wenn ein Hund an der Leine ein Kind auf die Straße zieht oder er sich losreißt und das Kind hinter ihm her auf die Straße rennt aus lauter Angst um den geliebten Kumpel.
- Kinder können Hunden mit Ihrer Hilfe kleine Kunststücke beibringen. Dabei können sie den richtigen Umgang mit dem Hund lernen. Doch die Erziehung müssen Sie übernehmen.

Sennenhunde sind in der Regel sehr tolerant gegenüber Kindern. Und viele Kinder haben auch heute noch genau das richtige Gefühl für einen vierbeinigen Freund. Sie haben es nun in der Hand, eine glückliche Kind-Hund-Beziehung aufzubauen.

Mit Sennenhunden unterwegs

Schweizer Sennenhunde und die Jahreszeiten

In der kühleren Jahreszeit sind die Schweizer Sennenhunde so richtig in ihrem Element. Ist es trocken und kalt, können sie gar nicht genug bekommen von Spaziergängen oder andern Aktivitäten im Freien. Fallen dann noch die ersten Schneeflocken, sind sie erst recht aus dem Häuschen. Nicht selten machen sie dann regelrechte Luftsprünge oder bekommen die „Rennwut", indem sie wild durch den Schnee flitzen vor lauter Lebensfreude.

In diesem wilden Schneegestöber bilden sich an den langen Haaren der Berner im Bauch- und Pfotenbereich häufig kleine Schneeballen, die Sie nach dem Spaziergang mit lauwarmem Wasser auftauen müssen. Allen vier Sennenhunden cremen Sie im Winter vor jedem Spaziergang die Pfotenballen mit einer Fettcreme (Melkfett oder Vaseline) ein, damit die Pfoten nicht vom Streusalz angegriffen werden.

Bei sommerlichen Temperaturen hingegen fühlen sich die Sennenhunde nicht ganz so wohl. Aufgrund des dichten, schwarzen Haarkleides

Komm, spiel mit uns im Schnee...

Urlaub am Meer, das lieben viele Sennenhunde sehr. (Großer Schweizer Hündin)

Das Leben ist einfach nur schööön! (Berner)

lässt sich die Hitze schlecht ertragen. Sie suchen dann von sich aus kühle Liegeplätze. Sorgen Sie dafür, dass Ihr Sennenhund auch immer einen kühlen, schattigen Platz finden kann. Aktivitäten mit Ihrem Sennenhund wie Spaziergänge, Sport oder sonstige Beschäftigungen verlegen Sie in die frühen Morgen- und Abendstunden. Trinkwasser muss natürlich immer zur Verfügung stehen. Eine Abkühlung ist stets willkommen. Ist Ihr Sennenhund wasserbegeistert und in Ihrer Nähe befindet sich ein Gewässer, in dem er schwimmen oder plantschen kann, dann gönnen Sie ihm diese Abkühlung.

Die Wasserbegeisterung der Sennenhunde ist sehr unterschiedlich. Es gibt welche, die würden niemals mit der Pfote durch eine Pfütze laufen, andere gehen so weit ins Wasser, wie sie noch stehen können und plantschen, hüpfen und springen vor Freude durchs kühle Nass. Dann gibt es welche, die sich durch nichts davon abhalten lassen, in jedem Gewässer erst mal ein paar Runden zu schwimmen. Die ganz Verrückten finden es sogar noch toll, bis auf den Grund zu tauchen, um irgendeinen dummen Stock oder einen anderen Gegenstand heraufzuholen und an Land zu bringen. Regelrechte Wasserfans findet man besonders häufig unter den Appenzellern und Entlebuchern. Es gibt von allen vier Sennenhundrassen bestimmte Zuchtlinien, die gehäuft wasserbegeisterte Hunde hervorbringen.

Mit Sennenhunden in den Urlaub

Urlaub ist die schönste Jahreszeit, das finden Sennenhunde auch. Doch eine Städte- oder Studienreise mögen Sennenhunde nicht so gerne. Dabei sind Hunde auch in der Regel unerwünscht. Eine Reise ans Meer, in die Berge, aufs Land oder an einen See wird Ihren Sennenhund begeistern.

Werden bei uns die Koffer gepackt, werden unsere Berner immer schon ganz unruhig und liegen meistens in der Nähe des Autos, damit wir sie auch nicht vergessen. Es gibt heute viele hundefreundliche Hotels und Pensionen oder Ferienhäuser und -wohnungen, in denen Hunde erlaubt sind. Geht Ihre Reise ins Ausland, so ist es wichtig, dass Sie sich rechtzeitig nach den Einreisebestimmungen des Landes für Hunde erkundigen. Sind Sie mit Ihrem Sennenhund unterwegs, müssen Sie immer den Impfausweis dabei haben.

Alles, was Ihr Sennenhund zu Hause braucht, müssen Sie auch mit in den Urlaub nehmen. Eine Decke, auf der er schlafen kann; seine Pflegeutensilien; Spielzeug; was zum Knabbern; Wasser- und Futternapf und evtl. auch Futter für die ersten Tage und für die ganze Reise, wenn nicht sichergestellt ist, dass Sie am Urlaubsort das Futter kaufen können, das er gewohnt ist.

Bei extremer Kälte dürfen Sie Ihren Sennenhund nicht für längere Zeit im Auto zurücklassen und im Sommer bei hohen Temperaturen natürlich auch nicht. Haben Sie Ihr Auto in der Sonne geparkt, dann lüften Sie es gut durch, bevor Sie einsteigen und losfahren. Haben Sie keine Klimaanlage im Auto, so können Sie Ihrem Sennenhund ein altes angefeuchtetes T-Shirt anziehen. Damit erträgt er die angestaute Hitze im Auto leichter. Haben Sie längere Strecken bei sommerlichem Wetter zu fahren, legen Sie die Reise besser in die frühen Morgenstunden. Gönnen Sie Ihrem Sennenhund mindestens alle zwei Stunden eine Pause.

Trinkwasser für unterwegs haben Sie natürlich immer dabei.

Hundebegegnungen

Welpen und Junghunde haben bis zur Pubertät eine gewisse Narrenfreiheit gegenüber älteren Hunde, was allgemein als Welpenschutz bezeichnet wird. Doch verlassen Sie sich nicht darauf, dass jeder erwachsene Hund diese Toleranz zeigt. Nicht jeder erwachsene Hund ist optimal sozialisiert worden und kann deshalb Verhaltensprobleme zeigen. Also lassen Sie Ihren Welpen nicht auf jeden unbekannten Hund zulaufen, besonders nicht, wenn dieser angeleint ist. Der Besitzer wird einen Grund haben, ihn angeleint zu führen.

Schon den Welpen sollten Sie darauf trainieren, zuerst zu Ihnen zu kommen, wenn Ihnen ein Hund entgegenkommt. Läuft der andere Hund frei, dann halten Sie Ihren Sennenhund so lange in Ihrem Einwirkungsbereich, bis eine Distanz von 15 bis 20 Metern erreicht ist. Jetzt können Sie ihn mit einem Kommando frei geben. Ihr Sennenhund soll also lernen, nicht auf jeden entgegenkommenden Hund gleich zuzulaufen, sondern soll erst Ihre Erlaubnis abwarten.

Ist der andere Hund angeleint, wird Ihr Sennenhund natürlich auch angeleint. Trifft man dann aufeinander, kann man sich abstimmen und die Hunde miteinander laufen lassen.

Erwachsene Rüden untereinander demonstrieren gerne Ihren Rang. Das sieht manchmal schlimmer aus, als es wirklich ist. Treffen zwei frei laufende Rüden aufeinander, dann ist es immer besser, wenn die Besitzer nicht stehen bleiben, sondern einfach weitergehen oder zumindest in Bewegung bleiben, bis die beiden geklärt haben, wer der stärkere ist. Wichtig ist es, nicht in die Nähe des eigenen Rüden zu gehen, denn sonst glaubt er sich unterstützt und fühlt sich viel stärker, als er eigentlich ist. Beobachtet man, dass sich beide in starker Imponierhaltung zeigen – dafür richten sie sich groß auf und die Rute wird starr über den Rücken getragen – und weicht dabei keiner dem Blick des anderen aus, ist es besser, eine Ablenkung herbeizuführen. Rufen Sie einmal kurz grollend dazwischen. Dann müssen sich beide neu orientieren und die Konfrontation ist erst einmal beendet. Baut sich diese Situation immer wieder von neuem auf, sollten sich beide Besitzer in verschiedene Richtungen entfernen und die Begegnung damit beenden.

Zwei Rüden, die sich immer gut verstehen, können auch einmal aneinander geraten, wenn eine gut riechende Hündin ins Spiel kommt oder Futter, Kauknochen und Spielzeug zum Streitobjekt werden. Treffen Sie entsprechende Vorkehrungen.

Bekommen Sie Besuch von Hundefreunden, die ihren Hund oder Ihre Hunde mitbringen, ist es immer besser, wenn die Hunde sich zuerst auf neutralem Boden begrüßen können. Während des Besuches sollte in Haus und Garten weder Futter noch Spielzeug herumliegen, weil es einen Streit begünstigen könnte.

Ein paar Tipps:

- Lassen Sie Ihren Sennenhund von Welpenbeinen an nie angeleint mit anderen Hunden spielen. Leine dran, muss für den Hund bedeuten, dass er sich auf Herrchen oder Frauchen zu konzentrieren hat. Leine ab, und er darf alles tun, was erlaubt ist. Hunde fühlen sich angeleint immer stärker, als sie sind. Denn am anderen Ende der Leine ist ja Herrchen oder Frauchen und stärkt den Rücken.

- Lassen Sie Hunde miteinander spielen, nehmen Sie immer die Halsbänder ab, denn die Verletzungsgefahr ist einfach zu groß, besonders wenn es sich um Kettenhalsbänder handelt. So mancher Hund ist schon mit einem Zahn in der Kette des Mitspielers hängen geblieben, hat sich dadurch den Zahn herausgerissen oder Panik bekommen, weil er nicht mehr los kam.

Sennenhunde brauchen Aufgaben

Der tägliche Spaziergang

Den täglichen Spaziergang braucht Ihr Sennenhund nicht nur, um seinen Bewegungsdrang ausleben zu können. Da gibt es unterwegs jede Menge zu erschnüffeln. Dieses Schnüffeln ist für ihn wie Zeitunglesen. Er erkennt genau, wer schon vor ihm dagewesen ist, wohin er gegangen ist und vieles mehr.

Doch sollten Sie nicht einfach nur mit Ihrem Hund laufen, sondern den Spaziergang gestalten. Sorgen Sie dafür, dass sich Ihr Sennnenhund gerade im ersten Lebensjahr nicht zu sehr verselbstständigt. Damit beugen Sie auch einem evtl. vorhandenen Jagdtrieb vor. Beachten Sie folgende Regeln:

- Ihr Sennenhund sollte außer für ein Häufchen den Waldweg nicht verlassen. Ein energisches „NEIN" sollte reichen mit einem anschließenden Lob für richtiges Verhalten.
- Er sollte sich nie mehr als 10 bis 15 Meter von Ihnen entfernen dürfen, denn ab einer größeren Distanz haben Sie ihn nicht mehr unter Kontrolle.
- Verstecken Sie sich häufig während des Spaziergangs, besonders dann, wenn Sie das Gefühl haben, dass Ihr Sennenhund Sie nicht beachtet. Können Sie sich irgendwann nicht mehr verstecken, weil er Sie nicht mehr aus den Augen lässt, haben Sie das Ziel erreicht.
- Sind Sie mit mehreren Personen unterwegs, kann sich eine Person verstecken und der Hund muss sie suchen – ein toller Spaß für Kinder.
- Sie können ihn ebenfalls auf sich aufmerksam machen, indem Sie einfach mal abrupt die Richtung wechseln.
- Unterwegs führen Sie täglich einige Gehorsamsübungen durch.
- Leinen Sie Ihren Sennenhund immer mal für kurze Zeit dort an, wo er sonst frei laufen darf.
- Lassen Sie ihn unterwegs kleine Geschicklichkeitsübungen ausführen. Er könnte über einen Baumstamm balancieren oder darüber springen. Lassen Sie ihn mal unter einer Bank her kriechen oder einen Slalom um ein paar Bäume laufen. Mit zwei Personen können Sie einen großen Stock halten, über den er springen muss. Ihre Fantasie sollte keine Grenzen kennen. Doch beachten Sie stets eine mögliche Verletzungsgefahr.

- Lenken Sie immer mal zwischendurch seine Aufmerksamkeit auf sich. Sie können ihn rufen, mit Spiel oder Leckerchen belohnen und dann wieder laufen lassen. Oder Sie rollen ein Leckerchen, hinter dem er herjagen kann.
- Nehmen Sie stets ein Spielzeug mit und spielen Sie unterwegs auch mal mit ihm.
- Ein Spielzeug kann man auch verstecken, z. B. in einem Laubhaufen, und es ihn suchen lassen
- Sie können auch unterwegs eine Verlorensuche mit ihm machen (siehe Suchspiele). Auf diese Weise habe ich bei einer Wanderung schon mal einen verlorenen Handschuh wiedergefunden.

Doch ein Spaziergang erfordert noch weitere Disziplin. Bei Begegnungen mit Joggern, Radfahrern oder Reitern rufen Sie Ihren Sennenhund jedesmal zu sich, lassen ihn sitzen und warten, bis derjenige an Ihnen vorbei ist. Denn schließlich wissen die Personen ja nicht, dass Ihr Sennenhund zu der Gruppe „tut nichts" gehört. Auch bei Begegnungen mit anderen Spaziergängern kann es ratsam sein, den Hund zu rufen, denn nicht jeder ist ein Hundefreund. Rücksicht sollte stets das oberste Gebot sein. Wir halten es mit unsern drei Bernern immer so und ihr Gehorsam wird dafür häufig bewundert. Kommt uns ein angeleinter Hund entgegen, leinen wir unsere Berner auch an. Läuft der Hund frei, halten wir unsere noch bis zu einer Distanz von 10 bis 20 Metern bei uns und geben sie dann frei.

Das Versteckspiel mit einem Appenzeller oder Entlebucher ist oftmals gar nicht möglich, da sie aufgrund ihres Hütetriebes ihre Menschen nicht aus den Augen lassen.

Eine Familie mit einer Entlebucherhündin feierte Kindergeburtstag. Zu den eigenen zwei Kindern waren noch acht andere eingeladen. Die Gruppe unternahm einen Waldspaziergang, um unterwegs einige Spiele zu machen. Die junge Entlebucherin Abby hatte auch die fremden Kinder gleich als ihr Rudel anerkannt und sah es nun als ihre Aufgabe an, diese Gruppe zusammenzuhalten. Sie können sich bestimmt vorstellen, was Abby für einen Stress hatte bei zehn quirligen Kindern. Doch den meisten Spaß hatten alle gemeinsam, als sich die Kinder verstecken durften und Abby musste sie suchen. Was sie natürlich ganz ohne Aufforderung tat. Sie war dann auch sichtlich erleichtert, als alle wieder zusammen waren.

Sennenhunde als Joggingpartner

Appenzeller und Entlebucher würden sich über so einen sportlichen Menschen freuen. Der Berner und der Große gehen zwar leidenschaftlich gerne spazieren, aber ein solches Lauftraining wird keine Begeisterung bei ihnen auslösen. Aus Liebe zu ihrem Menschen würden sie sich anschließen, aber sicher nicht aus Freude am Laufen.

Beginnen Sie das regelmäßige Lauftraining nicht vor Beendigung des ersten Lebensjahres. Behandeln Sie Ihren Sennenhund beim Training fair wie einen Sportskollegen. Das bedeutet, bevor Sie starten, darf der Sennenhund erst einmal eine ausgiebige Schnüffel- und Gassirunde drehen. Denn während des Laufens hat er dafür keine Zeit mehr. In den ersten Wochen und in Gefahrenbereichen müssen Sie ihn angeleint mitführen. Beginnen Sie mit kurzen Strecken und steigern Sie sie langsam. Ist für Sie ein Waldlauf von 10 km ein normales Pensum, so braucht Ihr Sennenhund schon zwei bis drei Wochen Training, um mithalten zu können. Sie werden mir sicher widersprechen und sagen, ein Hund ist ein Lauftier, dem machen 10 km gar nichts, die läuft der dreimal in gleicher Zeit... Darf der Hund laufen, wie er möchte, so gebe ich Ihnen recht. Doch beim Joggen muss der Hund flott folgen und ihm wird ein ziemlich einseitiger Bewegungsablauf abverlangt. Das bedeutet, dass nur bestimmte Muskelpartien stark beansprucht werden. Darum muss ein Hund genau wie ein Mensch langsam aufgebaut werden. Hunde können auch Muskelkater bekommen.

Bei starker Hitze laufen Sie in den frühen Morgen- oder Abendstunden. Kleinere Waldläufe von 3 bis 5 km sind auch für den Berner und Großen kein Problem.

Sennenhunde am Fahrrad

Was für das Joggen gilt, gilt auch für das Fahrradfahren. Der Sennenhund muss mindestens zwölf Monate alt sein. Beginnen Sie langsam mit dem Training. Hier geht es nicht nur um den Aufbau bestimmter Muskelpartien, sondern auch die Pfoten können durch langes Laufen auf harten Böden stark strapaziert werden. Ein untrainierter Hund läuft sich dabei leicht mal eine Blase zwischen den Pfotenballen. Gewöhnen Sie Ihren Sennenhund langsam daran, neben dem Fahrrad zu laufen. Zuerst schieben Sie das Fahrrad, während er rechts daneben angeleint mitläuft. Dann erst fahren Sie ein kurzes Stück mit dem angeleinten Hund. Das Tempo muss stets dem Hund angepasst werden, d. h., der Sennenhund muss einen leichten, ausdauernden Trab laufen können. Im Straßenverkehr muss der Hund dafür auf der rechten Seite laufen. Also auf der dem Straßenverkehr abgewandten Seite. Das muss in gefahrenfreien Zonen trainiert werden.

Dass der Grundgehorsam vor Beginn des Fahrradtrainings gefestigt sein muss, versteht sich von selbst. Ein Sennenhund, der plötzlich in die stramme Leine läuft, zieht Sie damit glatt vom Fahrrad.

Appenzeller und Entlebucher werden gerne mitlaufen. Berner und Großer werden auf kurzen Strecken bereitwillig mitgehen, da mit dem Menschen zusammen zu sein, immer noch besser ist, als allein zu Hause zu sein. Doch lange Strecken werden letztere nicht begeistern.

Sennenhunde als Reitbegleithund

Sind Sie ein Pferdefan und wollen Ihren Sennenhund auf Ausritten mitführen? Dann gilt auch hier die Devise, dass man erst langsam zu einem Team zusammenwachsen muss, um dies tun zu können. Gewöhnen Sie bereits den Welpen an Ihr Pferd. Gehen Sie dabei vorsichtig und behutsam für beide Seiten vor. Lassen Sie den Welpen nicht unangeleint zwischen den Pferdebeinen laufen. Er weiß noch nicht, welche Gefahr davon ausgehen kann. Auch das frommste Pferd kann mal nach einer Fliege schlagen und dabei zufällig den Welpen treffen. Sie können bereits mit dem Welpen und dem Pferd zusammen kleine Gänge machen. Dafür führt eine Person das Pferd und eine zweite den angeleinten Welpen. Mit zunehmendem Alter des Hundes können solche Spaziergänge auch ausgedehnt werden. So gewöhnen sich beide auf angenehme Weise aneinander. Später führen Sie mit dem angeleinten Sennenhund Gehorsamsübungen neben dem Pferd durch. Ist der Hund ein Jahr alt und sein Grundgehorsam gefestigt, kann es gemeinsam losgehen.

Ihr Sennenhund sollte als Reitbegleiter die Kommandos FUSS, HIER, SITZ, PLATZ, BLEIB, VORAUS und SITZ oder PLATZ AUF ENTFERNUNG kennen und sicher beherrschen. Werden alle diese Kommandos vom Hund ausgeführt, während Sie gleichzeitig Ihr Pferd führen, dürfen Sie den ersten kleinen gemeinsamen Ausritt wagen. Ihr Sennenhund muss auch lernen, vom Pferd aus angeleint geführt zu werden. Die Leine muss dabei so viel Spiel haben, dass der Hund ausweichen kann, wenn sich das Pferd mal erschreckt. FUSS bedeutet für den Hund, auf der rechten Seite neben dem Pferd zu gehen. In Engpässen geht der Hund voraus.

Appenzeller und Entlebucher sind hier natürlich wieder aufgrund Ihrer Ausdauer die idealen Begleiter. Ich selber habe drei Haflinger und führe meine Berner auch bei Ausritten mit. Allerdings nur immer einen Hund und nur in der kalten Jahreszeit, wenn ich gemütliche Schrittausritte mit den Pferden unternehme. Der Berner kann dabei sein Tempo selbst bestimmen. Ich lasse den Berner meistens frei laufen, bin aber stets in der Lage, ihn sofort ins FUSS zu rufen. Es ist interessant zu beobachten, wie Pferd und Hund sich mit der Zeit aufeinander abstimmen. Bleibt der Hund etwas zurück, schaut sich das Pferd schon mal unruhig um. Kommt ein Engpass, bleibt das Pferd manchmal ohne mein Zutun stehen, weil es weiß, dass der Hund vorgehen muss. Ein wunderschönes Gefühl, auf dem

Rücken eines Pferdes mit dem Hund als Begleiter die Natur erleben und genießen zu können.

Lasten tragen

Gerade für den Berner und Großen Schweizer ist das Lasten tragen eine geeignete Beschäftigung. Die Großen Schweizer sind im Zweiten Weltkrieg häufig dafür eingesetzt worden, Lasten durch unwegsame Bergregionen zu tragen. Heute kann man auch so genannte Trage- oder Satteltaschen für Hunde kaufen, die dem Hund im Bereich der Schultern aufgelegt und um den Bauch verschnallt werden, damit sie nicht verrutschen können. Rechts und links vom Körper liegen dann die Taschen, die man mit verschiedenen Utensilien füllen kann. Auf Wanderungen kann der Schweizer darin sein Futter oder Spielzeug selber tragen. Gewichte bis zu 5 kg stellen für den Sennenhund kein Problem da. Lasten dürfen Sennenhunde natürlich erst nach Vollendung des ersten Lebensjahres tragen.

Gewöhnen Sie Ihren Sennenhund während eines Spaziergangs an die Tragetaschen. Lassen Sie ihn erst ausgiebig frei laufen, schnüffeln und sein Geschäft erledigen. Dann legen Sie ihm die Packtaschen um und führen ihn angeleint ein kurzes Stück. Loben Sie ihn tüchtig. Dann nehmen Sie ihm die Taschen wieder ab und spielen zur Belohnung ausgiebig mit ihm. Das können Sie zwei- bis dreimal auf dem Spaziergang wiederholen. Akzeptiert Ihr Sennenhund die Tragetaschen gut, kann er sie auch über eine längere Strecke aufbehalten.

Lassen Sie ihn nie unangeleint mit den Taschen laufen. Damit er in Engpässen mit den Taschen nirgendwo hängen bleibt, müssen Sie ihn entsprechend lenken. Wollen Sie ihn unterwegs mit einem anderen Hund spielen lassen, nehmen Sie ihm die Taschen ab. Steigern Sie auch nur langsam das zu tragende Gewicht. Unternehmen Sie eine Wanderung von mehreren Stunden, nehmen Sie ihm unterwegs die Taschen gelegentlich ab, damit er auch einmal frei und ungezwungen laufen kann.

Karren ziehen

Dies ist eine Beschäftigung für den Berner und Großen Schweizer, die immer mehr Freunde findet. Haben Sie Kinder, so sollte Ihr Berner oder Großer es auf jeden Fall lernen, denn welches Kind wäre nicht stolz, wenn sein Hund es im Wagen ziehen kann. Aber egal, ob Kinder oder keine Kinder, Aufgaben, die Hund und Wagen übernehmen können, gibt es immer. Bekannte von mir, die das Karrenziehen mit Ihren Hunden pflegen, fahren mit dem Hundegespann wöchentlich das Altpapier und leere Flaschen zum Müllcontainer. Andere nehmen Hund und Wagen mit, um kleine Besorgungen zu machen oder um das Picknick beim Sonntagsausflug zu transportieren. Ich fahre mit meinen Bernern in den Sommermonaten täglich Stroh zu unserer Pferdewiese, die 500 Meter vom Haus entfernt liegt und auf der unsere drei Haflinger mittags mit Stroh versorgt werden. Die Hunde lieben diese Aufgabe. Sie sind jedesmal ganz aufgeregt, wenn die Karre hervorgeholt wird. Legt man das Geschirr um, stehen Sie ruhig, aber erwartungsvoll. Sind Sie dann endlich eingespannt, ziehen Sie mit großem Elan an.

Natürlich muss der Sennenhund das Karrenziehen erst lernen. Ein schrittweiser Aufbau ist dafür erforderlich. Zuerst gewöhnen Sie Ihren Sennenhund an das Geschirr. Legen Sie es ihm vorsichtig um, leinen ihn über sein Halsband an und machen kleine Spaziergänge mit ihm. Eine zweite Person kann gut den Wagen während des Spaziergangs mitführen. Lassen Sie den Hund mal vor dem Wagen laufen, mal daneben und mal dahinter. Er soll sich an den Wagen und an die davon ausgehenden Geräusche gewöhnen, vor allen Dingen auf verschiedenen Untergründen. Als nächstes stellen Sie sich hinter Ihren Hund und nehmen die Zugstränge des Geschirrs in die Hand, während eine zweite Person den Hund über die Leine führt. Ihr Sennenhund soll sich jetzt daran gewöhnen, dass ihn die Zugstränge seitlich am Körper berühren können. Dafür bewegen Sie die Stränge entsprechend. Dann straffen Sie die Stränge vorsichtig, damit der Hund einen leichten Zug auf der Brust spürt. Die Person an der Leine motiviert den Hund gleichzeitig weiterzulaufen. Hiermit soll das Zuggefühl geübt werden. Reagiert der Hund dabei ängstlich oder unruhig, kann man sofort nachgeben, indem man den Zug etwas lockert.

Nun können Sie den Hund vor den Wagen spannen. Suchen Sie dafür am besten eine asphaltierte oder sonstige glatte Fläche, damit der Hund nicht gleich am Anfang durch Bodenunebenheiten irritiert wird. Der Zug selbst sollte zu diesem Zeitpunkt nicht stark sein, da der Hund sich erst einmal daran gewöhnen muss, vor dem Wagen und vor allen Dingen in der Schere zu laufen. Also darf kein Gefälle vorhanden sein. Häufig stellt das Ziehen des Wagens nicht so ein großes Problem dar wie die Schere, in der der Hund laufen muss und die ihn in seiner Bewegungsfreiheit ziemlich einschränkt. Darum gehen Sie langsam und vorsichtig vor, wenn Sie die Schere am Geschirr befestigen. Die ganze Zeit über sollte eine zweite Person am Kopf des Hundes stehen, ihn an der Leine halten, die am Halsband befestigt ist, und den Hund evtl. mit ein paar Leckerchen ablenken.

Nun wird der Hund mit viel Motivation zum Angehen aufgefordert. Das Kommando hierfür kann „ZIEH" sein. Ein Helfer schiebt den Wagen, damit der Hund erst einmal gar kein Gewicht zu ziehen hat, sondern nur lernt, vor dem Wagen zu gehen. Nach und nach wird dann die Last dem Hund überlassen. Doch bei der kleinsten Unsicherheit kann der Helfer

174

sofort den Wagen wieder übernehmen. Begleitet von viel Lob, Gefühl und Motivation wird Ihr Sennenhund die Aufgabe meistern.

Fahren Sie beim ersten Mal nicht zu lang und vermeiden Sie zu enge Wendungen. Denn bei den Wendungen wird der Hund mit der Hinterhand an die Schere gedrückt. Wenn er das noch nicht kennt, wird ihn das verunsichern. Gewinnt der Hund an Sicherheit, können Sie auch längere Strecken fahren. Wechseln Sie aber erst langsam die Bodenstruktur. Im Pferdesport heißt es, dass ein Pferd auf gerader glatter Fläche das Dreifache von seinem eigenen Gewicht ziehen kann. Bei schweren Sandböden oder extremer Steigung allerdings nur noch das Eigengewicht. Gleiches gilt sicher auch für Hunde. Auf unebenen Wegen überträgt sich jeder Schlag, der vom Wagen nicht ausreichend abgefedert wird, über die Zugstränge auf die Hundebrust. Deshalb suchen Sie geeignete Wege zum Ziehen.

Bergab müssen Sie Ihrem Sennenhund im Anfang auch stark helfen, denn jetzt heißt es nicht mehr ziehen, sondern den Wagen aufhalten oder anders gesagt: bremsen. Der Wagen wird vom Hund über die Schere, die beidseitig am Brustgeschirr verschnallt wird, gebremst. Auch das will erst gelernt sein. Als Gespannführer müssen Sie für diese Dinge ein Auge entwickeln und Ihrem Sennenhund helfen, wenn sein Ausbildungsstand oder die Situation es erfordert. Die Zuglast darf ebenfalls nur langsam gesteigert werden.

Ratsam ist es sicherlich, jemanden zu suchen, der bereits Erfahrungen mit dem Karrenziehen gesammelt hat. Dort können Sie vielleicht auch das Geschirr probieren und die erste Anspannung versuchen. Denn für die Ausrüstung müssen Sie 500,– bis 1000,– DM rechnen. Sollte sich herausstellen, dass Ihr Sennenhund nicht geeignet ist, hätten Sie die Ausrüstung umsonst gekauft. Wenden Sie sich an den Schweizer Sennenhundverein, dort wird man Ihnen sicherlich behilflich sein.

Die bevorzugte Gangart vor dem Wagen ist der Trab, doch lassen Sie Ihren Sennenhund entscheiden, wie schnell er gehen möchte.

Vor dem 18. Lebensmonat sollten Sie mit Ihrem Sennenhund nicht mit der Zugarbeit beginnen. Die Röntgenergebnisse sollten vorliegen. Besprechen Sie mit Ihrem Tierarzt, wie stark Sie Ihren Sennenhund belasten können, wenn die Ergebnisse schlechter als HD-Verdacht oder ED-1 ausgefallen sein sollten. Der Grundgehorsam muss bereits gefestigt sein. Kommandos wie STEH und BLEIB muss der Hund kennen.

Nun zur Ausrüstung: Am besten verwenden Sie ein Brustblattgeschirr. Sie können es aus Leder oder Nylongurten anfertigen lassen oder im Hundefachhandel kaufen. Nachfolgend sehen Sie die Abmessungen für ein Brustblattgeschirr. Die vorgegebenen Zahlen sind für eine Hündin von 62 cm Widerristhöhe ermittelt worden. Die Zahlen in Klammern beziehen sich auf einen Rüden von 68 cm Widerristhöhe.

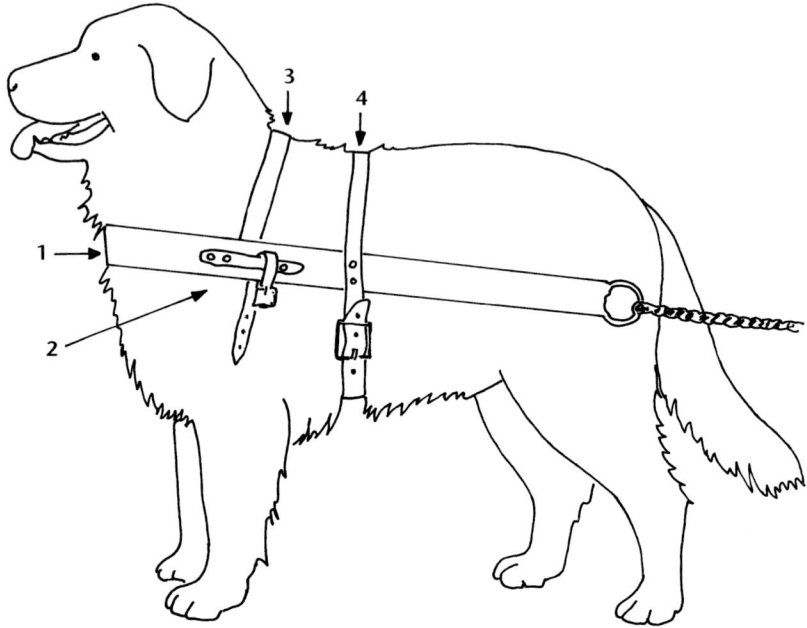

So wird ein Brustblattgeschirr richtig angepasst:
1. Das Brustblatt liegt über dem Brustbein auf. Die Bewegungsfreiheit der Vorderbeine wird behindert, wenn es tiefer sitzt.
2. Der Tragriemen muss im Nacken vor den Schulterblättern aufliegen und trägt das Gewicht von Schere und Geschirr.
3. Die Schere wird unterhalb der Tragriemen befestigt.
4. Der Bauchgurt hält das Geschirr fest und wird hinter den Ellenbogen verschnallt.

Ein einzelner Hund wird in einer Schere vor einen Wagen gespannt. Die Zugstränge werden an einem beweglichen Ortscheit befestigt. Die Schere muss ausreichend lang sein. Der Abstand zwischen Hund und Wagen muss ausreichend sein. Der Hund darf auch im Trab nicht durch einen zu geringen Abstand in seiner Bewegungsfreiheit behindert werden.

Der Wagen kann ein- oder zweiachsig sein. Der Zweiachser sollte einen kleinen Wendekreis haben. Achten Sie auf eine gute Federung. Von Vorteil ist auch eine Feststellbremse. Hiermit kann man den Wagen abbremsen, wenn es bergab geht oder wenn man ihn abstellt.

Mit der richtigen Ausrüstung, entsprechendem Einfühlungsvermögen und Geduld wird Ihr Berner oder Großer die Freude am Ziehen entdecken.

176

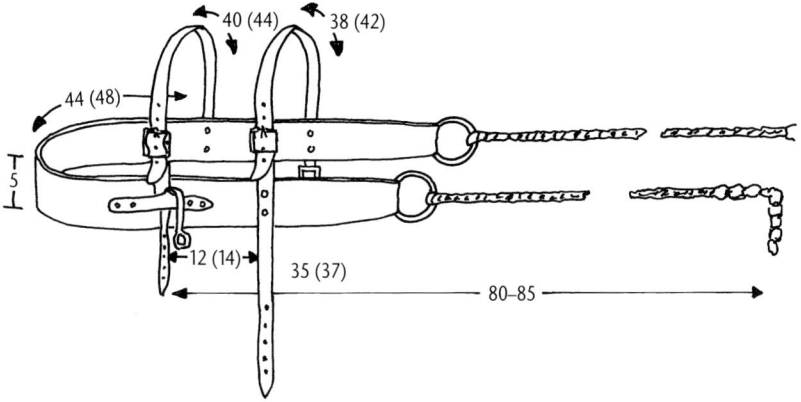

Brustblattgeschirr

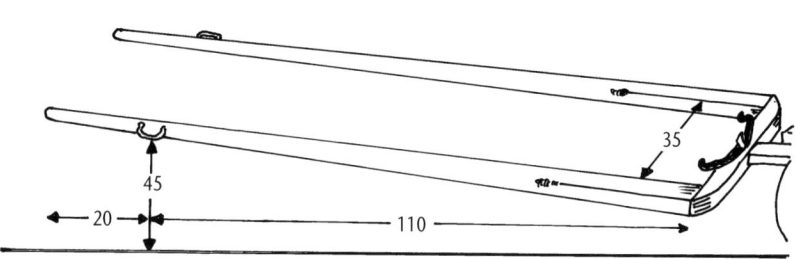

Abmessung einer Deichsel für ein Hundegespann

Suchspiele

Schweizer Sennenhunde haben eine sehr gute Nase und freuen sich, wenn sie sie gebrauchen dürfen, und zwar nicht nur zum Zeitunglesen auf dem täglichen Spaziergang.

- Verstecken Sie einmal einen Hundekuchen und lassen ihn von Ihrem Sennenhund suchen. Dafür leinen Sie Ihren Sennenhund an. Er wird nun von einer Person gehalten und darf zuschauen, wie Sie einen kleinen Hundekuchen in einer Zimmerecke verstecken. Er kann den Hundekuchen aber noch sehen. Jetzt wird er abgeleint und Sie schicken ihn mit den Worten „Wo ist denn der Hundekuchen?" los. Natürlich rennt er sofort hin, freut sich riesig und wird ihn verspeisen. Beim zweiten Durchgang verstecken Sie den Hundekuchen in einem angrenzendem Zimmer, aber immer noch direkt sichtbar für den Hund, wenn er das Zimmer betrit. Loben Sie ihn stets, wenn er den Hundekuchen findet. Langsam kann es schwieriger werden. Verstecken Sie den Hundekuchen aber immer noch auf dem Boden, hinter einem Stuhlbein, hinter einem Sessel etc. Später kann der Hundekuchen auch mal auf einem Stuhl liegen, hinter einem Sofakissen, auf der Fensterbank, in der oberen Etage usw. Sie können auch mehrere Hundekuchen gleichzeitig verstecken und wiederholen das Kommando so lange, bis alle gefunden wurden.
- Sie können natürlich auch andere Gegenstände verstecken. So könnten Sie das Lieblingsspielzeug Ihres Sennenhundes nehmen oder ein leeres Tablettenröhrchen, das sehr stabil ist und gut schließt. Wenn Sie in das Röhrchen ein paar Löcher hineinbohren und etwas gut riechendes wie Käse oder Fleischwurst hineinlegen, kann Ihr Sennenhund lernen, auch dieses zu finden. Arbeiten Sie mit Spielzeug oder diesem Röhrchen, kann der Hund lernen, an der Stelle PLATZ oder SITZ zu machen, an der er fündig wird, um es anzuzeigen. Dafür bekommt er sein Belohnungsleckerchen erst, wenn er die gewünschte Position eingenommen hat. Apportiert er bereits sehr gut, kann er lernen, es zu bringen.
- Nehmen Sie einen alten Schuhkarton, dessen Deckel noch gut schließt und bohren auch hier ein paar kleine Löcher hinein. Dann legen Sie ein gut riechendes Leckerchen in den Karton und schließen den Deckel sorgfältig. Machen Sie Ihren Sennenhund durch Klopfen auf den Deckel darauf aufmerksam. Hat er bemerkt, dass sich etwas Leckeres im Karton befindet, wird er versuchen daranzukommen. Manche finden sehr schnell heraus, wie man so einen Karton öffnet, andere brauchen recht lange. Auf jeden Fall macht es viel Spaß zuzuschauen. Versucht Ihr Sennenhund allerdings, den Karton zu zerfetzen, erklären Sie ihm die Spielregeln von neuem, indem Sie ihm das Zerfetzen verbieten und

Sennenhunde sind vielseitig, Santtu z. B. liebt es mit Herrchen im Boot zu fahren.

ihn nochmals aufmerksam machen. Loben Sie ihn für richtiges Vorgehen. Er wird es schnell begreifen. Liebt Ihr Sennenhund ein bestimmtes Spielzeug ganz besonders, können Sie auch damit dieses Spiel versuchen.

- Verstecken ist ebenfalls ein schönes Suchspiel. Z. B. nimmt ein Kind ein Leckerchen und versteckt sich leicht findbar im angrenzendem Raum, während Sie Ihren Sennenhund angeleint festhalten. Hat das Kind ein Versteck gefunden, gehen Sie mit Ihrem Schweizer angeleint los und führen ihn mit den Worten „SUCH" und Name des Kindes in die Versteckrichtung. Findet er das Kind, bekommt er sofort von ihm das Leckerchen und wird tüchtig gelobt. Das Kind kann sich dann immer schwieriger verstecken und der Schweizer dann auch unangeleint suchen. Nach ein paar Mal üben, ist es meist kein Problem mehr für den Hund, das Kind selbst in einer anderen Etage zu finden.
- Für den täglichen Spaziergang eignet sich auch noch folgendes Spiel. Nehmen Sie ein Spielzeug mit und gestalten Sie unterwegs ein kleines Beutespiel. Lassen Sie danach das Spielzeug wieder in der Tasche verschwinden. Ihr Sennenhund läuft frei und beachtet Sie gar nicht. Ge-

nau in so einem Augenblick legen Sie das Spielzeug auf den Weg und gehen aber zügig weiter. In ca. 10 Meter Entfernung zum Spielzeug rufen Sie ihren Sennenhund und leinen ihn an. Jetzt zeigen Sie mit dem Finger auf den Boden in die Richtung, in der das Spielzeug liegt und ermuntern ihn mit den Worten „SUCH VERLOREN" zum Suchen. Im Anfang wird er sich etwas ungeschickt anstellen, lenken Sie ihn einfach weiter mit Ihrem Kommandowort in Richtung Spielzeug. Hat er es entdeckt, wird er darauf zulaufen und sich riesig freuen, weil er es als seins erkennt. Loben Sie ihn, sobald er es gefunden hat. Wie beschrieben wiederholen Sie es mehrmals, die Entfernung können Sie dabei schon erweitern. Stellen Sie eine Verknüpfung fest, kann Ihr Sennenhund auch unangeleint suchen. Kann er bereits apportieren, sollte er als nächsten Schritt lernen, das Spielzeug zu bringen. Sie können ihm auch beibringen, das gefundene Spielzeug durch PLATZ oder SITZ anzuzeigen. Dafür muss er allerdings die Übung noch so lange an der Leine durchführen, bis es automatisiert ist.

Diese Suchspiele sind eine tolle Alternative bei Regenwetter, können aber genauso gut im Freien gespielt werden. Wiederholen Sie einen Durchgang allerdings nicht mehr als drei- bis viermal. Sie werden dabei beobachten können, wie geschickt sich ein Sennenhund das Gelände beim Suchen einteilt.

Gegenstände tragen

Man sagt den Sennenhunden nach, dass Sie gerne Gegenstände auch über längere Strecken tragen. Der Bernerrüde Balduin geht jeden Samstag mit zum Bäcker. Er hat eine eigene kleine Tasche, in die ein Brötchen gelegt wird. Diese Tasche trägt er dann stolz den ganzen Weg über bis nach Hause. Das Brötchen darf er später fressen, wohl verdient, oder?

Wenn ich vom Einkaufen nach Hause komme und das Auto auslade, helfen mir jedesmal meine beiden Bernerinnen Babuska und Charlotte. Jeder Gang zum Auto wird von Ihnen begleitet und ich muss ihnen jedesmal auch etwas geben, dass sie ins Haus tragen können. Im Urlaub am Meer erleben wir immer wieder, wie uns die beiden das ganze Strandgut anschleppen. Eine Woche mit beiden an ein und demselben Strand und der Strand ist sauber. Wir haben dann stets eine Tasche dabei, mit der wir diesen Strandmüll entsorgen können. Denn würden wir es wieder wegwerfen, ginge alles wieder von vorne los.

Wollen auch Sie, dass Ihr Sennenhund Gegenstände trägt, dann versuchen Sie es auf folgende Weise. Fangen Sie wieder an mit einem kleinen Beutespiel. Ihr Sennenhund ist dabei angeleint. Mitten in einem Beutestreit lassen Sie die Spielzeugbeute los und bewegen sich sofort mit dem angeleinten Hund in schneller Gangart ein kurzes Stück. Der Hund hat dabei die Spielbeute im Fang und Sie ermuntern ihn mit den Worten „HALT SCHÖN FEST", sie festzuhalten. Dann greifen Sie die Beute wieder und das Spiel wird fortgesetzt. Langsam erweitern Sie die Wegstrecke, über die Ihr Sennenhund die Beute festhalten soll. Lässt er sie fallen, sagen Sie energisch „NEIN", beginnen ein erneutes Beutespiel und verkürzen die Laufstrecke wieder. Das Beutestreiten als Belohnung muss also kommen, bevor der Hund die Lust am Tragen verliert, da dieses Spiel die Belohnung sein soll. Üben Sie nicht häufiger als zwei- bis dreimal hintereinander. Wichtig ist, dass Sie den Hund beim Tragen in Bewegung halten und ihn über die Leine kontrollieren. Nach kurzer Zeit wird Ihr Sennenhund schon einen Gegenstand über 100 Meter und mehr tragen können – auch eine gute Beschäftigung für zwischendurch auf dem Spaziergang. Später wird es auch ohne Leine gehen.

Jetzt muss Ihr Sennenhund noch das Kommando „NIMM'S" lernen. Dafür nehmen Sie ein Leckerchen in Ihre Hand und strecken es Ihrem Sennenhund entgegen. In dem Augenblick, in dem er es versucht zu nehmen, schließen Sie die Hand. Zwei- bis dreimal wiederholt wird er innehalten und nicht mehr versuchen, es zu nehmen. Dann strecken Sie es ihm hin mit dem Wort „NIMM'S" und er darf es fressen. Haben Sie diese Übung ein paar Tage wiederholt, können Sie ihrem Sennenhund statt Leckerchen ein Spielzeug mit dem Kommando „NIMM'S" hinhalten. Reagiert er darauf wie erwünscht, loben Sie ihn ordentlich. Sie können auch versuchen, ihm das Spielzeug direkt mit dem Wort „NIMM'S" in den Fang zu geben. Muntern Sie ihn zum Festhalten auf und loben Sie ihn tüchtig, kann er es vielleicht auch so lernen. Nun können Sie das Tragen auf diese Weise beginnen. Später können Sie ihm dann verschiedene Gegenstände geben.

Hat Ihr Sennenhund das Kommando NIMM'S richtig verknüpft, können Sie ihn auffordern, einen am Boden liegenden Gegenstand aufzunehmen und Ihnen zu geben oder zu bringen. Eine absolut nützliche Angelegenheit, die ich täglich anwende. Meine Bernerweiber schaffen es sogar, Gegenstände zu unterscheiden oder nur einen bestimmten aufzunehmen, den ich über Fingerzeig anweise. Selbst Geldstücke und Schlüssel werden problemlos aufgehoben.

Apportierspiele

Hat Ihr Sennenhund das Apportieren gelernt, kann man daraus vielfältige Aufgaben und Spielarten entwickeln. Sie können ihm beibringen auf die Worte „Möchtest du einen Hundekuchen?" ein Plastikschälchen oder auf „Sollen wir spazieren gehen?" die Leine zu bringen. Sie weisen ihm den Gegenstand mit „NIMM'S" an und lassen Ihre Schlüsselworte folgen. Sobald der Hund einige Schritte auf Sie zugelaufen kommt, nehmen Sie ihm den Gegenstand ab und loben tüchtig. In das Plastikschälchen geben Sie einen kleinen Hundekuchen und stellen es mit den Lobeworten zusammen vor den Hund auf den Boden. Langsam vergrößern Sie den Abstand zwischen sich und dem Gegenstand. Da der Gegenstand immer am gleichen Aufbewahrungsort liegt, sollten Sie die Übung von hier aus starten. Nach ein paar Tagen Üben wird Ihr Sennenhund es verstanden haben. Bei den Worten „Möchtes du einen Hundekuchen?" wird er losstarten, das Schälchen holen und geduldig abwarten, bis Sie es mit einem Hundekuchen füllen.

Lehren Sie Ihrem Sennenhund, zwischen zwei Personen auf Kommando hin und her zu laufen. Einer hält den Hund am Halsband fest, die andere Person in 20 Meter Entfernung macht den Hund auf sich aufmerksam durch „albernes Getue", aber es darf kein Kommando von ihr gegeben werden. Der Hund soll lediglich neugierig werden und den Drang haben dorthinzulaufen. Nun wird der Hund losgelassen mit den Worten „LAUF ZU ...(Name der Person)" und unterstützend zeigt ein ausgestreckter Arm in die Richtung. Dort angekommen bekommt der Hund eine tolle Belohnung. Jetzt geht das Spiel umgekehrt. Der Sennenhund lernt schnell. Als nächstes darf die Distanz erweitert werden. Dann kann man ihn zu einer Person schicken, die außer Sichtweite ist.

Klappt alles schon gut, geben Sie jetzt auch noch dem Hund einen Gegenstand in den Fang und schicken ihn damit hin und her. Hat er das begriffen, haben Sie wieder eine neue tolle Spielvariante aufgebaut. Nun können Sie ihn mit kleinen Nachrichten durchs Haus schicken oder Herrchen abends die Pantoffeln bringen lassen. Die Kinder spielen im Garten und brauchen was zu trinken, dann schicken Sie ihn mit einem Körbchen oder einer kleinen Tasche los. Mit etwas Fantasie werden Ihnen auch noch andere Möglichkeiten einfallen.

Geschicklichkeitsübungen

Bauen Sie Ihrem Sennenhund einen kleinen Parcours. Aus Eimern, leeren Plasikflaschen oder Stangen wird ein Slalom. Ein langes schmales Brett über ein Rundholz gelegt und schon haben Sie eine einfache Wippe. Mehrere Stühle aneinander gestellt mit einer Decke darüber bilden einen Tunnel. Ein großer Karton lädt ebenfalls zum Durchkriechen ein. Ein kleines Podest, auf das man springen kann, oder ein Brett, über das man klettern muss. Eine Leiter, die flach am Boden liegt und über die man geschickt klettert, indem man nur in die Zwischenräume tritt. Ein langes Brett, einfach etwas höher gelegt zum Balancieren. Haben Sie Fantasie, aber beachten Sie, dass sich Ihr Sennenhund nicht dabei verletzen kann. Hohe Sprünge sollte er nicht vor Beendigung des ersten Lebensjahres machen.

Kunststückchen

Pfötchen geben können auch Kinder gut mit dem Hund üben, aber natürlich unter Ihrer Aufsicht. Sie nehmen in jede Hand ein Leckerchen. Der Hund macht SITZ. Die linke Hand halten Sie auf dem Rücken. Die rechte Hand macht eine Faust, in der das gut riechende Leckerchen liegt. Diese Faust halten Sie Ihrem Sennenhund hin. Er wird daran schnüffeln. Natürlich möchte er das Leckerchen haben, doch er bekommt es nicht. Er wird stürmisch mit der Nase versuchen die Hand zu öffnen, geben Sie nicht nach. Hat er damit keinen Erfolg, nimmt er seine Pfote zur Hilfe. In dem Augenblick, in dem er die Pfote hebt und auf die Hand legt, um nach dem Leckerchen zu graben, sagen Sie Ihr Kommandowort für diese Übung (z. B.: „Gib Pfötchen" oder „Sag mal guten Tag"...). Sofort bekommt er auch das Leckerchen aus der linken Hand. Manchmal braucht man etwas Geduld. Nach zwei- bis dreimaliger Wiederholung hebt er wahrscheinlich schon das Pfötchen, wenn er die Faust sieht. Nun brauchen Sie kein Leckerchen mehr in der Faust und können langsam dazu übergehen, ihm die offene rechte Hand hinzuhalten mit Ihrem Kommandowort zusammen. Kommt von Ihrem Sennenhund die erwünschte Reaktion, loben Sie und belohnen ihn anfangs noch häufig und dann unregelmäßig mit einem Leckerchen.

„**Toter Hund**". Ebenfalls eine schöne Übung für Kinder. Wählen Sie für diese Übung eine ruhige Phase. Sie bringen Ihren Sennenhund in die Platzposition und drücken ihn mit den Händen und dem Kommando „PENG" einfach zur Seite um. Halten Ihn dort einen Augenblick und loben ihn mit ruhigen, sanften Worten. Haben Sie ein paar Tage geübt, hocken Sie sich neben Ihren liegenden Hund und sagen „PENG" ohne den Hund mit den Händen umzudrücken. Legt er sich auf die Seite, belohnen Sie ihn unmittelbar. In kleinen Schritten können Sie nun die Entfernung zum Hund steigern. Nach einiger Zeit können Sie ihm das Kommando sicher schon geben, ohne dass er vorher PLATZ machen muss. Üben Sie fleißig weiter mit steigender Ablenkung. Wenn Sie dann noch die Hand wie eine Pistole formen und mit dem Kommando auf den Hund richten, ist der Spaß perfekt.

Hundesport mit Sennenhunden

Der Hundesport in Deutschland ist ebenso wie die Rassehundezucht über den Verband für das deutsche Hundewesen (VDH) organisiert. Hundesport wird in Vereinen angeboten. Meistens darf man erst ein bisschen „schnuppern", um den Sport, Trainer und Vereinsmitglieder kennen zu lernen, bevor man sich für eine Mitgliedschaft entscheiden muss. Vor Jahren gab es Hundesport nur für Gebrauchshunderassen, heute haben sich diese Vereine allen Hunderassen geöffnet. Es gibt Welpengruppen, Junghunderziehung und Hundesport. Das Angebot der Hundesportvereine ist unterschiedlich. Meistens findet eine Spezialisierung auf nur einige Sparten statt.

Die Hundesportarten werden durch eine Prüfungsordnung reglementiert. Das Training ist in der Regel auf die Prüfungsordnung ausgerichtet. Bei erfolgreichem Training kann man sein Können durch die Teilnahme an einer Leistungsprüfung von einem hierfür speziell geschulten Richter bestätigen bzw. überprüfen lassen. Das Training auf eine bestimmte Prüfung hin sollte man jedoch nie zu verbissen sehen, denn ein übertriebener Ehrgeiz geht immer zu Lasten des Hundes. Die gemeinsame Beschäftigung mit Ihrem Sennenhund und die Freude an der Arbeit sollten stets im Vordergrund stehen.

Sennenhunde sind ausgesprochen vielseitig und darum kann man viele Sportarten mit ihnen betreiben. Man muss allerdings die jeweiligen Fähigkeiten des einzelnen Sennenhundes in den Vordergrund stellen und überlegen, inwieweit er körperlich einem auf Leistung ausgerichtetem Training gewachsen ist. Dies betrifft insbesondere die Sportarten, bei denen der Sennenhund verschiedene Geräte bzw. Hindernisse bewältigen muss. Größe und Masse setzen dem Berner und Großen Schweizer hier die Grenzen. Jeder Sprung wird durch die Vorhand aufgefangen. Bei einem leistungsorientierten Training würde sich selbst bei gesunden Gelenken ein Verschleiß auf Dauer nicht ausschließen lassen. Ihre Bereitschaft zur Gerätearbeit ist gleich groß wie beim Appenzeller und Entlebucher.

Motivation, Einfühlungsvermögen, Stimme, Sichzeichen und Körpersprache sind die Hilfsmittel, die den Sennenhund hierbei lenken. Mit Druck und Zwang wird man ihn nicht dazu bewegen. Gerade durch Gerätearbeit können Mensch und Hund ein harmonisches Team werden. In letzter Zeit kann man beobachten, wie sich im Agilitybereich bestimmte Hunderassen durchsetzen, die eben besonders geeignet sind. Schade, denn diese Entwicklung zeigt, dass es hier in erster Linie um Leistung und Erfolg geht. Vielleicht muss man in Zukunft darüber nachdenken, verschiedene Klassen und Anforderungen einzurichten, nicht nur nach klein und groß, die es ja bereits schon gibt, sondern auch nach Hundetypen. Dann hätten Berner und Großer Schweizer eine ehrliche Chance.

Welche Sportarten gibt es?

Gehorsams- und Unterordnungstraining. Hier wird Grundgehorsam einzeln oder in Gruppen trainiert. Leinenführigkeit, Freifolgen, Herankommen und Vorsitzen, Sitz und Platz aus der Bewegung und das Ablegen werden geübt, sowie auch gutes Benehmen des Hundes in Alltagssituationen. Über eine Begleithundprüfung kann man sein Können testen lassen. Hiermit wird bestätigt, dass der Grundgehorsam des Hundes gefestigt ist und er in Alltagssituationen sicher zu führen ist. Um an einer entsprechenden Prüfung teilnehmen zu können, muss der Hund mindestens zwölf Monate alt sein.

Obedience. In der Übersetzung bedeutet dieses Wort nichts anderes als Gehorsam. Doch dahinter verbirgt sich eine Arbeit mit Hunden, die als Hohe Schule oder feinste Dressur bezeichnet werden kann. Wettbewerbsmäßig werden in verschiedenen Stufen Unterordnungsübungen gezeigt, deren exakte und harmonische Ausführung bewertet wird. Verlangt werden Leinenführigkeit und Freifolgen, Sitz, Platz und Steh aus der Bewegung, Herankommen mit Vorsitzen, Abliegen, Apportieren, Voraussenden mit Hinlegen, Sitz, Platz und Steh auf Distanz und das Identifizieren eines Gegenstandes, der den Geruch des Hundeführers trägt. In allen skandinavischen Ländern, England, Amerika, Österreich, Schweiz und den Niederlanden ist diese Sportart bereits bekannt und verbreitet und wird auch in Deutschland, wo derzeit eine Prüfungsordnung erarbeitet wird, allmählich populärer.

Fährten. Beim Fährten steht die Nase des Hundes im Vordergrund. Er lernt eine von Menschen getretene Spur abzusuchen und auf der Spur ausgelegte Gegenstände zu finden und anzuzeigen. Am Fährtenanfang wird er in die Spur eingewiesen und sucht sie dann selbstständig ab. Dafür wird er an einer 10-Meter-Leine geführt. Findet er einen Gegenstand, zeigt er ihn durch SITZ, PLATZ oder STEH an. Der Hundeführer geht dann zum Hund, nimmt den Gegenstand auf und der Hund sucht die Fährte weiter selbstständig ab. Der Hundeführer folgt ihm am Ende der 10-Meter-Leine. Eine hervorragende Aufgabe für alle Sennenhunde! Fährten ist eine Beschäftigung, die man in erster Linie allein mit dem Hund ausübt. Auch wenn man keine Prüfungsambitionen hat, kann Fährten eine wunderbare Beschäftigung sein. Es schweißt Mensch und Hund zusammen. Ihr Sennenhund bekommt Arbeit für den Kopf und kann eines seiner stärksten Bedürfnisse, das Schnüffeln, ausleben.

Turnierhundesport setzt sich aus fünf Disziplinen zusammen. 1. Der Gehorsamsteil (Leinenführigkeit, Freifolge, Sitz und Platz aus der Bewegung, Herankommen mit Vorsitzen) 2. Der Slalomlauf erstreckt sich auf eine Länge von 75 Metern. Auf dieser Strecke sind seitlich versetzt insgesamt 7 Tore aufgestellt, die Herr und Hund gemeinsam und so schnell wie möglich durchlaufen müssen. 3. Für den Hürdenlauf müssen Herr

Fährten ist eine ideale Beschäftigung für Sennenhunde.

und Hund auf einer Strecke von 50 m insgesamt drei 50 cm hohe Hürden gemeinsam überspringen. Ab einer festgesetzten Altersgrenze darf der Hundeführer nebenherlaufen. 4. Der Parcourslauf erstreckt sich auf eine Länge von 75 Metern. Acht verschiedene Hindernisse wie Hürden (50 cm hoch), ein Tunnel, ein Reifensprung, eine Treppe, ein Hochweitsprung (35 cm hoch, 100 cm weit), ein Laufdiel und eine Tonne (60 cm Durchmesser) sind vom Hund zu bewältigen, während der Hundeführer nebenherläuft. Die Zeit wird gestoppt, wenn beide im Ziel sind. 5. Der Geländelauf umfasst eine Strecke von 2000 m oder 5000 m und wird vom Hundeführer mit angeleintem Hund absolviert. Eine Beschäftigung für sportbegeisterte, agile Menschen. Die gemeinsame Leistung von Mensch und Hund steht hierbei im Vordergrund. Ein Sport, der für alle vier Sennenhunde geeignet ist. Appenzeller und Entlebucher werden aufgrund ihrer ererbten Fähigkeiten am ehesten erfolgreich sein. Berner und Großer können in allen Disziplinen mithalten, jedoch beim Hindernisparcours sollten Sie auf ihre Größe und Masse Rücksicht nehmen, ähnlich wie bei den

Hier zeigt der Appenzeller Barney seine Sprungkraft im Agility-Parcours.

Hürden im Agility. Da hier immer das Mensch-Hund-Team bewertet wird, hat jede Rasse eine Chance. Denn was hilft es dem Entlebucher, wenn er bereits im Ziel ist und sein „unsportlicher" Mensch ihm nur halb so schnell hinterherläuft. Turnierhundsport wird vielfach auch als Mannschaftssport betrieben. Dabei hat von vier Mensch-Hund-Teams jeweils ein Team eine Disziplin des Vierkampfs (Gehorsam, Slalomlauf, Hürdenlauf, Hindernislauf) zu bestreiten. Die Bewertung erfolgt dann gemeinsam. Hierbei kann jeder die Sparte übernehmen, die er am besten beherrscht.

Agility ist ein Gerätesport für Hunde, der ein wenig dem Springsport der Pferde abgeschaut wurde. Die Bedeutung des Wortes ist gleichzusetzen mit Beweglichkeit und Wendigkeit. Der Hund muss einen Parcours mit 12 bis 20 Hindernissen absolvieren. Bei der Ausführung geht es um fehlerfreies Arbeiten und Schnelligkeit. Der Parcours wird bei jeder Prüfung anders zusammengestellt. Der Hund wird frei laufend nur über Stimme und Sichtzeichen des Hundeführers geführt. Geschicklichkeit, Wendigkeit und Schnelligkeit sind die Eigenschaften von Appenzeller und Entlebucher. Diese beiden würden sich beim Agility bestens bewähren. Die Beobachtungsgabe und Reaktionsschnelligkeit machen ebenfalls beide zu idealen Agilitypartnern. Für den Berner und den Großen ist diese Sportrichtung im Sinne von Leistungssport sicher nicht geeignet. Aufgrund Ihrer Größe und Masse sollten diese beiden Rassen die hier häufig verlangten Sprünge nicht ausführen müssen. Hindernisse, die lediglich eine gewisse Geschicklichkeit erfordern, wie Laufsteg, Tunnel, Stofftunnel, Wippe, Slalom, Kletterwand, Tisch und ab und zu eine niedrige Hürde, können diese beiden gleichermaßen bewältigen.

Flyball ist eine Beschäftigung für ballbegeisterte Hunde. Der Hund muss vier hintereinanderstehende Hürden überspringen. Fünf Meter hinter der letzten Hürde steht eine Ballmaschine. Der Hund muss mit den Vorderpfoten ein Brett an dieser Maschine herunterdrücken. Durch die entstehende Hebelwirkung wird am anderen Ende der Maschine ein Tennisball herausgeschleudert. Hat der Hund den Ball gefangen, apportiert er ihn über die Hürden zurück zu seinem Menschen. Dieser Sport wird wettkampfmäßig ausgeübt. Zwei Mannschaften bestehend aus jeweils vier Mensch-Hund-Teams treten gegeneinander an. In Deutschland gibt es noch keine einheitliche Regelung. Ist Ihr Sennenhund ein Ballkünstler, sollten Sie ihm diesen Sport nicht vorenthalten. Appenzeller und Entlebucher werden es hier recht schnell zur Wettkampfreife bringen. Berner und Großer werden aufgrund der geforderten Schnelligkeit nicht ganz mithalten können, aber einfach zum Spaß sollten auch sie diesen Ballsport kennen lernen.

Rettungshundearbeit ist sicherlich etwas mehr als nur eine Freizeitbeschäftigung. Der Hund lernt, Menschen zu finden, die unter Trümmern oder Schneemassen verschüttet sind oder in Berg- oder Waldregionen vermisst werden. Der Hund lernt auf Distanz zu seinem Hundeführer selbstständig zu arbeiten und auf Stimme und Sichtzeichen zu reagieren, denn nicht überallhin kann ihm sein Mensch folgen. Er lernt Trümmerfelder oder Schneefelder systematisch abzusuchen. Man unterscheidet zwischen Katastrophen-, Lawinen- und Flächensuchhunden. Jede mögliche Situation versucht man im Training nachzustellen. Der Hund lernt, über Leitern zu steigen, über Balken oder schmale Bretter zu balancieren. Er muss durch Röhren kriechen. Er wird vom Hubschrauber abgeseilt und man lässt ihn über Trümmer klettern. Durch Bellen zeigt er an, wo sich ein Verschütteter befindet. Diese Arbeit verlangt nervenstarke Hunde mit einer guten Nasenveranlagung. Auch an die Sozialverträglichkeit werden hohe Ansprüche gestellt, denn häufig sind mehrere Hunde gleichzeitig im Einsatz. Dass der Grundgehorsam hierfür stimmen muss, ist keine Frage. Doch an den Menschen werden ebenfalls hohe Ansprüche gestellt. Er muss körperlich fit sein und lernt Karte, Kompass, Funk und Erste Hilfe zu beherrschen. Weiterhin muss er gut abkömmlich sein, denn im Ernstfall wird er sofort gebraucht. Für diese Ausbildung braucht man viel Zeit, doch das Gefühl, im Ernstfall ein Menschenleben retten zu können, mag hier Motivation genug sein. Appenzeller, Berner und Entlebucher werden erfolgreich im Rettungshundewesen geführt.

Die Schutzhundausbildung ist meiner Meinung nach keine geeignete Beschäftigung für Familienhunde wie die Schweizer Sennenhunde. Diese Art der Ausbildung sollte Polizei-, Bundesgrenzschutz- und Zollhunden vorbehalten bleiben. Ein Sennenhund, der eine gute Beziehung zu seinen Menschen hat, schützt diese auch ohne Ausbildung bei Gefahren.

Mobility ist eine Sportart, die in Deutschland kaum bekannt ist. Mobility kommt aus der Schweiz und wird auch als die kleine Schwester des Agility bezeichnet. Hier steht nicht die Leistung an erster Stelle, sondern die Teamarbeit zwischen Mensch und Hund. Ich halte Mobility für eine ideale Beschäftigung mit allen vier Schweizer Sennenhundrassen. Mobility besteht aus einem Parcours von 15 bis 18 Hindernissen bzw. Aufgaben: Schrägwand, Hochsprung (50 cm), Slalom (5 Stangen im Abstand von 60 cm), Tisch, Leiterwagen (der Hund wird im Wagen sitzend über eine Strecke von 30 m gezogen), fester Tunnel, Voransenden auf ein Podest, Hundeschaukel, Schlupfsack, Fassbrücke, Wellblech, ein Gegenstand muss vom Hund über 20 m getragen werden, Reifensprung, Laufsteg, Bändertisch. Jedes Hindernis ist innerhalb einer Minute zu bewältigen. Der Hund kann frei oder angeleint geführt werden. Aufmuntern und Loben ist erlaubt. Zusätzlich werden noch zehn Theoriefragen nach Wahl gestellt, von denen der Hundeführer acht richtig beantworten muss. Bewertet wird jede Aufgabe mit erfüllt oder nicht erfüllt. Von 15 Aufgaben müssen zwölf mit erfüllt bewertet worden sein. Eine Auszeichnung in Form einer Medaille erhält man in der Schweiz, wenn man fünf Mobility-Veranstaltungen mit der Bewertung „bestanden" absolviert hat. Ein Sport, bei dem jede Rasse eine Chance hat. Da wo das Temperament des Appenzellers und Entlebuchers zum Problem wird, siegt die Gelassenheit des Berners oder des Großen und umgekehrt. Eine Beschäftigung ohne Leistungsdruck, ein Familiensport, denn der Hund kann dabei sicher von jedem Familienmitglied geführt werden.

Zughundwettbewerbe gibt es in Deutschland nicht. Doch in der Schweiz wird in jedem Herbst eine Zughundeprüfung von den Emmentaler Bernhardinerfreunden veranstaltet. Hier kann jeder Hund mit einer Mindestwiderristhöhe von 50 cm und einem Mindestalter von zwei Jahren teilnehmen. Es kann ein- oder zweispännig gestartet werden. Die Gesamtlast (inkl. Wagen) beträgt für Einspänner 50 kg und für Zweispänner 100 kg. Der Wettbewerb setzt sich aus zwei Disziplinen zusammen.

1. Eine Geländestrecke von ca. 3 km Länge mit ca. 6 Posten, an denen verschiedene Aufgaben zu bewältigen sind wie Gehorsamsübungen, Hindernisse und dergleichen (z. B. Langsamfahrt auf Zeit von 100 m

Appenzellerrüde Astor v. d. Tryberli's bei der Rettungshundeausbildung im Trümmerfeld.

Aller Anfang ist schwer. (Reifenhindernis aus dem Agility-Parcours).

Länge; Anhalten in der Steigung mit Wagensicherung und Hundeentlastung; Wasserdurchfahrt; korrekte Straßenüberquerung).
2. Geschicklichkeitsfahren mit dem Vierradwagen von 80 cm Spurbreite (der Wagen wird zur Verfügung gestellt) auf kurzem Parcours mit ca. 10 Hindernissen unterschiedlicher Art. Die Hunde werden an der Leine geführt. Das Führen am Halsband oder an den Landen ist nicht gestattet.

Prüfungsordnung des SSV

Der SSV hat vor zwei Jahren eine eigene Prüfungsordnung entwickelt. Hiermit werden verschiedene Prüfungen im Bereich Unterordnung, Ausdauer und Fährtenarbeit angeboten, die dem Sennenhundbesitzer eine Anregung zur Beschäftigung mit seinem Sennenhund geben sollen. Mittlerweile haben sich verschiedene Übungsgruppen etablieren können und bieten ein entsprechendes Training an. Eine Flächensuch-Prüfung ist in Arbeit. Nachfolgende Prüfungen werden angeboten:

Tabelle 8   Gehorsamsprüfungen

Übungen Stufe 1 (Mindestalter 9 Monate)	Übungen Stufe 2 (Mindestalter 10 Monate)
1. Unbefangenheitsprobe	1. Unbefangenheitsprobe
2. Leinenführigkeit	2. Leinenführigkeit
3. Leinenführigkeit unter Einwirkung optischer Reize	3. Leinenführigkeit unter Einwirkung optischer Reize
4. Geräuschunempfindlichkeit	4. Geräuschunempfindlichkeit
5. Nichtaufnehmen von Kot, Wurst oder herumliegendem Futter	5. Nichtaufnehmen von Kot, Wurst oder herumliegendem Futter
6. Neutrales Verhalten gegenüber einem fremden Menschen, der sich auffällig verhält	6. Neutrales Verhalten gegenüber einem fremden Menschen, der sich auffällig verhält
7. Passieren eines fremden Hundes	7. Passieren eines fremden Hundes
8. SITZ oder PLATZ während eines kurzen Gespräches mit einem Passanten	8. PLATZ während eines kurzen Gespräches mit einem Passanten
9. Alleinbleiben (angebunden) während Abwesenheit des Hundeführers	9. Alleinbleiben (angebunden) während Abwesenheit des Hundeführers und Ablenkung durch Passanten und angeleint vorbeigeführten Hund
10. Gebisskontrolle durch den Hundeführer unter Beobachtung durch den Richter	10. Gebisskontrolle durch den Richter
	11. Freilauf unter Ablenkung
	12. Anleinen unter Ablenkung

Tabelle 9　Unterordnungsprüfungen

	Stufe 1	Stufe 2	Stufe 3	Stufe 4
Mindestalter in Monaten	12	15	18	20
Leinenführigkeit	×	×	×	–
Freifolge	×	×	×	×
Sitz aus der Bewegung	×	×	×	×
Ablegen in Verbindung mit Herankommen	×	×	×	×
Ablegen unter Ablenkung	×	×	×	×
Apportieren		×	×	×
Voraussenden		×	×	×
Klettersprung über 1,40 m			×	×
Schrägwand mit Apportieren				
Steh aus dem Schritt				×
Steh aus dem Laufschritt				×

Tabelle 10　Ausdauerprüfungen

Stufe 1	Mindestalter 12 Monate Angeleint muss der Hund eine Strecke von 5000 Metern im Trab in der Höchstzeit von 30 Minuten zurücklegen. Der Hundeführer muss die ersten und letzten 250 Meter laufen, für den Rest darf er ein Fahrrad benutzen.
Stufe 2	Mindestalter 15 Monate Angeleint muss der Hund eine Strecke von 10 km im Trab in der Höchstzeit von 60 Minuten zurücklegen. Der Hundeführer muss die ersten und die letzten 500 Meter laufen, für den Rest darf er ein Fahrrad benutzen.
Stufe 3	Mindestalter 18 Monate Angeleint muss der Hund eine Strecke von 20 km in einer Höchstzeit von 120 Minuten zurücklegen. Der Hundeführer muss die ersten und die letzten 1000 Meter laufen, für den Rest darf er ein Fahrrad benutzen.

Tabelle 11   Fährtenprüfungen

	Stufe 1	Stufe 2	Stufe 3	Stufe 4	Stufe 5
Mindestalter in Monaten	10	12	14	16	20
Fährtenleger	Eigenfährte	Fremd-fährte	Fremd-fährte	Fremd-fährte	Fremd-fährte
Länge der Fährte (Schritte)	350–400	600	800	1000–1400	2000
Alter der Fährte (Minuten)	20	30	60	180	180
Legen der Verleitungsfährte				nach 30 Minuten	30 Minuten vor Ansatz
Anzahl der Schenkel	3	3	5	7	8
Anzahl der Winkel	2	2	4	6	7
Anzahl der Gegenstände	2	2	3	4	7

Für welche Beschäftigung ist welcher Sennenhund geeignet?

Tabelle 12

	Appenzeller	Berner	Entlebucher	Großer Schweizer
Apportieren	h	d	h	d
Joggingpartner	h	w	h	w
Fahrradbegleiter	h	w	h	w
Reitbegleiter	h	w	h	w
Lasten tragen	w	h	w	h
Karren ziehen	w	h	w	h
Gehorsams- u. Unterordnungstraining	d	d	d	d
Obedience	d	d	d	d
Fährten	h	h	h	h
Turnierhundesport	h	d	h	d
Agility	h	w	h	w
Flyball	h	d	h	d
Rettungshundearbeit	d	d	d	d
Mobility	h	h	h	h
Ausdauertraining	h	w	h	w

(h = hervorragend geeignet, d = durchschnittlich geeignet, w = weniger geeignet)

Sennenhunde als Therapiehunde

Therapiehunde sind Brückenbauer, die durch Anblick, Körperkontakt und daraus entstehender Kommunikation eine Wirkung auf Menschen ausüben. Der positive Einfluss von Hunden auf Menschen ist mittlerweile über viele Gutachten nachgewiesen worden. Hunde wirken stressabbauend, blutdrucksenkend und verschaffen ihrem Menschen Bewegung. Über den Hund kommt man mit anderen Menschen ins Gespräch, Hunde spenden Trost und können Dienstleistungen für Menschen übernehmen. Diese Fähigkeiten hat man für therapeutische Zwecke entdeckt. Hunde werden in Altenheimen, Erziehungsheimen für Kinder- und Jugendliche, in psychotherapeutischen Praxen, Krankenhäusern, Psychatrien und sogar Justizvollzugsanstalten eingesetzt.

Babuska v. d.Elfringhauser Schweiz auf Besuch im Seniorenheim.

Hunde ersetzen nicht die Therapie, sondern sind lediglich Helfer bei der Therapie. Teilweise werden Hunde für diesen speziellen Einsatz in den Institutionen gehalten oder Therapeuten bringen ihre eigenen Hunde mit. Darüber hinaus gibt es dann die so genannten Besuchshunde. Hier kann ein ehrenamtlicher Helfer mit seinem Hund Menschen in einer Institution besuchen.

Wenn die Heckklappe des Kombis aufgeht, werden Donja und Babuska schon ganz unruhig. Natürlich wissen sie sofort, wo sie sind, und können es gar nicht abwarten. Bin ich endlich so weit, geht es zielstrebig zur Eingangspforte des Seniorenzentrums Margaretenhöhe der Diakonie in Essen. Die Türen öffenen automatisch und so stürmen beide auch direkt hinein. Ihr Weg führt sie weiter zielgerade zum Aufzug. Die Eingangshalle ist immer sehr belebt, doch die Menschen, die uns hier ansprechen, interessieren die beiden momentan nicht im geringsten. Sie wissen genau, wo sie hin müssen, denn heute ist Hundebesuchstag im Altenheim. Eine Gruppe von vier bis fünf Hunden besucht zweimal im Monat für eine Stunde die Senioren. Endlich ist der Aufzug da und beide drängen hinein. Nicht selten gesellt sich noch eine Seniorin im Rollstuhl oder mit einer Gehhilfe dazu. Dann wird es manchmal richtig eng. Doch für Donja und Babuska ist das vollkommen normal. Öffnet sich die Aufzugtür im dritten Stock, ist unser Ziel erreicht. In der Bibliothek wartet bereits eine hundeinteressierte Seniorengruppe. Die beiden Bernerinnen habe keine Zeit, ihre Hundekollegen zu begrüßen, sie gehen direkt zu ihren alten Freunden und sagen auf Hundeart guten Tag.

„Da seid ihr ja wieder; wie geht es euch denn; oh, erkennst du mich noch" sind die Begrüßungsworte, die uns entgegenhallen. Frau G. sagt: „Da kommen die Schweizer, die angeblich aus der Schweiz kommen." Das sagt sie immer, denn sie weiß, dass Donja und Babuska in Deutschland geboren sind. Meine Person spielt jetzt keine Rolle, erst später, wenn sich die Begrüßungsfreude gelegt hat, werde auch ich wahrgenommen. Ich sitze mitten zwischen den Senioren und während sie die Hunde streicheln und beobachten, kommen wir ins Gespräch. Da gibt es viele Fragen zu beantworten – was die Hunde fressen, wie alt sie sind, was sie wiegen usw. Jedesmal geht auch die Raterei los: „Die mit mehr Weiß im Gesicht ist Babuska; nein, nein, Babuska ist die Tochter und die Mutter hat mehr Weiß; ich weiß, wer die Mutter ist, die hat die weiße Schwanzspitze; aber wie heißt denn jetzt die Mutter; usw." Dann kommt die Leckerchenrunde. Frau Wojahn, die Sozialtherapeutin des Seniorenheims, die diese Gruppe organisiert, verteilt an jede Person Leckerchen, die dann an die Hunde verfüttert werden dürfen. Neben Donja und Babuska sind heute noch Perle, ein Afghanenmischling, Shannon, ein Golden Retriever, und Piwi, ein Mittelpudel, anwesend. Mal muss einer der Hunde SITZ machen, mal ein Pfötchen geben, bevor er sein Leckerchen bekommt. Manchmal bestürmen drei Hunde gleichzeitig eine Seniorin, um an das letzte Leckerchen zu kommen. Doch dabei gibt es nie Streit und die

Senioren werden auch nie so stark bedrängt, dass es ihnen unangenehm wird. Sie haben sich alle nett zurecht gemacht für diesen Nachmittag. Da bleiben auch schon mal ein paar Hundehaare an dem schicken dunklen Rock oder der Hose haften. Spricht man sie darauf an, so ist es nie schlimm, Hauptsache die Hunde kommen ganz dicht heran und lassen sich streicheln. Der ältere Herr im Rollstuhl streichelt gerade Donja und sagt: „Ja, du bist schön. Aber Perle, Perle ist die Schönste." Perle kennt er schon lange und nur für Perle nimmt er an der Hundebesuchsgruppe teil. Ringsum ist ein lebhaftes Stimmengewirr. Frau G. erzählt mir gerade, wie sie 1908 von Ostpreußen nach Essen gewandert ist. Sie wollte immer so gerne einen Hund haben, aber ihre Eltern haben es nicht erlaubt. Als Kind durfte sie immer im Stadion sitzen und zuschauen, wie die Polizeihunde trainiert wurden. Auch ihr Mann wollte keinen Hund. Aber eine Katze hatte sie, doch das ist nicht das Gleiche. Sie seufzt ein wenig und sagt: „So gerne hätte ich einen Hund gehabt." Frau G. wird dieses Jahr noch hundert Jahre alt. Frau A. meint immer, dass „die Hunde die treueren Freunde sind, die einen nicht belügen. Sie haben so treue Augen."

Jetzt sind die Hunde nochmals der Mittelpunkt. Jeder führt ein kleines Kunststück vor und alle Zuschauer drücken die Daumen, damit es auch klappt. Mit Applaus wird nicht gespart. Die Hundebesitzer erzählen, was ihre Hunde seit dem letzten Besuch erlebt haben. Es gibt noch eine zweite Leckerchenrunde. Die Senioren erzählen weiter ihre kleinen Geschichten. Manche sitzen auch nur ganz stumm dabei und schauen zu. Eine der stillen Damen streichelt gerade Babuska. Ich setze mich neben sie und sage: „Das Fell ist schön weich, nicht wahr?" Ihre Augen strahlen mich an und sie antwortet zufrieden „Ja".

Die Zeit ist wieder mal viel zu schnell vergangen, meinen alle. Die Senioren werden zurück auf ihre Stationen gebracht und wir Hundebesitzer stehen noch einen Augenblick zusammen und reden miteinander. Da kommt die Frage: „Der ältere Herr im Rollstuhl, der immer die Geschichte von seinem Irischen Setter erzählt, war heute gar nicht da?" „Der alte Herr ist vor zwei Wochen verstorben", erklärt Fr. Wojahn. Auch das gehört zur Hundebesuchsgruppe.

Auf dem Weg zum Auto treffen wir in der Eingangshalle noch die ältere Dame, die so schwer an Alzheimer erkrankt ist. Ihre Tochter fährt sie im Rollstuhl spazieren. Sie nimmt ihre Umwelt gar nicht mehr wahr. Doch kommt ein Hund zu ihr, verändert sie sich meistens schlagartig. Sie versucht sogar zu sprechen. Sie streckt Ihre Hand nach dem Hund aus. Ihr Streicheln ist eher ein Kneifen, doch Donja hält still. Auf ihrem Gesicht sieht man ein sanftes Lächeln.

Im Prinzip sind Hunde aller Rassen für diese Art von Arbeit geeignet, wenn sie einen guten Grundgehorsam haben und entsprechende Eigenschaften mitbringen wie gute Sozialverträglichkeit, ausgeglichenes Wesen, mittleres Temperament, hohe Reizschwelle, sicheres Verhalten bei optischen und akustischen Reizen, freundlich und sicher gegenüber Menschen. Streicheln und angefasst zu werden müssen die Hunde mögen. Unerwünschte Eigenschaften sind: Neigung zu übertriebenem Bellen, Futterneid, aggressives und ängstliches Verhalten.

Doch auch an den Besitzer werden große Ansprüche gestellt. Er sollte offen auf Menschen zugehen können, darf keine Berührungsängste haben, sollte zuhören können und Einfühlungsvermögen mitbringen. Auch die Mensch-Hund-Beziehung muss viel mehr als gut sein. Der Mensch muss die Reaktionen seines Hundes voraussehen oder erahnen können und ihm in schwierigen Situationen helfen. Er muss erkennen können, wann sein Hund überfordert ist und ihm dann den Rückzug ermöglichen. Zu guter Letzt muss dem Menschen auch klar sein, dass, wenn er sich auf so ein Besuchsprogramm einlässt, dort Menschen auf ihn und seinen Hund warten. Er hat eine Verpflichtung, die er nicht einfach mal so absagen kann.

Eine allgemein gültige Ausbildung zum Therapiehund gibt es bis jetzt noch nicht. In der Schweiz bietet der Verein Therapiehunde Schweiz (VTHS) eine Ausbildung für Hunde und ihre Besitzer an. Der VTHS stützt sich dabei auf die Delta-Society, eine amerikanische Organisation, die bereits eine 20-jährige Erfahrung auf dem Gebiet hat. Die Ausbildung bereitet nicht nur den Hund auf die verschiedensten Situationen vor, sondern vermittelt auch dem Besitzer die notwendige Theorie, wie das Wissen über verschiedene Krankheitsbilder und Gesprächsführung. Bisher haben zwei deutsche Berner Sennenhunde die Prüfung des VTHS in der Schweiz abgelegt, Wenzel und Yette vom Stöckle. Beide sind 14-tägig in einem Behindertenheim bei Stuttgart tätig. Wenzel erfüllt darüber hinaus auch noch den Dienst eines Behindertenbegleithundes, nämlich für sein Frauchen, das auf den Rollstuhl angewiesen ist.

In Deutschland gibt es den Verein „Tiere helfen Menschen", der Hundebesuchsprogramme in verschiedenen Institutionen unterstützt, darunter auch die Hundebesuchsgruppe im Seniorenzentrum Margaretenhöhe, wo auch ich regelmäßig mit meinen Bernern den Senioren Besuche abstatte.

Schweizer Sennenhunde sind sicher auch in diesem Bereich einsetzbar. Besonders der Berner mit seinem kuscheligen Fell und seiner oft aufdringlichen Freundlichkeit kann hier ein breites Betätigungsfeld finden.

Sennenhunde auf Ausstellungen

Ausstellungen sind Zuchtschauen. Und Zuchtschauen sind ein Umschlagplatz für Informationen über eine Rasse. Hier werden Hunde, die sich in der Zucht befinden, und ihre Nachkommen von einem für diese Rasse speziell ausgebildeten und anerkannten Richter beurteilt. Er beschreibt den jeweiligen Hund und vergleicht ihn mit dem für diese Rasse gültigen Standard, erstellt hierzu einen Bericht (Beschreibung) und vergibt eine Formwertnote.

Ein Züchter besucht Ausstellungen, um seine Zuchthunde zu präsentieren und um sich über das aktuelle Zuchtgeschehen zu informieren. Er macht sich hier ein Bild über die zur Verfügung stehenden Deckrüden. Auch die Nachkommen eines Deckrüden aus verschiedenen Verpaarungen wird er in seine Betrachtung mit einbeziehen, denn hieran kann er sehen, wie der Rüde sich vererbt. Da man die Qualität einer Verpaarung nur an den Nachkommen erkennen kann, sollten möglichst alle Sennenhunde eines Wurfes irgendwann mal auf einer Ausstellung präsentiert werden.

Vielleicht möchten Sie ja einmal wissen, wie ein Zuchtrichter Ihren Sennenhund beurteilt. Natürlich können Sie einen Ausstellungsbesuch auch dazu nutzen, Ihr Wissen über die Sennenhunde zu erweitern. Suchen Sie das Gespräch mit anderen Ausstellern, Hundefreunden und Züchtern, denn über Sennenhunde gibt es immer etwas zu erzählen. Berichten Sie selbst dabei nicht nur von den positiven, angenehmen oder lustigen Erfahrungen. Gerade in der Zucht ist es wichtig, seinen Blick für beides, also das Positive wie auch das Unerwünschte, zu schärfen. So manche nette Bekanntschaft oder sogar Freundschaft hat auf einer Ausstellung begonnen, denn hier trifft man Leute mit gleichen Interessen.

Dadurch, dass viele Menschen und Hunde zusammenkommen, ist eine Ausstellung auch anstrengend. Doch die Möglichkeit zum Informationsaustausch sollte diese unangenehme Seite überwiegen.

Stellen Sie ihren Sennenhund aus, bedenken Sie immer, dass die jeweilige Tagesform bei der Beurteilung eine Rolle spielt und hier lediglich das äußere Erscheinungsbild und das Wesen betrachtet werden. Die Formwertnote besagt nichts darüber, ob Ihr Sennenhund ein guter oder schlechter Hund ist. Sie beschreibt lediglich, inwieweit er dem Standard seiner Rasse entspricht. Manchmal muss auf einer Ausstellung auch der Traum vom Züchten begraben werden, weil der Zuchtrichter an Ihrem Sennenhund einen Fehler feststellt, der ihn von der Zucht ausschließt. Ganz egal nun, wie Ihr Sennenhund abschneidet, ich bin sicher, dass Sie ihn weiterhin lieben und er für Sie der Schönste und der Wichtigste bleibt oder vielleicht noch schöner und wichtiger wird.

Welche Ausstellungen gibt es?

So genannte CACIB-Schauen (Certificat d'Aptitude au Championat Internationale de Beauté) sind internationale Rassehundeschauen, an denen alle FCI-anerkannten Hunderassen teilnehmen können. Diese Schauen werden vom VDH organisiert.

CAC-Schauen (Certificat d'Aptitude au Championnat) sind Landesgruppenschauen, auf denen nur Hunde einer speziellen Rasse ausgestellt werden. Sie finden in einem recht familiären Rahmen statt, meistens auf einem Reitgelände, in einer kleinen Halle oder auch auf der grünen Wiese. Diese Schauen werden vom Rassezuchtverein organisiert.

Um an einer Ausstellung teilnehmen zu können, muss Ihr Sennenhund eine FCI anerkannte Ahnentafel besitzen. Die Termine erfahren Sie aus kynologischen Fachzeitschriften oder beim Schweizer Sennenhundverein für Deutschland e. V.

Ausstellungsklassen

Die Sennenhunde werden nach Geschlechtern getrennt gerichtet und in Altersklassen eingeteilt. Folgende Klassen gibt es:

- Jüngstenklasse: 6 bis 9 Monate
- Jugendklasse: 9 bis 18 Monate
- Offene Klasse: ab 15 Monaten
- Veteranenklasse: ab 8 Jahren
- Championklasse: hier kann der Hund nur bei Nachweis eines Titels teilnehmen
- Ehrenklasse: nur für Hunde, die bereits den Titel „Internationaler Schönheitschampion der FCI" besitzen

Formwertnoten und Platzierung

Nachfolgende Formwertnoten werden vergeben:

- Jüngstenklasse: vielversprechend (vv), versprechend (vsp), wenig versprechend (wv)
- Jugendklasse: sehr gut (sg), gut (g), genügend (ggd), nicht genügend (nggd)

Zwei strahlende
Ausstellungssieger.

- Offene u. Championklasse: vorzüglich (v), sehr gut (sg), gut (g), genügend (ggd), nicht genügend (nggd)

Die Formwertnoten haben folgende Bedeutung:

- vorzüglich: Hunde, die dem Rassestandard in vollendeter Weise entsprechen, in allen Formen größte Vollkommenheit aufweisen und dem Idealtypus am nächsten kommen.
- sehr gut: Hunde, die den Rassekennzeichen in hohem Grade entsprechen und deren anatomischer Bau als nahezu fehlerfrei angesprochen werden kann, die jedoch trotz edler und beachtenswerter Formen nicht an die höchste Qualifikation heranreichen.
- gut: Hunde, die im Allgemeinen den Rassekennzeichen hinreichend entsprechen, jedoch kleinere Mängel aufweisen.

200

- genügend: Hunde, die den Rassekennzeichen noch entsprechen.
- nicht genügend: Hunde, die dem Standard nicht entsprechen oder mit groben Wesensfehlern behaftet sind.

Die vier besten Hunde einer Klasse werden von 1 bis 4 platziert.

Titel

- Deutscher Champion VDH (CAC-VDH)
  Entsprechende Anwartschaften können auf allen CAC- und CACIB-Schauen vergeben werden, jeweils in der Offenen und Championklasse. Hat der Hund vier Anwartschaften bei drei verschiedenen Richtern erhalten und liegt zwischen der ersten und der letzten ein Mindestzwischenraum von zwölf Monaten und einem Tag, kann der Titel beantragt werden.
- Championtitel des Rassezuchtvereins (CAC-Rassezuchtverein)
  Entsprechende Anwartschaften können auf allen CAC- und CACIB-Schauen vergeben werden. Jeweils die Sieger der Offenen und Championklasse konkurrieren um diese Anwartschaft. Hat der Hund vier Anwartschaften bei drei verschiedenen Richtern erhalten und liegt zwischen der ersten und der letzten ein Mindestzwischenraum von zwölf Monaten und einem Tag, kann der Titel beantragt werden.
- Internationaler Champion (CACIB)
  Entsprechende Anwartschaften können nur auf CACIB-Schauen vergeben werden. Jeweils die Sieger der Offenen und Championklasse konkurrieren um diese Anwartschaft. Hat der Hund vier Anwartschaften bei drei verschiedenen Richtern und in drei verschiedenen Ländern erhalten und liegt zwischen der ersten und der letzten ein Mindestzwischenraum von zwölf Monaten und einem Tag, kann der Titel beantragt werden.
- BOB (Best of Breed)
  Die Sieger-Hündinnen und -Rüden der Jugend- und Offenen bzw. Championklasse und Ehrenklasse einer Rasse konkurrieren um den Rassebesten des Tages.
- Gruppensieger (nur auf CACIB-Schauen)
  Die BOBs aller Rassen einer Gruppe (die Schweizer Sennenhunde gehören zur FCI-Gruppe 2) konkurrieren um den Gruppensieger.
  Es steht dem Richter frei, die Anwartschaften zu vergeben.
  Auf CACIB-Schauen können noch weitere Titel ausgeschrieben werden wie Europa- und Europajugendsieger, Bundes- und Bundesjugendsieger. Die Vergabe liegt im Ermessen des Richters. Der erstplatzierte der Jugendklasse kann den Jugendsiegertitel erhalten. Der Hund, der die Anwart-

schaft auf den Internationalen Champion (CACIB) erhalten hat, bekommt auch den Siegertitel.

Vorbereitungen

Zu den Vorbereitungen gehört als erstes **die Anmeldung**. So genannte Meldepapiere müssen Sie beim jeweiligen Sonderleiter (entnehmen Sie der Ausschreibung) anfordern. Beachten Sie für Ihre Anmeldung den Meldeschlusstermin. Bei Anmeldungen für Ausstellungen im Ausland fügen Sie eine Kopie der Ahnentafel bei. Normalerweise erhalten Sie eine Meldebestätigung und meistens auch eine Wegbeschreibung.

Ein Sennenhund sollte in guter Kondition, d. h. nicht zu dünn und nicht zu dick, in vollem Haarkleid und gut gepflegt präsentiert werden. Da Sie Ihren Sennenhund ja sowieso regelmäßig pflegen, sind die Vorbereitungen in dieser Hinsicht nicht besonders aufwändig. Ein gut gepflegter und richtig gefütterter Sennenhund hat immer ein glänzendes seidiges Fell. Ausnahmen bestehen während des Fellwechsels.

Der Berner hat oft lange zottelige Fransen an den Pfoten, diese schneiden Sie so ab, dass die Pfoten rund erscheinen. Auch an den Ohren befinden sich solche langen Zottelfransen, die über den Ohrrand hinausragen. Dabei handelt es sich in der Regel um abgestorbene Haare, die Sie leicht mit den Fingern herauszupfen können. Oder Sie schneiden Sie auf Ohrrandlänge ab.

Nur einen stark verschmutzten Sennenhund müssen Sie baden. Evtl. kann man die weißen Stellen des Fells waschen, damit sie wieder besonders schön leuchten. Muss man ihn ganz baden, sollte dies etliche Tage vor der Ausstellung geschehen, damit sich das Haar wieder legen kann, sonst wirkt vor allen Dingen der Berner wie ein aufgeplusterter Vogel, besonders, wenn das Fell gewellt ist.

Achten Sie auf saubere Ohren, darauf, dass die Augen weder gerötet noch entzündet sind, und entfernen Sie vorhandenen Zahnstein.

Die Tollwutimpfung muss regelmäßig durchgeführt worden sein und darf nicht älter als zwölf Monate und nicht jünger als vier Wochen sein.

Zu einer optimalen Präsentation gehört auch, dass man ein Halsband und eine Leine für den Hund wählt, die zu ihm passen. Ein nicht zu breites Lederhalsband schmückt jeden Sennenhund besonders gut. Eine leichte Leine, die nicht zu kurz und nicht zu lang ist, damit Ihr Sennenhund sich neben Ihnen im leichten Trab frei bewegen kann, ist ideal.

Ringtraining

Damit der Zuchtrichter Ihren Sennenhund optimal bewerten kann, sollten Sie das richtige Vorführen üben. Dazu gehört, dass sich Ihr Sennenhund problemlos am ganzen Körper anfassen lässt, und zwar nicht nur von Ihnen, sondern auch von fremden Personen. Es kann durchaus sein, dass der Richter den Hund am ganzen Körper abtastet, ganz sicher aber wird er die Rute Wirbel für Wirbel abfühlen und bei Rüden kontrollieren, ob beide Hoden vorhanden sind. Das Gebiss wird grundsätzlich immer kontrolliert, die Zahnstellung und die Anzahl der Zähne werden dabei festgestellt. Gewöhnen Sie Ihren Sennenhund von klein auf an diese Prozedur und lassen Sie sie immer mal wieder von fremden Personen durchführen. Als nächstes müssen Sie Ihren Sennenhund im Stand präsentieren können. Dafür muss er lernen, gerade auf allen vier Beinen, am besten in einer etwas angespannten Körperhaltung mit erhobenen Kopf, über einen längeren Zeitraum zu stehen. Nur so kann der Richter die wesentlichen Körpermerkmale erkennen.

Das Gangwerk Ihres Sennenhundes wird ebenfalls begutachtet. Sie führen Ihren Hund dafür im Laufschritt an lockerer Leine im Kreis. Wichtig ist dabei, dass Sie für Ihren Hund das richtige Tempo wählen. Einige Hunde neigen dazu, im Passgang zu laufen, wenn das Tempo zu langsam ist. Läuft ein Hund im leichten Trab, setzt er die Beine stets diagonal, d. h. vorne links und hinten rechts, vorne rechts und hinten links. Läuft er im Pass, setzt er die Beine einer Körperseite gleichzeitig, also vorne rechts und hinten rechts, vorne links und hinten links. Dadurch wirkt der Gang etwas schwankend. Laufen Sie zu schnell, wird Ihr Sennenhund leicht in einen Galopp fallen. Bitten Sie jemanden, Ihnen beim Training zuzuschauen, damit er Ihnen sagen kann, wann der Hund richtig läuft. So bekommen Sie ein Gefühl dafür. Hilfreich ist es, beim Laufen leise einen Takt zu zählen. Das Gangwerk wird ebenfalls von vorne und hinten beurteilt. Der Richter wird Sie wiederum im leichten Trab von sich weg in eine Ecke des Ringes schicken, dort drehen Sie um und laufen auf den Richter zu zurück.

Hat Ihr Sennenhund die höchste Formwertnote seiner Klasse erhalten, nimmt er an der Entscheidung für die Platzierung teil. Dafür werden alle Hunde dieser Klasse, die die höchste Formwertnote erhalten haben, in den Ring gerufen. Jetzt geht es noch einmal darum, dass Sie Ihren Sennenhund optimal präsentieren. Denn alle diese Hunde sind vorzüglich und kommen dem Standard in Ihrer Altersklasse sehr nahe. Es geht für den Richter darum, nun die vier besten für die Platzierung herauszusuchen.

Der Richter wird sich einen kurzen Überblick verschaffen, dafür präsentieren Sie Ihren Hund wiederum im Stand. Dann vergleicht er das Gangwerk, dafür lässt er alle gleichzeitig in einem großen Kreis um sich herumlaufen. Denken Sie an den leichten Trab und sorgen Sie dafür, dass sich Ihr Hund auch jetzt optimal zeigen kann. Um zwei Hunde miteinander vergleichen zu können, kommt es vor, dass er nur diese miteinander laufen lässt. Nach und nach wird er Hunde aussortieren bis vier übrigbleiben, diese wird er von 1 bis 4 platzieren. Wenn weniger als vier Hunde die höchste Formwertnote erhalten, werden auch Hunde mit geringeren Formwertnoten platziert.

Ratsam ist es, als Zuschauer eine Ausstellung zu besuchen, um den üblichen Ablauf kennen zu lernen, bevor man den eigenen Sennenhund meldet. Fragen Sie dabei ruhig die anderen Zuschauer, wenn Sie etwas nicht verstehen. Um das richtige Handling zu erlernen, bietet der Schweizer Sennenhundverein Übungsstunden an, fragen Sie doch einfach mal nach. Ihr Züchter hilft Ihnen bestimmt auch gerne. Besuchen Sie mit ihm zusammen eine Ausstellung, dann kann er Ihnen alles erklären.

Am Ausstellungstag

Machen Sie sich einen Spickzettel, damit Sie an alles denken, was Sie mitnehmen müssen. Allgemeines: Impfausweis, Ahnentafel (Original), Meldebestätigung, Eintrittskarte (nur bei CACIB-Schauen), eine Sicherheitsnadel, um die Startnummer gut sichtbar an Ihrer Kleidung befestigen zu können. Für den Hund: Wasser und Wassernapf, evtl. Futter und Leckerlis, eine Decke, Handtuch, Bürste und Kamm, eine Leine, ein Leder-, Nylon- oder Kettenhalsband, das nicht auf Zug gestellt ist. Für die Menschen: Stuhl, evtl. Schreibzeug und Verpflegung.

Sorgen Sie dafür, dass Sie frühzeitig am Ausstellungsgelände ankommen, damit Sie Ihren Sennenhund noch ausgiebig spazieren führen können. Nach vielleicht langer Fahrt muss er sich jetzt bewegen und sein Geschäft erledigen können. Gerade bei jungen Hunden ist es wichtig, dass sie noch genug Zeit haben, den Ring und die Atmosphäre kennen zu lernen, bevor sie im Ring vorgestellt werden. Die erste Aufregung wird sich bis dahin gelegt haben.

Am Eingang zum Ausstellungsgelände wird der Impfausweis Ihres Hundes auf eine gültige Tollwutimpfung kontrolliert. In der Regel erhalten Sie auch hier gegen Vorzeigen Ihrer Meldebestätigung einen Ausstellungskatalog. Auf dem Ausstellungsgelände sind mehrere Flächen mit bunten Bändern markiert. Eine solche Fläche nennt man Ausstellungsring, kurz Ring. An einer Seite des Ringes befindet sich ein Tisch, an dem zwei Ringhelfer den Papierkram erledigen. Dem Katalog entnehmen Sie die Einteilung der Ringe und die Startnummer Ihres Hundes. Vor Beginn des Richtens müssen Sie die Ahnentafel und die Meldebestätigung in dem Ring abgeben, in dem Ihr Hund gerichtet wird. Hier erhalten Sie auch Ihre Startnummer. Diese müssen Sie gut sichtbar an Ihrer Kleidung anbringen.

Die Reihenfolge des Richtens können Sie entweder dem Ausstellungskatalog oder den Ergebnistafeln des jeweiligen Ringes entnehmen. Den Verlauf des Richtens müssen Sie beobachten, um sich am Ringeingang bereithalten zu können, wenn Sie an der Reihe sind. Zu Beginn einer Klasse werden alle hierfür gemeldeten Sennenhunde in den Ring gerufen. Ab dann befolgen Sie einfach die Anweisungen des Richters und der Ringhelfer.

Die Ausstellung ist zu Ende, wenn alle im Katalog aufgeführten Hunde gerichtet und auch die Sieger nochmals in einem Ehrenring präsentiert wurden. Normalerweise erhalten Sie erst dann die eingereichten Papiere zurück. Sie können sie in dem Ring abholen, in dem Ihr Hund gerichtet wurde. **Wichtig:** Kontrollieren Sie noch vor Ort die Vollständigkeit (Ahnentafel, Richterbericht, Urkunde und Anwartschaftskarten auf einen Championtitel, soweit eine Vergabe für Ihren Hund stattgefunden hat).

Züchten – ja oder nein

Irgendwann einmal beschäftigt sicher auch Sie dieser Gedanke. Es gibt viele Gründe, die einen bewegen darüber nachzudenken. Vielleicht sind es die Kinder, die so gerne einmal Welpen erleben wollen. Oder Sie haben gehört, dass eine Hündin einen Wurf haben muss, um das Risiko einer Gebärmutterentzündung oder eines Gesäugetumors zu verringern. Heute weiß man, dass eine frühzeitige Kastration gegen diese Erkrankungen am wirkungsvollsten ist. Ihre Hündin hat immer ausgeprägte Scheinträchtigkeiten und irgendjemand erzählt Ihnen, dass dies nach einem Wurf komplett verschwindet. Hierzu nur Folgendes: Meine Donja hatte nie Anzeichen einer Scheinträchtigkeit, erst nachdem sie ihren ersten Wurf hatte, hat sie nach jeder Läufigkeit eine solche entwickelt. Es gibt noch weitere Ammenmärchen, die von Hundehalter zu Hundehalter weitergetragen und kritiklos geglaubt werden. Manche denken auch mit Hundezucht Ihr Einkommen aufbessern zu können. Alle diese Argumente sprechen nicht für die Zucht.

Sind Sie jedoch begeistert von einer der Sennenhundrassen und wollen unbedingt zur Erhaltung und Verbesserung der Rasse beitragen, dann prüfen Sie, ob Sie die nachfolgenden Punkte erfüllen können.

Schon bald werden diese vier an ihr neues Menschenrudel übergeben.

Mutterglück

Als erstes muss natürlich Ihre Hündin die Zuchtzulassungsbestimmungen des Rassehundezuchtvereins erfüllen, doch dazu später mehr. Sie müssen bereit sein, Ausstellungen zu besuchen, einerseits, damit Ihre Hündin die Zuchtzulassung erhalten kann, andererseits, um den Blick für die Rasse zu schärfen. Sie müssen das Gespräch mit anderen Züchtern suchen, um einen Erfahrungaustausch anbahnen zu können.

Literatur zum Thema wird ab sofort Ihre Pflichtlektüre. Theoretische Kenntnisse über Genetik, den Sexualzyklus der Hündin, über Deckakt, Trächtigkeit, Geburt und mögliche Geburtskomplikationen, Welpenerkrankungen, -entwicklung und -aufzucht müssen Sie sich aneignen. Über Ernährung und die Gesundheitsvorsorge der Welpen sowie der trächtigen und säugenden Hündin müssen Sie Bescheid wissen. An Seminaren, die vom Schweizer Sennenhundverein speziell für Züchter angeboten werden, sollten Sie so oft wie möglich teilnehmen, um Ihr Wissen ständig zu aktualisieren.

Der Schweizer Sennenhundverein gibt jedes Jahr ein Zuchtbuch heraus, in dem alle zuchtrelevanten Daten eines Jahres abgedruckt sind. Hiermit können Sie sich über Hunde, die sich in der Zucht befinden, informieren. Z. B. finden Sie darin nicht nur Daten über einen Deckrüden, sondern auch über seine Eltern, Geschwister und evtl. Nachkommen. Vielleicht gibt Ihnen der Züchter Ihrer Hündin oder ein Züchter in Ihrer Nähe die Möglichkeit, einmal einen Wurf vom Deckakt bis zur Abgabe der Welpen zu begleiten. Damit bekämen Sie ein wenig Einblick in die Praxis.

Unerlässlich ist es, sich ein Zuchtziel zu setzen. Ihre Prioritäten müssen Ihnen klar sein. Danach suchen und wählen Sie Ihren Deckrüden aus. Ein Zuchtziel kann eine Verbesserung oder Festigung von Wesensveranlagungen, Gesundheit oder bestimmter Körpermerkmale sein. Den passenden Rüden findet man nicht immer in der Nachbarschaft. Sie müssen also bereit sein, viele Kilometer zu fahren, vielleicht auch bis ins Ausland. Übernachtungen müssen eingeplant werden.

Sie brauchen viel Platz. Denn Sie müssen der Hündin innerhalb des ihr vertrauten Umfeldes einen Bereich schaffen, in dem sie sicher und ungestört Ihre Welpen werfen und in den ersten Wochen aufziehen kann. Für die Geburt und die ersten Wochen brauchen Sie eine Wurfkiste, die man nicht kaufen kann, die müssen Sie selber bauen oder bauen lassen. Ab der zweiten Lebenswoche müssen Sie den Lebensraum der Welpen ständig erweitern, die Wurfkiste reicht jetzt nicht mehr aus. Ab der 4. bis 5. Lebenswoche müssen sich die Welpen auch im Freien bewegen können. Ein fester Auslauf im Garten mit einem entsprechenden Wetterschutz ist dafür ideal. Dieser Auslauf darf nicht zu klein sein. Bedenken Sie, dass hier jetzt über einige Wochen Welpen wohnen. Der Rasen wird bald kein Rasen mehr sein, Ihre gepflegten Stauden fallen den Welpenzähnen zum Opfer und überall gibt es kleine Buddellöcher. Welpen machen auch

Lärm, da wird gebellt, geknurrt, gejault und zwar im Chor. Halten Ihre Nachbarn das aus?

Dann brauchen Sie Zeit – sehr viel Zeit. Sind Sie berufstätig, schlagen Sie sich diesen Traum aus dem Kopf. Denn der Jahresurlaub reicht nicht, um während einer Aufzuchtphase von mindestens acht Wochen Tag und Nacht präsent zu sein. Immer müssen Sie auch damit rechnen, dass Sie einen oder mehrere Welpen länger als acht Wochen behalten müssen. Sei es, weil die Käufer den Welpen noch nicht übernehmen können oder die Nachfrage im Augenblick so gering ist, dass Sie keine geeigneten Käufer finden.

Die Geburt kann schnell mal ein paar schlaflose Nächte bringen. Sind die Welpen erst einmal da, geht der Stress richtig los. Handelt es sich um einen kleinen Wurf, sind die ersten Wochen noch recht ruhig. Ist es ein großer Wurf, dann geht es gleich richtig zur Sache. Reicht die Milch der Hündin nicht, müssen Sie mit dem Fläschchen zufüttern. Sie müssen das Lager sauber halten und täglich, manchmal mehrmals, erneuern, später dann zusätzlich mehrmals täglich die Kothäufchen einsammeln. Sie brauchen Zeit für die Fütterungen, für die tägliche Beschäftigung mit den Welpen. Sie müssen den Welpen wechselnde Anregungen zur Umweltprägung in Form von optischen und akustischen Reizen bieten. Sie werden sicher auch viel Besuch haben in diesen Wochen. Welpeninteressenten, Freunde, Bekannte, Züchterkollegen werden kommen, um Ihre Wonneproppen zu bewundern.

Viel Zeit brauchen Sie auch, um die passenden Welpenkäufer zu finden. Sie müssen sie auf Herz und Nieren prüfen, da ergeben sich viele lange Gespräche. Sie müssen Welpeninteressenten beraten und Ihnen auch abraten können. Denn ist einer in Ihren Augen nicht geeignet, müssen Sie „nein" sagen. Schließlich wollen Sie etwas ungeheuer Wertvolles weitergeben, nämlich ein Hundeleben. Der Tag wird kommen und Sie müssen die geliebten kleinen Wuschels an die Käufer abgeben. Glauben Sie, dass Sie das können? Ihre Verpflichtung den Welpen gegenüber geht über die Aufzuchtphase hinaus, ist Ihnen auch das klar?

Es kann auch Probleme oder Komplikationen geben. Vielleicht sind Sie über tausend Kilometer bis zum Deckrüden gefahren, haben reichlich Kosten gehabt für die Fahrt, die Übernachtungen und die Deckgebühr. Der Deckakt hat nicht geklappt oder trotz aller Bemühungen hat Ihre Hündin nicht aufgenommen. Alles war umsonst. Oder es gibt Schwierigkeiten bei der Geburt und nur ein Kaiserschnitt kann helfen. Noch viel schlimmer, Gott sei Dank selten, die Hündin verstirbt aufgrund der Komplikationen. Die Welpen fallen nicht immer so schön aus, wie Sie es sich in Ihren Träumen vorgestellt haben. Vielfältige Probleme können auftreten. Es können Zeichnungsfehler oder andere erblich bedingte Fehler, manchmal auch Missbildungen vorkommen.

Sind Sie noch der Meinung züchten zu wollen? Haben Sie die erforderliche Zeit? Die Einnahmen aus dem Welpenverkauf decken nicht immer die entstandenen Kosten, ist Ihnen das klar? Lassen Sie es, wenn die Familie dagegen ist, denn so ein Vorhaben kann man nur gemeinsam tragen, zum Wohle der Welpen. Sie sollten an sich mindestens die gleichen Ansprüche stellen, die Sie auch an den Züchter Ihres Hundes gestellt haben.

Ihr Entschluss steht fest, Sie wollen züchten! Dann lassen Sie sich auf dieses einmalige Abenteuer ein. Sie werden dabei sein, wenn Leben entsteht, und sorgen dafür, dass dieses Leben den richtigen Weg findet. Eine ungeheure Verantwortung, die da auf Ihren Schultern ruht! Doch auch ein einmaliges Erlebnis, der Natur so nahe zu sein und beobachten zu können, wie geschickt sie alles eingerichtet hat, damit diese kleinen Vierbeiner ins Leben finden. Eine ungeheuer beglückende Aufgabe wartet auf Sie.

Haben Sie gar keine Hündin, sondern einen Rüden und würden ihn gerne in die Zucht bringen, dann kommen ganz andere Aufgaben auf Sie zu. Am Anfang steht natürlich auch bei Ihnen die Frage: Erfüllt der Rüde die Zuchtzulassungsbestimmungen des Rassezuchtvereins? Nehmen wir einmal an, es wäre so. Dann hätten Sie jetzt schon mehrere Ausstellungen besucht. Sie brauchen nicht so viel Zeit wie der Hündinnenbesitzer und mit den Welpen und der Aufzucht haben Sie so gut wie nichts zu tun. Ihre Hauptaufgabe wird es sein, Ihren Rüden mehrmals im Jahr auf Ausstellungen zu präsentieren. Dadurch werden Hündinnenbesitzer auf ihn aufmerksam und das Interesse wird geweckt. Sie brauchen in erster Linie Zeit für den Deckakt. Die Hündin reist dafür normalerweise zum Rüden. Der Rüde deckt die Hündin innerhalb von zwei bis drei Tagen zweimal. Das kann bei unerfahrenen Hunden manchmal viel Zeit in Anspruch nehmen. Der Hündinnenbesitzer zahlt ein Deckgeld, dass vor dem Deckakt vereinbart wird und unabhängig davon ist, wie oft der Rüde die Hündin deckt. Findet der Deckakt nicht statt, zahlt der Hündinnenbesitzer auch nichts. Trägt die Hündin trotz erfolgreichem Deckakt keine Welpen aus, hat der Hündinnenbesitzer normalerweise einen weiteren Deckakt frei.

Der Rüdenbesitzer sollte sich ebenfalls in der Theorie fortbilden. Züchterseminare sind für ihn genauso wichtig wie für Hündinnenbesitzer. Durch geeignete Literatur sollten Sie sich über die Problematik des Deckaktes und auch der Genetik informieren. Ein reger Informationsaustausch mit Züchtern und anderen Deckrüdenbesitzern ist auch für Sie unbedingt wichtig.

Sie als Deckrüdenbesitzer haben auch eine Verpflichtung den Welpen gegenüber. Es sollte für Sie eine Selbstverständlichkeit sein, die Welpen Ihres Prinzen in der Aufzuchtphase zu besuchen, um sich ein Bild von den Nachkommen machen zu können. Auch auf Ausstellungen und sonstigen Zusammenkünften sollten Sie ein offenes Ohr für die Nachkommen Ihres Rüden haben. Sprechen Sie die Besitzer auf ihre Erfahrungen an. Nur so können Sie herausfinden, wie sich Ihr Rüde vererbt. Sie tragen eine große

Verantwortung und haben viel Einfluss auf die Zucht, stärker noch als mit einer Hündin, da ein Rüde viel mehr Nachkommen haben kann.

Sollten Sie einen Senkrechtstarter erwischt haben, der bereits nach wenigen Ausstellungen in der Championklasse gelandet ist, wird die Nachfrage der Hündinnenbesitzer wahrscheinlich sehr groß sein. Jetzt wird es schwierig für Sie, denn die Eitelkeit wird gestreichelt. Geben Sie auf gar keinen Fall jeder Nachfrage nach. Ihr junger Rüde sollte zuerst nur wenige, gut ausgewählte Hündinnen decken, Sie dürfen auch eine Hündin ablehnen. Haben Sie dann Daten über die Nachkommen gesammelt, können Sie erkennen, welche Merkmale Ihr Rüde positiv vererbt und können gezielter Hündinnenbesitzer beraten und passende Paarungspartner aussuchen. Zucht ist nicht ganz einfach, denn ein schöner Rüde gepaart mit einer schönen Hündin gibt nicht immer schöne Welpen. Die Sache mit der Genetik ist etwas komplizierter.

Ich möchte Ihnen an dieser Stelle noch sagen, wie sehr es mich freut, dass Sie sich als Rüdenbesitzer für diese Thematik interessieren. Denn Rüden gibt es immer viel zu wenige in der Zucht. Wahrscheinlich schlummern viele hervorragend veranlagte Rüden in irgendeinem Haus mit Garten als Familienhund und keiner kommt auf die Idee, dass gerade dieses Prachtstück die Schweizer Sennenhundezucht um ein Vielfaches verbessern könnte. Ein Züchter hat es da nicht leicht, denn er sucht in erster Linie ein schönes Zuhause für seine Welpen für ein ganzes Hundeleben. Erst an zweiter oder dritter Stelle steht der Gedanke, dass einer dieser Welpen mal ein Prachtkerl werden könnte. Wird er es tatsächlich, ist es oft sehr schwer, die Besitzer zu motivieren, diesen Hund in die Zucht zu bringen. Sie als Leser dieses Buches können die Situation verändern.

Wenn Sie Ihren Sennenhundwelpen aussuchen, kann Ihnen keiner garantieren, dass dieses Prachtstück einmal in die Zucht gehen wird. Sie können auf die Zeichnung achten und auf verschiedene Gebäudemerkmale. Die Zeichnung wird sich nicht mehr verändern, doch ob Ihr Sennenhund im Erwachsenenalter noch die gleichen positiven Gebäudemerkmale zeigen wird, ist nicht sicher. Deshalb müssen Sie es als großes Glück betrachten, wenn Ihr Sennenhund alle Kriterien erfüllt, die er für eine Zuchtzulassung benötigt. Als besonderes Geschenk kann man es sehen, wenn er es zum Championtitel und sehr gutem Nachwuchs bringt.

Ich selbst habe mir aus einem Wurf Berner die einzige Hündin behalten. Sie war zeichnungsmäßig ein Grenzfall, aber ihr Wesen, ihr Körperbau und ihre Beweglichkeit haben mich fasziniert. Ihre Rute trug sie als Welpe bereits sehr hoch, besonders wenn sie voller Spannung und Neugierde etwas entdeckte oder beobachtete. Für mich war sie der Hoffnungsträger meiner züchterischen Bemühungen. Doch als sie sieben Monate alt wurde, war es klar, sie würde nicht in die Zucht gehen. Denn in diesem Alter hat sie sich überlegt, dass die Welt einfach nur schön ist und begann die Rute nun nicht mehr nur über den Rücken nach vorne zu biegen, sondern rollte sie über den Rücken ein, ähnlich wie ein Appenzeller. Auch fehlten ihr nach dem Milchzahnwechsel zwei Prämolaren des nun endgültigen Gebisses im Unterkiefer. Aber ihr Wesen, ihr Körperbau und ihre Beweglichkeit sind geblieben und dafür liebe ich sie ganz besonders. Nicht eine Sekunde möchte ich sie missen.

Zum Schluss noch eins, egal ob Sie nun Hündinnen- oder Rüdenbesitzer sind, Sie müssen auch bereit sein, Ihren Sennenhund aus der Zucht zu nehmen, wenn gesundheitliche oder gehäuft erbliche Defekte auftreten. Eine Selbstverständlichkeit muss es sein, dass Sie genauso ehrlich mit den Fehlern wie mit den Glanzlichtern umgehen.

Die Zuchtzulassung

Zu den Zuchtzulassungsbestimmungen des Schweizer Sennenhundvereins gehören zurzeit zwei Ausstellungsbesuche, bei denen Ihr Sennenhund mindestens die Formwertnote „sehr gut" erhalten hat. Davon muss er ein „sehr gut" in der Offenen Klasse erhalten haben. Das Röntgenergebnis der offiziellen SSV-Auswertungsstelle muss vorliegen und bei Entlebuchern eine Bescheinigung über eine Augenuntersuchung, die nicht älter als vier Monate sein darf. Nur Hunde mit nachfolgenden Ergebnissen werden zur Körung zugelassen: Hd-Frei, HD-Verdacht und HD-Leicht; Ed-0 und ED-1, OCD-Frei und frei von Augenerkrankungen. Welche Untersuchungen Sie für welche Rasse benötigen, entnehmen Sie dem Kapitel „Was leistet der Rassezuchtverein".

Ihr Sennenhund kann jetzt zur Körung angemeldet werden. Auf einer Körung wird Ihr Sennenhund auf die gleiche Art und Weise präsentiert wie auf einer Ausstellung. Mit einem Messstab (Körmaß) wird die Größe Ihres Sennenhundes festgestellt. Das Körmaß wird am höchsten Punkt des Schulterbereichs aufgelegt, dafür muss der Hund aufrecht und gerade stehen. Das muss vorher gut geübt werden. Lassen Sie sich das von Ihrem Züchter oder einem erfahrenen Sennenhundfreund zeigen. Beim Wesenstest wird das Verhalten des Sennenhundes gegenüber Menschen und optischen sowie akustischen Reizen überprüft. Eine Körkommission aus drei Zuchtrichtern entscheidet aufgrund der körperbaulichen Merkmale und des Wesens, ob Ihr Sennenhund zur Zucht zugelassen wird oder nicht.

Ernährung von Sennenhunden

Nahrung wird benötigt, um Leben zu erhalten. Die Nahrung liefert die Stoffe, die der Hund für Wachstum, Bewegung und Stoffwechsel braucht.

Der Hund lebt nicht von Fleisch allein, das ist auch heute bereits weitreichend bekannt. Die richtige Mischung aus Futtermitteln tierischer und pflanzlicher Herkunft ergänzt durch Mineralien und Vitamine bildet heute die Grundlage der Hundeernährung. Bei der Zusammenstellung müssen die unterschiedlichen Lebensphasen berücksichtigt werden. In Phasen wie Wachstum, Trächtigkeit, Laktation (= säugende Hündin), erhöhte Leistung und Alter ist der Nährstoffbedarf des Hundes unterschiedlich hoch. Die Fertigfutterindustrie bietet ein großes Angebot, das alle diese Anforderungen zu decken vermag.

Die erste Breimahlzeit ist voll danebengegangen, aber Mama weiß Rat.

Die wichtigsten Futterarten

Industriell hergestelltes Futter

- Alleinfutter: Trockenfutter, Feuchtfutter (Dosen) und halbfeuchte Futter, die nicht mehr ergänzt werden müssen. Eine zusätzliche Verfütterung von Mineralien und Vitaminen könnte sich hierbei negativ auswirken.
- Ergänzungsfutter: pflanzlicher Herkunft in Flocken- oder pelletierter Form, das mit Dosenfutter oder Frischfleisch vermischt wird. Mineralstoffe und Vitamine sind der Mischung nicht immer in ausreichender Menge beigefügt, dann muss eine Ergänzung erfolgen.
- Mineralfutter und vitaminierte Mineralfutter
- Beifutter: Hundekuchen, Snacks jeder Art, Kaustangen, Schweineohren, Ochsenziemer etc.

Nach dem heutigen Futtermittelrecht müssen Verpackungen eine ausführliche Information zur Futterzusammensetzung geben. Sie finden also im Aufdruck Angaben über die Inhaltsstoffe und in der Regel eine Fütterungsempfehlung. Kontrollieren Sie beim Einkauf stets das Haltbarkeits- oder Herstelldatum. Eine Packungseinheit Trockenfutter sollte in drei bis vier Wochen nach Öffnung aufgebraucht sein. Das Futter muss immer trocken, luftdicht und kühl gelagert werden.

Eigenmischungen

Wollen Sie selbst für Ihren Sennenhund kochen, müssen Sie sich ein bisschen mehr mit der Hundeernährung befassen. Sie müssen den Bedarf Ihres Sennenhundes kennen und aus geeigneten Futtermitteln eine ausgewogene Ration zusammenstellen können. Dafür müssen Sie mit Futterwerttabellen umgehen, den Bedarf aller für Ihren Hund erforderlichen Nährstoffe ermitteln, Futtermittel nach ihrer Eignung einteilen und Rationen berechnen können.

Welches Futter ist das Richtige?

Die Schweizer Sennenhunde sind vom Ursprung her auf Leichtfuttrigkeit selektiert worden. Der Bauer und Küher konnte sich keinen großen Fresser leisten. Dieses Erbe ist vielen Sennenhunden bis heute erhalten geblieben. Einige der angebotenen Fertigfuttermittel sind derart energie- und eiweißreich, dass sie für unsere Sennenhunde nicht geeignet sind. Gerade während des Wachstums ist eine kontrollierte Energie- und Eiweißversorgung besonders wichtig. Sie können über das Futter nicht steuern, wie groß Ihr Sennenhund wird, denn das ist genetisch festgelegt.

Aber Sie können die Wachstumsgeschwindigkeit beeinflussen. Die Energie, die Ihr jugendlicher Sennenhund über die hier vorgegebenen Bedarfszahlen hinaus erhält, wird er in Wachstum umsetzen. Ein schnelleres Wachstum und übermäßige Gewichtszunahmen sind somit die Folge, was sich ungünstig auf die Skelettentwicklung auswirken kann.

Der Energiegehalt eines Fertigfutters wird vom Hersteller auf der Verpackung angegeben, in der Regel in Megajoule (MJ) oder Kilokalorien (kcal) pro Kg Futtermittel. Der Eiweißgehalt eines Fertigfutters wird als Rohprotein in Prozent/kg angegeben. Bei den Angaben handelt es sich normalerweise um Bruttoangaben. Der Hund kann nicht den kompletten Energie- und Eiweißgehalt verdauen. Hochwertige Trockenfutter haben eine Verdaulichkeit von ca. 90 %. Den Teil, den der Hund verdauen kann, nennt man verdauliche Energie bzw. verdauliches Eiweiß (verdaul. Rohprotein). Die Verdaulichkeit eines Fertigfutters ermitteln Sie wie folgt: Angabe des Herstellers × 90/100.

Ein wichtiges Kriterium für die Bewertung eines Fertigfutters oder einer selbst hergestellten Mischung ist immer das Verhältnis der enthaltenen Nährstoffe zueinander. Die enthaltene Energie bestimmt den optimalen Gehalt aller übrigen Nährstoffe. So wird für erwachsene Hunde und Junghunde ab dem 3. Lebensmonat ein Eiweiß/Energie-Verhältnis von mindestens 10/1 empfohlen. Wird dieser Wert leicht überschritten, stellt dies für einen gesunden Hund kein Problem dar. Dieses Verhältnis errechnet man, indem man den Eiweißgehalt durch den Energiegehalt in MJ teilt.

Tabelle 13 Bedarf an verdaulicher Energie pro Tag

Gewicht des ausgewachsenen Hundes	3. Lebensmonat		4. Lebensmonat		5. + 6. Lebensmonat		7.–12. Lebensmonat		Erwachsen	
	MJ	kcal	MJ	kcal	MJ	kcal	MJ	kcal	MJ	kcal
20 kg	4,41	1054	5,65	1350	5,87	1403	6,49	1551	4,26	1018
25 kg	5,24	1252	6,53	1560	6,82	1630	7,48	1787	5,04	1204
30 kg	6,07	1450	7,41	1771	7,77	1857	8,47	2024	5,76	1376
35 kg	6,9	1649	8,30	1983	8,71	2081	9,46	2260	6,48	1548
40 kg	7,47	1785	9,16	2189	9,89	2363	10,24	2446	7,12	1701
45 kg	8,04	1921	10,02	2394	11,07	2645	11,02	2622	7,77	1857
50 kg	8,61	2057	10,88	2600	12,25	2927	11,80	2820	8,42	2012
55 kg	9,18	2194	11,74	2805	13,43	3209	12,58	2006	9,06	2320
60 kg	9,75	2330	12,60	3011	14,6	3489	15,00	3584	9,71	2320

Der Bedarf an verdaulichem Eiweiß rechnet sich in 10–12 g pro MJ.

Entweder verwendet man dafür von beiden die Bruttoangaben oder die verdaulichen Werte.

Den Bedarf eines Hundes errechnet man in verdaulicher Energie und verdaulichem Eiweiß. Folgender Tabelle können Sie den Bedarf eines Sennenhundes anhand des Körpergewichtes, das er als erwachsener Hund erreichen wird, entnehmen.

Um das Körpergewicht richtig bestimmen zu können, muss man sich an dem durchschnittlichen Rassegewicht orientieren. Hündinnen sind immer leichter als Rüden, somit muss man für sie die untere Gewichtsangabe wählen. Jetzt liegt natürlich nicht jeder Sennenhund mit seinem Endgewicht im Rassedurchschnitt. Es gibt immer leichtere und schwerere Typen, dabei spielen Knochenstärke und Schulterhöhe eine Rolle. Die Elterntiere können evtl. als Richtschnur dienen. Die Tabellen sind nach dem Bedarf während des Wachstums und des erwachsenen Sennenhundes mit normaler Leistung aufgeteilt.

Tabelle 14 Gewichtsentwicklung in kg bei wachsenden Sennenhunden

Rasse	Appenzeller + Entlebucher	Berner	Großer Schweizer
Ende 1. Lebensmonat	2,0– 2,2	2,6– 3,1	2,7– 3,3
Ende 2. Lebensmonat	5,1– 6,0	7,4– 8,7	7,7– 9,2
Ende 3. Lebensmonat	8,8–10,4	13,0–15,4	13,6–16,3
Ende 4. Lebensmonat	12,3–14,4	17,9–22,0	19,1–23,4
Ende 5. Lebensmonat	14,5–17,0	21,3–27,3	23,2–29,3
Ende 6. Lebensmonat	16,7–20,0	24,8–32,6	27,3–35,2
Gewicht* in %	65	60	60
Ende 12. Lebensmonat	23,0–27,0	33,8–44,0	36,8–48,0
Gewicht* in %	90	80	80
ausgewachsen	25–30	40–55	45–60

* Gewicht in % vom Erwachsenengewicht

Als weitere wichtige Bestandteile muss man Kalzium und Phosphor nennen. Beides benötigt der Hund für verschiedene Stoffwechselvorgänge und vor allem der wachsende Hund für den Skelettaufbau, denn Kalzium und Phosphor sind Bestandteile der Knochen und Zähne. Kalzium und Phosphor sollte immer in einer bestimmten Relation zueinander in einer Futterration enthalten sein. Phosphor erhält dabei den Wert 1 und Kalzium wird dazu ins Verhältnis gesetzt. Das Kalzium/Phosphor-Verhältnis sollte nie unter 1:1 und nie über 2:1 liegen. Fertigfuttermittel haben meistens ein ausgewogenes Kalzium/Phosphor-Verhältnis, das der Hersteller auch auf der Verpackung angeben muss.

Wollen Sie ein Fertigfutter füttern, so sollte der vom Hersteller angegebene Rohproteingehalt (Eiweiß) bei wachsenden Sennenhunden nicht über 25% liegen und für ausgewachsene Sennenhunde nicht über 21–22%. Nehmen wir einmal an, Sie haben ein Fertigfutter gefunden mit nachstehenden Angaben des Herstellers: Rohprotein 25%, Energie kcal 372/100 g, Kalzium 1,4%, Phosphor 1,1%. Das ergibt ein Eiweiß/Energie-Verhältnis von 16/1. Eine Entlebucherhündin im 4. Lebensmonat von 12 kg müsste maximal 460 g pro Tag von diesem Futter fressen, um ihren Energiebedarf zu decken. Sie nimmt dabei 103,5 g Eiweiß auf. Das Kalzium/Phosphor-Verhältnis beträgt 1,3 : 1. Die Hündin erhält über die Ration 6440 mg Kalzium und 5060 mg Phosphor.

Beispiel einer Bedarfsberechnung
(1 kcal = 4,185 Kilojoule (KJ), 1000 KJ = 1 MJ)
Entlebucherhündin 4. Lebensmonat mit einem Gewicht von 12 kg.
25–30 kg = durchschnittliches Rassegewicht (Tabelle 14)
1560 kcal = Bedarf an verdaul. Energie pro Tag (Tabelle 13, Reihe 25 kg)
78 g = Bedarf an verdaulichem Eiweiß pro Tag
(Tabelle 13, Reihe 25 kg: MJ × 12 g verd. Eiweiß)

Rechenformeln zu dem Fertigfutterbeispiel
- 25% Rohprotein × 90/100 = 22,5% verdauliches Rohprotein (Eiweiß)
- 372 kcal pro 100 g Futter × 90/100 = 335 kcal verdauliche Energie pro 100 g Futter
- 372 kcal × 4,185/1000 = 1,55 MJ pro 100 g Futter
- Eiweiß/Energie-Verhältnis: 25% Protein/1,55 MJ = 16
- 1560 kcal Bedarf an verdaulicher Energie der Hündin pro Tag/335 kcal verdaul. Energie in kcal pro 100 g Futter × 100 = 460 g Tagesration
- 22,5% verdaul. Rohprotein pro 100 g Futter entspricht = 22,5 g; 22,5 g × 460 g Bedarf /100 = 103,5 g verdaul. Eiweiß in der Tagesration
- 1,4% Kalzium/1,1% Phosphor = 1,3 : 1 Kalzium/Phosphor-Verhältnis
- 1,4% Kalzium entspricht 1400 mg Kalzium pro kg Futter, 1400 mg × 460 g Tagesration/1000 = 6440 mg Kalzium pro Tagesration
- 1,1% Phosphor entspricht 1100 mg Phosphor pro kg Futter, 1100 mg × 460 g Tagesration/1000 = 5060 mg Phosphor pro Tagesration

Alle weiteren Nährstoffe, die der Hund braucht, werden in Alleinfuttermitteln in ausreichender Menge angeboten. Das ausgewählte Trockenfutter kann als geeignet und ausgewogen betrachtet werden.

Da Fertigfutterprodukte für erwachsene Hunde heute in der Regel vom Nährstoffgehalt sehr hoch dosiert sind, können Sie Ihren jugendlichen Sennenhund durchaus auch ein Fertigfutter für erwachsene Hunde füttern. Die Futtermenge, die Ihr Jugendlicher davon benötigt, errechnen Sie über die enthaltene Energie (in kcal oder MJ) und den Bedarf Ihres Hundes (Tabelle 13). Da das Eiweiß/Energie-Verhältnis für erwachsene Hunde und Junghunde ab Ende des 3. Lebensmonat gleich ist, können erhöhte

Tabelle 15   Täglicher Nährstoffbedarf pro kg Körpergewicht

		3.–4. Lebensmonat	5.–6. Lebensmonat	7.–12. Lebensmonat	Erwachsener Hund
Mineralstoffe					
Kalzium	mg	355–520	240–305	130–145	100
Phosphor	mg	170–245	130–160	85–90	75
Magnesium	mg	21–23	17	13	12
Natrium	mg	73–88	60	53	50
Kalium	mg	75–91	65	57	55
Chlor	mg	110–150	100	90	120
Spurenelemente					
Eisen	mg	3,5–4,8	3,0–3,7	1,7–1,9	1,4
Kupfer	mg	0,3–0,5	0,2–0,3	0,1–0,2	0,1
Zink	mg	3,3–4,1	3,9–5,1	1,7–2,1	0,9
Mangan	mg	0,08–0,1	0,07–0,08	0,07–0,08	0,07
Jod	µg	25	25	25	15
Selen	µg	5	5	5	2,5
Vitamine					
Vitamin A	IE	200–500	200–500	200–500	75–100
Vitamin D	IE	20	20	20	10
Vitamin E	mg	2	2	2	1
Vitamin B1	mg	0,06	0,06	0,06	0,02
Vitamin B2	mg	0,1	0,1	0,1	0,05
Vitamin B6	mg	0,06	0,06	0,06	0,02
Vitaimin B12	µg	1	1	1	0,5
Pantothensäure	mg	0,4	0,4	0,4	0,2
Nikotinsäure	mg	0,45	0,45	0,45	0,2
Biotin	µg	4	4	4	2
Folsäure	µg	8	8	8	4
Linolsäure	mg	250	250	250	150–200
Cholin	mg	50	50	50	25

Die Versorgung des älteren Sennenhundes (ab 7 bis 8 Jahre) mit Zink, Vitamin A, E und B muss etwa um das Doppelte angehoben werden, besonders in belastenden Situationen (Infektionen).
(Quelle: Helmut Meyer, Ernährung des Hundes)

Eiweißgehalte in Fertigfutterprodukten für heranwachsende Hunde keinerlei Vorteile bringen.

Sollten Sie unsicher sein, was die übrige Nährstoffversorgung betrifft, vergleichen Sie das Produkt mit den Angaben in Tabelle 15. Ein bisschen Rechnen müssen Sie dafür schon, denn die Angaben der Fertigfutterhersteller beziehen sich meistens auf 1 kg des Produktes. Den Bedarf Ihres Hundes müssen Sie erst noch auf sein aktuelles Körpergewicht hochrechnen, bevor Sie vergleichen können. Mengeneinheiten können auch unterschiedlich sein.

Wollen Sie Ihrem Sennenhund Abwechselung bieten und selber kochen, so muss sich die Tagesration aus Futtermitteln tierischer und pflanzlicher Herkunft zusammensetzen. Geeignete Futtermittel sind:

- tierischer Herkunft: Fleisch von Rind, Schaf, Schwein, Geflügel und Pferd; Schlachtabfälle, Pansen, Leber, Herz; Milchprodukte: Quark, Hüttenkäse, Jogurt, Käse; Eier; Fisch.
- pflanzlicher Herkunft: Getreide, Weizen, Mais, Hafer, Reis, Nudeln; Weizenkleie; Kartoffeln; Gemüse: Möhren, Spinat, Salat, Tomaten; Obst: Äpfel, Bananen.
- zur Ergänzung: vitaminierte Mineralfutter, Pflanzenöle.

In Tabelle 13 finden Sie den Energiebedarf Ihres Sennenhundes (siehe auch „Beispiel einer Bedarfsberechnung"). Der Energiebedarf/250 kcal er-

Tabelle 16   Vorschlag für eine Rationszusammenstellung
Die jeweiligen Futtermittel der Spalte 1 bzw. 2 können einzeln oder miteinander kombiniert verwendet werden. 100 g dieser Mischung entsprechen ca. 250 kcal. Eiweiß/Energie-Verhältnis = 16:1

1	2	3	4	5
Muskelfleisch vom Rind, Pansen vom Rind, Rinderherz, Geflügel, Fisch, Quark, Hüttenkäse	Reis ungeschält (roh), Maisflocken, Haferflocken	Weizenkleie	Pflanzenöl (z. B. kalt gepresstes Sonnenblumen-, Distel- oder Weizenkeimöl)	vitaminiertes Mineralfutter mit 20 % Kalzium und 10 % Phosphor*
50 %	**46 %**	**3 %**	**1 %**	

* Bei Verwendung von Vitalkalk benötigt Ihr Hund pro kg Körpergewicht: 3.–4. Lebensmonat 2,0 g; 5.–6. Lebensmonat 1,5 g; 7.–12. Lebensmonat 0,8 g; erwachsener Hund 0,6 g.
Diese Mischung ist für erwachsene und heranwachsende Sennenhunde geeignet. Die Mineralstoffergänzung muss der jeweiligen Lebensphase angepasst werden.
100 g der Futtermittel in Spalte 2 können Sie durch 400 g gekochte Kartoffeln oder 85 g rohe Nudeln ersetzen.

gibt die Menge in g, die Ihr Sennenhund pro Tag von dieser Ration fressen darf.

Verändern Sie etwas an der Zusammensetzung dieser Rationen, verändert sich auch der Nährstoffgehalt und eine Ausgewogenheit ist dann nicht mehr gegeben. Achten Sie darauf, dass der Mineralzusatz, den Sie verwenden, ein vitaminiertes Mineralfutter ist. Ein solches enthält neben Mineralien auch Spurenelemente und Vitamine. Wählen Sie eins in Pulverform, damit lassen sich die Bedarfsmengen leichter abwiegen.

Die Zubereitung einer Ration aus diesen Zutaten gestaltet sich wie folgt:

- Alle Bestandteile müssen genau in Gramm errechnet und abgewogen werden.
- Fleisch und Fisch müssen gekocht oder gebraten werden. Reis und Nudeln werden ebenfalls gekocht. Kartoffeln werden in der Schale gegart und ungepellt püriert verfüttert. Das Kochwasser der Kartoffeln darf nicht mit verwendet werden.
- Getreideflocken werden vor der Verfütterung ca. 15 Minuten eingeweicht, am besten mit dem Kochwasser von Fleisch oder Fisch.
- Pflanzenöl und vitaminiertes Mineralfutter werden erst kurz vor der Verfütterung untergemischt.
- Die Ration kann lauwarm verfüttert werden (Körpertemperatur).

Wollen Sie Ihrem Sennenhund noch weitere Eigenmischungen servieren, müssen Sie sich mit der entsprechenden Fachliteratur befassen, um eine ausgewogene Ernährung gewährleisten zu können.

Die Verfütterung von so genanntem Beifutter zusätzlich zur Tagesration muss kritisch betrachtet werden. Zum Beifutter gehören Hundekuchen, Snacks, Schweineohren, Ochsenziemer usw. In der Regel sind diese Futtermittel nicht so optimal zusammengesetzt wie die tägliche Futterration. Füttern Sie zusätzlich zu dem normalen Futter häufig und regelmäßig solche Leckereien, dann wird Ihr Sennenhund schon bald runder und runder werden. Denn in erster Linie handelt es sich hierbei natürlich um Dickmacher. Im Prinzip muss jedes Leckerchen von der Tagesration abgezogen werden, um den Sennenhund in richtiger Kondition zu halten. Der beste Weg ist, auf die häufige Verfütterung dieser Dickmacher zu verzichten, und sollten sie doch einmal Verwendung finden, müssen sie bei der Tagesration berücksichtigt werden. Gerade bei einem heranwachsenden Sennenhund ist dies besonders wichtig. Also gilt Folgendes: Ziehen Sie die Leckerchen, die Sie für die Erziehung und Ausbildung Ihres Sennenhundes benötigen, von der Tagesration ab. Darüber hinaus braucht Ihr Sennenhund keine Leckerbissen. Ihre große Liebe können Sie ihm genausogut über ein gemeinsames Spiel, einen zusätzlichen Spaziergang oder ein paar Kuschelminuten zeigen.

Wasser

Frisches Trinkwasser muss dem Hund stets zur Verfügung stehen. Der Trinkwasserbedarf richtet sich nach dem Wassergehalt im Futter. Besonders, wenn Sie Trockenfutter verwenden, müssen Sie darauf achten, dass Ihr Sennenhund ausreichend Wasser zu sich nimmt. Am sichersten ist es, wenn man das Trockenfutter eingeweicht verfüttert. Einige Hunde lehnen eingeweichtes Trockenfutter ab. Dann hilft es manchmal, lauwarmes Wasser anzugießen, bevor man dem Hund das Futter anbietet. Das Trockenfutter ist dann noch fest, der Hund sucht es sich aus dem Sud heraus und schlabbert meistens die Brühe hinterher.

Beurteilung der Futterverwertung

Ob Sie nun das richtige Futter für Ihren Sennenhund gewählt haben, erkennen Sie an verschiedenen Faktoren. Als erstes spielt sicherlich die Schmackhaftigkeit eine Rolle. Frisst Ihr Sennenhund das Futter gern, so scheinen Sie hier richtig gewählt zu haben. Dann ist die Kotkonsistenz und -menge entscheidend. Der Kot soll gut geformt und braun bis dunkelbraun sein. Ist er breiig oder gelblich oder wird ungewöhnlich viel Kot abgesetzt, stimmt evtl. an der Futterzusammensetzung oder an der Verträglichkeit für Ihren Hund etwas nicht. Der Körpergeruch Ihres Hundes kann auch durch Futter beeinflusst werden, besonders bei hohen Fischmehlanteilen in Fertigfuttern. Auch ein schuppiges, glanzloses Fell kann auf Mängel in der Futterzusammensetzung hinweisen.

Das wichtigste Kriterium ist aber sicherlich die Gewichtsentwicklung Ihres Sennenhundes. Ein erwachsener Sennenhund sollte bei einer ausgewogenen Futterration sein Gewicht konstant halten. Ein heranwachsender Sennenhund sollte sich mit der Gewichtszunahme im Rahmen der Gewichtsentwicklung (Tabelle 14) bewegen. Eine geringe Toleranz nach oben oder unten bei normaler Kondition ist vertretbar. Doch die Gewichtskontrolle allein reicht nicht. Zusätzlich müssen Sie den Futterzustand Ihres Sennenhundes beurteilen, indem Sie mit einem leichten Druck mit beiden Händen seitlich über die Rippenbögen des gerade stehenden Hundes streichen. Können Sie dabei die Rippenbögen gut fühlen, ist Ihr Sennenhund in der richtigen Kondition. Besonders bei heranwachsenden Sennenhunden müssen Sie hierauf größten Wert legen. Ein wachsender Hund sollte immer eher knapp als üppig aufgezogen werden. Sind die Rippenbögen nur noch mit starkem Druck tastbar, ist Ihr Sennenhund zu dick.

Es muss betont werden, dass alle hier genannten Werte zur Futterberechnung nur als Richtwerte angesehen werden können. Jeder Hund entwickelt sich individuell anders. Der Energiebedarf einzelner Tiere variiert

Sennenhunde sind ursprünglich auf Leichtfuttrigkeit selektiert worden.

in jeder Rasse. Durch Temperament, Bewegung und Alter können sich Unterschiede ergeben. Nimmt Ihr erwachsener Sennenhund bei Verwendung der hier empfohlenen Bedarfszahlen zu oder ab, muss der Bedarf entsprechend angeglichen werden.

Ihr Sennenhund sollte bis ins hohe Alter stets rank und schlank bleiben. Jedes Kilo zuviel kann sich lebensverkürzend auswirken und eine starke Belastung für die Gelenke, Sehnen und Bänder darstellen.

Leider sieht man häufig unter Sennenhunden recht mollige Vertreter. Manchmal versuchen Besitzer die fehlende Knochensubstanz Ihres Sennenhundes durch Dickfüttern auszugleichen. Andere erkären die Speckschicht auf den Rippen Ihres Lieblings mit der Leichtfuttrigkeit der Sennenhunde. Doch gerade dieses Wissen darum bestätigt die mangelnde Konsequenz der Besitzer in der Futtermengenzuteilung.

Wie viele Mahlzeiten am Tag?

8.–16. Lebenswoche	4 Mahlzeiten
17.–26. Lebenswoche	3 Mahlzeiten
danach	2 Mahlzeiten

Zwischen den Mahlzeiten müssen mindestens vier Stunden liegen.

Fütterungspraxis

- Ihr Sennenhund braucht feste Futterzeiten.
- Futter, das nach 10–15 Minuten nicht gefressen wurde, wird entfernt. Reste von Feuchtfutter und eingeweichtem Trockenfutter können Sie nicht aufbewahren.
- Lässt Ihr Sennenhund regelmäßig kleine Mengen im Napf zurück, gestalten Sie die Rationen kleiner. Einen Nachschlag braucht Ihr Sennenhund jedoch nie.
- Das Futter wird am liebsten lauwarm gefressen. Niemals darf es direkt aus dem Kühlschrank kommen. Es muss mindestens Raumtemperatur haben.
- Günstig ist es, den Futternapf erhöht aufzustellen. Der Hund sollte beim Fressen gerade auf allen vier Beinen mit gerader Rückenlinie stehen können. Dadurch wird das Abschlucken von zu viel Luft bei hastigem Fressen vermindert.
- Fleisch muss immer gekocht oder gebraten verfüttert werden.
- Gemüse (Möhren, Spinat, Salat, Tomaten) und Obst (Äpfel, Bananen) können der Ration (Fertigfutter oder Eigenmischung) in kleinen Mengen untergemischt werden. Sie müssen dafür allerdings in eine für den Hund verdaubare Form gebracht werden. Äpfel kann man reiben, Bananen zerdrücken, Gemüse zerkleinert man, dünstet es kurz und rührt es dann unter. In pürierter Form kann es auch nach Gewöhnung roh verfüttert werden.
- Ein- bis zweimal pro Woche können Sie Ihrem Sennenhund zusätzlich ein gekochtes oder gebratenes Ei füttern. Niemals darf Eiklar roh verfüttert werden.
- Futterumstellungen dürfen nicht abrupt erfolgen. Ein Wechsel über fünf Tage ist ideal. am ersten Tag füttern Sie $1/5$ neues und $4/5$ altes Futter, am zweiten Tag $2/5$ neues und $3/5$ altes usw.
- Nach dem Fressen muss der Sennenhund eine Ruhezeit von mindestens zwei Stunden einhalten, u. a. um einer Magendrehung vorzubeugen. Beginnen Sie bereits beim Welpen mit der Gewöhnung daran. Meistens sind Hunde gerade nach dem Fressen noch besonders aktiv, wahrscheinlich um den Kreislauf für die Verdauung anzuregen. Leiten Sie diese Aktivphase in ein ruhiges Kuscheln mit Ihnen um und bieten Sie Ihrem Sennenhund einen Büffelhautknochen zur Beschäftigung an. Meine drei Bernerinnen kauen immer nach dem Fressen an einem Büffelhautknochen, sie verlangen ihn regelrecht. Damit wird ihre Aktivität abgeleitet und sie reinigen auch gleichzeitig ihr Gebiss.
- Speisereste sind kein geeignetes Hundefutter, da sie in der Regel stark gewürzt sind und regelmäßig und in großen Mengen gegeben eine unausgewogene Ernährung darstellen.

- Hündinnen können während der Läufigkeit und Scheinträchtigkeit ihr Fressverhalten verändern. Das gleiche gilt für Rüden, wenn eine läufige Hündin in der Nähe ist
- Einem Alleinfutter oder den hier aufgeführten Eigenmischungen dürfen keine weiteren Zusätze beigemischt werden.
- Knochen sollten nicht verfüttert werden. Lediglich zur Zahnpflege kann ab und zu ein Knochen gegeben werden, aber dann nur ein Kalbsbrustbeinknochen oder eine Röhre vom Kalb, an der an beiden Seiten noch die Gelenke vorhanden sind. Knochen müssen abgekocht werden. Lassen Sie ihren Sennenhund nicht unbeaufsichtigt, wenn er einen Knochen zur Verfügung hat. Es gibt Hunde, die große Knochenstücke einfach abschlucken. Das kann gefährlich werden, wenn so ein Stück dann den Darm nicht passieren kann. Hunde, die sich so verhalten, sollten nur große Gelenkknochen erhalten. Doch auch hierbei ist eine kontrollierte Zuteilung erforderlich. Überlässt man Hunden diesen großen Knochen uneingeschränkt, gibt es manche, die beide Gelenkseiten in relativ kurzer Zeit abnagen, so dass nur noch die Röhre überbleibt. Das kann vorübergehend zu Problemen beim Kotabsetzen führen, da durch große Knochenmengen zu fester Kot entsteht.

Selbstgebackene Hundekuchen

Vielleicht haben Sie einmal Lust, für Ihren Hund zu backen, möchten einen Hundefreund bzw. dessen Hund mit etwas Selbstgemachten überraschen oder suchen eine Aufgabe bzw. Beschäftigung für die Kinder. Selbstgebackene Hundekuchen sind der Renner unter Sennenhunden. Probieren Sie es aus.

Die Zutaten: 150 g Quark
6 Esslöffel Milch
6 Esslöffel Sonnenblumenöl
1 Eigelb
200 g fein gemahlene Hundeflocken oder Haferflocken

Kneten Sie aus den Zutaten einen Teig und formen daraus kleine Kugeln oder eine Rolle und schneiden davon dünne Scheiben ab oder rollen den Teig etwas dicker aus und stechen Formen aus. Bei 200 ° backen Sie die Kekse 30 Minuten ab.

Körperpflege und Gesundheit

Haarkleid

Das Haarkleid ist das Spiegelbild der Gesundheit. Ein Sennenhund mit einem seidig glänzendem Fell wirkt gesund und vital. Die ausgewogene Ernährung des Sennenhundes spielt hierbei die größte Rolle. Nur zweitrangig ist die Fellpflege mit Bürste und Kamm. Letztere ist beim Schweizer Sennenhund nicht besonders aufwändig. Alle vier Schweizer kommen zweimal jährlich in den Fellwechsel. Dies kann sechs bis acht Wochen andauern. Die Rüden haaren mit den Jahreszeiten und die Hündinnen acht bis zehn Wochen vor der Läufigkeit. Während des Haarwechsels kann das Fell, besonders bei der Hündin, etwas matt und schuppig sein. Mit Futterzusätzen, tägl. 1 Teelöffel kalt gepresstes Pflanzenöl oder Vitamin B-Gaben, kommt schnell wieder Glanz ins Fell. Einige Sennenhunde kratzen sich während des Haarwechsels häufiger. Ein- bis zweimal die Woche sollten Sie sich der Fellpflege widmen, um für Durchlüftung und eine Hautmassage zu sorgen.

Das seidig glänzende Fell des Sennenhundes ist ein Zeichen für Gesundheit und Vitalität. (Entlebucherhündin)

Appenzeller, Entlebucher und Großer Schweizer sind stockhaarig. Das Stockhaar besteht aus kräftigen Grannenhaaren. Darunter liegt ein feines gekräuseltes oder gewundenes Wollhaar. Die Grannenhaare, die den Hund vor Nässe schützen, liegen dachziegelartig über dem Wollhaar (= Unterwolle). Dies bewirkt eine sehr gute Isolationsschicht gegen sämtliche Witterungseinflüsse. Ein stockhaariger Hund kann viele Stunden durch den Regen laufen oder schwimmen, ohne dass seine Haut nass wird. Als Schutz gegen Kälte und Nässe ist das Stockhaar besser geeignet als das Langhaar des Berners. Die Grannenhaare (= Deckhaar) des Großen Schweizers sind mittellang (3–5 cm), die des Entlebuchers werden kurz gewünscht.

Stockhaarige Sennenhunde pflegen Sie mit einem Massagehandschuh oder einer -bürste. Auch lose Haare können damit entfernt werden. Angetrockneten Dreck bürsten Sie aus. Während des Fellwechsels verwenden Sie täglich oder jeden zweiten Tag einen Striegel, um die lose Unterwolle herauszuziehen.

Das lange Fell des Berners soll schlicht oder leicht gewellt sein. Manchmal ist es auch lockig oder sogar kraus. Der Berner hat ebenfalls eine dichte Unterwolle, die ihn vor Witterungseinflüssen schützt. Doch bei Nässe kann das Wasser nicht so gut abfließen wie beim Stockhaar, besonders nicht, wenn das Fell lockiger ist. Das Deckhaar nimmt das Wasser schneller auf. Daher benötigt er längere Zeit zum Trocknen als die anderen Sennenhunde. Das lange Haar des Berners bürsten Sie ein- bis zweimal die Woche gründlich durch. Danach wird das Fell nochmals durchgekämmt. Hinter den Ohren und an den Ellenbogen müssen Sie sorgfältig vorgehen, weil das Haar an diesen Stellen gerne zum Verfilzen neigt. Während des Haarwechsels müssen Sie täglich die losen Haare herauskämmen. Seien Sie besonders vorsichtig an der Rute, denn da kann Ihr Berner sehr empfindlich sein. Um die Haare am Bauch bürsten und kämmen zu können, drehen Sie den Berner auf den Rücken. Auch der Berner mag eine Massage mit einem großnoppigen Massagestriegel sehr. Beim Berner wachsen oft an den Pfoten lange zottelige Fransen, diese schneiden Sie ab, damit die Pfoten rund wirken. Auch an den Ohren kann der Berner zottelige Fransen haben. Sie können sie herauszupfen oder auf Ohrrandlänge abschneiden. Wenn Sie die Pfote des Berners von unten betrachten, sehen Sie zwischen den Pfotenballen Haare überstehen. Schneiden Sie diese mit der Schere auf Ballenebene ab. Im Winter ist dies besonders wichtig, da sich daran kleine Schneeklumpen bilden können, die durch Druck auf die Pfotenballen oder die Ballenzwischenräume zu Schmerzen und Lahmheit führen.

Einen nassen Sennenhund können Sie mit einem Handtuch trocken reiben. Doch reiben Sie immer nur von vorne nach hinten, nicht gegen den Haarstrich. Ansonsten reiben Sie die Nässe auf die Haut.

Baden

Regelmäßig baden sollte man einen Sennenhund nicht, denn der zu häufige Gebrauch von Shampoo zerstört den normalen Schutzmantel seiner Haut. Gebadet werden muss der Hund nur aus medizinischen Gründen und bei Ungezieferbefall. Natürlich können Sie ihn täglich mit klarem kalten bis lauwarmen Wasser von Schmutz befreien. Gerade Bernerbesitzer bauen oftmals dafür eine separate Hundedusche. Denn bei Matsch und Regenwetter kann ein Berner, je nach dem, was er so getrieben hat, ganz schön „paniert" aussehen. Da hilft nur noch der Wasserschlauch oder die Dusche. Die stockhaarigen Sennenhunde sind da etwas einfacher zu reinigen, meistens reicht ein Veledatuch oder ein altes Handtuch zum Abreiben.

Krallen

Durch regelmäßige und ausreichende Bewegung läuft sich Ihr Sennenhund die Krallen selbstständig ab. Sie brauchen nicht nachgeschnitten werden. Kontrollieren Sie stets die Daumenkrallen an den Innenseiten der Vorderläufe, denn diese kann sich der Sennenhund nicht ablaufen. Gerade bei einem alten Hund kann es erforderlich sein, sie zu kürzen. Lassen Sie es sich von Ihrem Tierarzt zeigen.

Ohren

Die Ohren Ihres Sennenhundes kontrollieren Sie bei der Fellpflege. Eine leichte Verschmutzung durch Dreck oder Ohrenschmalz reinigen Sie mit einem weichen Papiertuch, dass Sie vorher mit Babyöl beträufeln. Die Reinigung muss sich auf den äußeren Gehörgang beschränken. Versuchen Sie, tiefer ins Ohr vorzudringen, kann dies zu Verletzungen führen und der Schmalzpfropf wird damit nicht gelöst, sondern noch tiefer ins Ohr hineingedrückt. Ist das Ohr gerötet, schüttelt Ihr Sennenhund häufig den Kopf, hält ihn zu einer Seite schief oder kratzt sich oft an einem Ohr, liegt eine krankhafte Veränderung vor, die durch Ihren Tierarzt abgeklärt werden muss.

Augen

Die Augen kontrollieren Sie täglich. Nach dem Schlafen oder nach dem Spaziergang wischen Sie die Absonderungen im inneren Augenwinkel mit einem leicht mit Wasser angefeuchteten Papiertuch ab. Kamillentee oder Borwasser haben am Auge nichts zu suchen, sie führen eher zu einer Reizung als zu einer Linderung. Entdecken Sie einen wässrigen, milchigen oder gelblich-grünen Ausfluss an einem oder beiden Augen, kann eine Bindehautentzündung oder auch andere Erkrankung vorliegen, die Sie durch Ihren Tierarzt abklären lassen sollten. Bindehautentzündungen entstehen leicht durch Zugluft. Der wachsende Sennenhund ist oftmals anfällig für Bindehautentzündungen, da in den verschiedenen Wachstumsphasen der Lidschluss des Auges nicht immer ganz fest ist. Dadurch können leichter krankmachende Keime eindringen.

Häufig kommt bei Hunden im ersten Lebensjahr eine übermäßige Follikelbildung hinter dem dritten Augenlid, der Nickhaut, vor, die zu einer immer wiederkehrenden Bindehautentzündung führen kann. In der Fachsprache nennt man dieses Konjunktivitis follikularis (Follikelkatarrh). Helfen Salben oder Tropfen nicht weiter, muss ein chirugischer Eingriff vorgenommen werden. Die Follikel werden dabei unter einer leichten Narkose ausgeschabt.

Zähne

Die Zähne kontrollieren Sie bereits regelmäßig beim Welpen, um verfolgen zu können, ob der Zahnwechsel korrekt verläuft. Auch Hunde entwickeln Zahnstein. Die Veranlagung zur Zahnsteinbildung kann sehr unterschiedlich sein und ist teilweise auch abhängig von der Fütterung. Zur Zahnpflege sollte Ihr Sennenhund Büffelhautknochen und harte Hundekuchen bekommen. Alle paar Wochen ein Kalbsknochen vom Brustbein oder eine Röhre, an der noch die großen knorpeligen Gelenke an beiden Seiten vorhanden sind, zum Benagen hilft gegen Zahnstein, sicher die natürlichste Pflege. Im Futtermittelhandel gibt es verschiedene Kauartikel, die speziell gegen Zahnstein entwickelt wurden. Sie können sich auch ein Mullläppchen um den Finger wickeln und täglich damit die Zähne abreiben. Speziell für Hunde entwickelte Zahnbürsten und -pasten kann man kaufen. Doch nur tägliche Anwendung führt zum Erfolg. Probieren Sie aus, womit Sie und Ihr Sennenhund am besten zurechtkommen. Bildet sich trotz Ihrer Bemühungen starker Zahnbelag, müssen Sie ihn vom Tierarzt entfernen lassen. Das geht nur unter Narkose. Behandeln Sie Zahnstein nicht, so führt das zu Zahnfleischentzündungen und Karies. Die Zähne faulen, fallen aus oder müssen gezogen werden.

Zahnentwicklung

Das Milchgebiss des Welpen zählt 28 Zähne und bricht in der 3. bis 4. Lebenswoche durch. Das Gebiss des erwachsenen Sennenhundes besteht aus 42 Zähnen. Das Scherengebiss ist die standardmäßig gewünschte Ge-

Der Große Schweizer
ist der größte unter den
Sennenhunden.

links   rechts

Oberkiefer

4P 3P 2P	1C	3I 2I 1I	1I 2I 3I	1C	2P 3P 4P	

Molaren	Prämolaren	Canini	Incisivi	Canini	Prämolaren	Molaren
	4P 3P 2P	1C	3I 2I.1I 1I 2I 3I	1C	2P 3P 4P	

Unterkiefer

links   rechts

Zahnformel des Sennenhundwelpen (= 28 Zähne)

links   rechts

Oberkiefer

2M 1M	4P 3P 2P 1P	1C	3I 2I 1I 1I 2I 3I	1C	1P 2P 3P 4P	1M 2M		

Molaren	Prämolaren	Canini	Incisivi	Canini	Prämolaren	Molaren
3M 2M 1M	4P 3P 2P 1P	1C	3I 2I.1I 1I 2I 3I	1C	1P 2P 3P 4P	1M 2M 3M

Unterkiefer

links   rechts

Zahnformel des erwachsenen Sennenhundes (= 42 Zähne)

Incisivi = Schneidezähne; Canini = Eck- oder Fangzahn; Prämolaren = vordere Backenzähne; Molaren = hintere Backenzähne

bissstellung aller vier Sennenhunde. Die Vorderseite der unteren Schneidezähne stößt dabei auf die Rückseite der oberen Schneidezähne bei geschlossenem Gebiss. Als Fehlstellungen gelten: das Zangengebiss (die Schneidezähne des Oberkiefers stoßen auf die Schneidezähne des Unterkiefers); der Vorbiss (die Schneidezähne des Unterkiefers stehen vor denen des Oberkiefers); der Rückbiss (die Schneidezähne des Unterkiefers stehen mit Abstand hinter denen des Oberkiefers). Der Rückbiss kommt gehäuft beim Großen Schweizer vor. Bei einem Abstand von 8 mm oder mehr kann es vorkommen, dass die Fangzähne des Unterkiefers bei geschlossenem Gebiss in den Oberkiefer drücken. Dies muss beobachtet werden und eine Kürzung der unteren Fangzähne muss in Erwägung gezogen werden.

Pfoten

Auch die Pfoten müssen Sie regelmäßig kontrollieren. Zwischen den Pfotenballen können sich Fremdkörper oder auch eine Zecke befinden, die Sie entfernen müssen. Im Winter bei Eis und Schnee reiben Sie die Pfotenballen vor jedem Spaziergang mit Melkfett oder Vaseline ein, damit das Streusalz sie nicht angreifen kann.

Analbeutel

Die Analbeutel befinden sich rechts und links unterhalb vom After. Durch das Pressen beim Kotabsatz wird aus dieser Drüse ein Sekret abgegeben, das dem Hund zur Markierung dient. Durch verschiedene Ursachen, besonders durch sehr weichen Kot oder Durchfall über eine längere Zeit, kann es zu Stauungen oder Verstopfungen des Ausführungsganges kommen, erkennbar daran, dass der Hund häufig auf dem Hinterteil rutscht (Schlittenfahren). Stellen Sie solch ein Verhalten bei Ihrem Sennenhund fest, kann Ihr Tierarzt weiterhelfen.

Flöhe

Flöhe sind lästig, aber kein Zeichen für schlechte Pflege oder ein unsauberes Zuhause. So einen Plagegeist kann sich Ihr Sennenhund durch Kontakt mit anderen Tieren, aber auch an jeder Hausecke einfangen. Flöhe sind 2–3 mm lang und sehr flink. Deshalb findet man sie nur selten im Fell des Hundes. Das schwarze Fell der Sennenhunde, besonders das Langhaar des Berners, erschwert diese Suche zusätzlich. Manchmal kann man einen Floh auf dem Bauch zwischen den Innenschenkeln, da wo das Haar etwas dünner ist, entdecken. Auch auf der weißen Kopfblesse kann man ihn sehen. Finden und fangen Sie einen lebenden Floh, geben Sie ihn am besten in ein Glas mit Wasser, das Sie dann zuschrauben. Denn ein Floh ist nicht so einfach mit bloßen Fingern zu töten. Kratzt sich Ihr Sennenhund häufig, kann ein Flohbefall vorliegen. Flöhe halten sich gerne im Schwanzwurzelbereich, an und in den Ohren, im Hals- und im Ellenbogenbereich oder an den Innenschenkeln der Hinterläufe auf und ernähren sich vom Blut des Hundes. Während sie Blut saugen, setzen sie Kot ab. Finden Sie also an den beschriebenen Stellen kleine schwarze Krümmel (getrocknetes Blut) – das Kämmen mit dem Flohkamm kann dabei helfen – so kann dies ein Hinweis auf Flohbefall sein. Weicht man diese kleinen Krümmel mit etwas Wasser auf einem Papiertuch auf und stellt eine rötliche Färbung fest, handelt es sich um Flohkot. Abgesehen von verschiedenen Hautproblemen, die durch Flohbefall verursacht werden, können Flöhe auch Bandwürmer übertragen. Eine sofortige Behandlung des Hundes ist erforderlich. Ihr Tierarzt wird Sie beraten. Es gibt verschiedene Produkte, die man am Hund anwenden kann. Gleichzeitig muss aber auch die Umgebung, in der sich der Hund aufhält, behandelt werden. Denn Flöhe halten sich immer nur kurz am Hund auf. Die meisten Flöhe befinden sich an den bevorzugten Liegeplätzen Ihres Sennenhundes. Flöhe vermehren sich in rasender Geschwindigkeit. Ein Flohweibchen legt täglich 10 bis 15 Eier. 14 Tage dauert es, bis hieraus ein Floh schlüpft. Bei bestehendem Befall ist ein tägliches gründliches Staubsaugen erforderlich. Der Staubsaugerbeutel muss dann täglich entsorgt werden. Sämtliche Hundedecken müssen sofort gewaschen werden und spätestens nach 14 Tagen nochmals. Durch Beigabe von ätherischen Ölen (Eukalytus-, Zeder-, Nelken- oder Lavendelöl) ins letzte Spülwasser können Sie dem Floh das Lager Ihres Hundes vermiesen. Tägliches Wischen der Fußböden ist erforderlich. Eine Beigabe von ätherischen Ölen ins Wischwasser ist empfehlenswert, übrigens auch zur Vorbeugung. Eine solche drei- bis vierwöchige Vorgehensweise dürfte reichen, um die Flöhe und ihre Nachkommen zu vernichten. Besitzen Sie einen Dampfreiniger, kann dieser jetzt bei der Flohbekämpfung in der Umgebung gute Dienste leisten, besonders bei Teppichböden und Polstern. Damit können Sie den Griff zur „chemischen Keule" (Umgebungsspray bei Flohbefall) sparen. Im Spätsommer kommen Flöhe am häufigsten vor.

Läuse und Haarlinge

Beide kommen in der Regel nur bei schlecht gepflegten Hunden vor. Im Gegensatz zum Floh leben sie nur am Hund. Die Laus (Stechlaus) ernährt sich durch Blutsaugen, die Haarlinge (Beißlaus) von den Hautschüppchen der Hunde. Beide kleben ihre Eier (Nissen) an die Haare ihres Wirtes. Juckreiz, Hautirritationen und Haarausfall sind die Folge. Die Behandlung erfolgt durch insektenabtötende Bäder. Beide Parasiten übertragen auch Bandwürmer.

Milben

Es gibt verschiedene Milbenarten, sie gehören zu den Spinnentieren. Unterschiedlich starker Juckreiz, Hautverdickungen und – entzündungen, Pusteln, Haarausfall und Schuppenbildung können Anzeichen für einen Befall sein. Auch das Ohr kann von typischen Ohrmilben befallen werden. Eine genaue Diagnose kann nur der Tierarzt stellen. Die Übertragung erfolgt von Tier zu Tier.

Zecken

Diese spinnenartigen Tiere kommen von Frühjahr bis Herbst vor, doch am häufigsten in den Monaten April/Mai und September/Oktober. Sie lauern an Pflanzen bis zu einer Höhe von ca. 100 cm, besonders in Wiesen mit hohem Graswuchs, und warten auf ein Tier, das vorbeistreicht, um sich dann darauf fallen zu lassen. Sie suchen sich am Hund bevorzugt Stellen, an denen das Blut dicht unter der Haut pulsiert und saugen sich dort fest. Zecken können nur 3–4 mm groß sein, doch nachdem sie sich mit Blut vollgesogen haben, erreichen sie eine Größe von 1 cm oder mehr und wirken prall und rund. Sie haben eine bräunlich bis graue Färbung. Die Männchen sind schwarz, werden nicht größer als 4 mm und saugen auch kein Blut. Sind Zecken erst einmal vollgesogen, lassen sie sich wieder vom Hund herabfallen. Die Stichstelle kann eine leichte Schwellung und Rötung zeigen und manchmal auch einen leichten Juckreiz auslösen.

Zecken können Krankheiten auf den Hund übertragen. So kennt man wie beim Menschen auch bei Hunden die durch Viren hervorgerufene Gehirnhautentzündung (Frühsommer-Meningoenzephalitis = FSME), an der Hunde aber nur selten erkranken. Häufiger beobachtet man eine Borreliose-Infektion, verursacht durch Bakterien. Viren wie Bakterien werden durch den Speichel der Zecke beim Saugen des Blutes an den Hund abgegeben. Nicht jede Zecke ist Träger dieser Krankheitserreger.

Anzeichen für eine Borrelioseerkrankung können unerklärbare Lahmheiten, Fieberschübe, Gelenkentzündungen und gestörtes Allgemeinbefinden sein. Diese Erkrankung ist durch eine Blutuntersuchung nachweisbar und kann mit Antibiotika behandelt werden. Seit einigen Monaten gibt es auch eine Impfung gegen Borreliose. Fragen Sie Ihren Tierarzt! Untersuchungen besagen, dass die Übertragung der Krankheitserreger nach 24 bis 48 Stunden erfolgt. Sucht man also den Hundekörper regelmäßig nach Zecken ab und entfernt diese sachgemäß, kann man damit die Infektionsgefahr minimieren.

Bürsten oder kämmen Sie Ihren Sennenhund nach jedem Spaziergang täglich kurz durch, so können Sie damit die noch lose im Fell herumkrabbelnden Zecken finden, entfernen und töten; letzteres, damit die Zecken keine Chance haben, sich weiter zu vermehren. Mindestens einmal täglich, am besten abends, suchen Sie Ihren Sennenhund zusätzlich nach Zecken ab, indem Sie ihn am ganzen Körper abtasten. Bevorzugte Stellen sind Kopf- und Halsregion, Brust- und Ellenbogenbereich sowie die Innenschenkel der Hinterbeine.

Finden Sie so einen Schmarotzer, dann entfernen Sie ihn bitte sachgerecht. Dafür verwendet man eine Zeckenzange, die man beim Tierarzt oder im Hundefachhandel kaufen kann. Sie drücken die Haare rund um die Zecke zur Seite und greifen sie mit der Zeckenzange. Nun drehen Sie die Zange so lange, bis die Zecke sich gelöst hat, die Richtung ist egal. Niemals zieht man die Zecke heraus, denn dann können die Mundwerkzeuge in der Stichstelle verbleiben und die Infektionsgefahr bleibt bestehen. Passiert es trotzdem, muss der Tierarzt die Reste entfernen. Beträufeln Sie die Zecke niemals mit Öl, Klebstoff oder sonstigen Mittelchen, wie es in vielen Büchern leider immer noch beschrieben wird. Denn dadurch kommt die Zecke in einen Todeskampf und bohrt sich um so mehr in die Stichstelle hinein, was die Übertragungsmöglichkeit von Infektionskrankheiten erhöht.

Ihr Tierarzt und der Hundefachhandel halten verschiedene Produkte gegen Zeckenbefall bereit. Ihre tatsächliche Wirkung ist fraglich. Lassen Sie sich beraten!

Manche Sennenhundfreunde versuchen durch Einreiben oder -sprühen des Hundes mit ätherischen Ölen vor jedem Spaziergang und täglicher Fütterung von Knoblauch oder Knoblauchgranulat dem Zeckenbefall vorzubeugen.

Entwurmung

Bei Hunden kennt man Bandwürmer und Rundwürmer (häufig Spulwürmer), die im Dünndarm des Hundes leben und seine Gesundheit gefährden können. Band- und Spulwürmer können auch auf den Menschen bei intensivem Kontakt übertragen werden, besonders gefährdet sind Kleinkinder.

Welpen können bereits im Mutterleib mit Spulwurmlarven infiziert werden. Später erfolgt eine immer wieder neue Übertragung über die Muttermilch. Hier muss der Züchter ab der zweiten Lebenswoche mit geeigneten Entwurmungsmitteln für Welpen und Mutterhündin eingreifen. Bis zu einem Alter von zwölf Wochen muss eine 14-tägige Entwurmung mit wechselnden Päparaten stattfinden. Da Sie Ihren Welpen mit acht bis zehn Wochen übernehmen, müssen Sie Ihren Züchter nach der letzten Entwurmung fragen. Lassen Sie sich das Datum und das Präparat nennen, damit Sie die nächste Entwurmung im Abstand von 12 bis 14 Tagen mit einem anderen Präparat vornehmen können. Bis zu einem Alter von sechs Monaten lassen Sie alle drei bis vier Wochen eine Kotprobe bei Ihrem Tierarzt auf Wurmbefall untersuchen und behandeln Ihren Hund mit wechselnden Präparaten bei positivem Ergebnis. Danach reicht eine vierteljährliche Überprüfung aus.

Erwachsene Hunde infizieren sich durch engen Kontakt mit anderen Hunden oder deren Kot, durch Flöhe und auch durch Verspeisen von Mäusen oder anderen Nagern. Um auch Ihren erwachsenen Hund nicht unnötig mit entsprechenden Mitteln zu belasten, sollten Sie vierteljährlich eine Kotprobe auf Wurmbefall untersuchen lassen. Bei positivem Befund muss eine Behandlung mit geeigneten Präparaten erfolgen. Besonders vor der jährlichen Wiederholungsimpfung muss eine entsprechende Untersuchung und Behandlung stattfinden.

Ein Hund scheidet nicht mit jedem Häufchen Wurmeier aus. Darum ist es wichtig, dass Sie die **Kotprobe** an drei aufeinander folgenden Tagen nehmen und zwar jeweils eine kleine Menge aus der Mitte verschiedener Häufchen.

Geeignete Entwurmungspräparate erhalten Sie bei Ihrem Tierarzt.

Schutzimpfungen

Impfstoffe stehen heute gegen die gefährlichsten Infektionserkrankungen zur Verfügung. Ist auch die Mutterhündin regelmäßig geimpft worden, erhält der Welpe bereits mit der Muttermilch Schutzstoffe gegen diese Erkrankungen. Doch mit zunehmendem Alter der Welpen verlieren diese Schutzstoffe ihre Wirkung und der Welpe muss eine eigene Immunabwehr aufbauen. Wann die Wirkung beim Welpen nachlässt, kann individuell unterschiedlich sein. Das nachfolgende Impfschema hat sich in der Praxis bewährt:

Bis die Grundimmunisierung abgeschlossen ist, sollte Ihr Welpe nur mit Hunden zusammen kommen, deren Gesundheitszustand Ihnen bekannt ist und die regelmäßig geimpft werden. Meiden Sie mit dem Welpen Plätze, auf denen viele Hunde ihren Kot hinterlassen. Denn über Kot werden häufig auch die in der Tabelle genannten Infektionserkrankungen übertragen. Besuchen Sie mit Ihrem Welpen nur eine Welpenspielgruppe, wenn zu den Teilnahmebedingungen eine Kontrolle der Impfungen und des Gesundheitszustandes gehören.

Außer gegen die in der Tabelle aufgeführten Viruserkrankungen kann man den Hund auch noch gegen **Zwingerhusten** impfen lassen. Der Zwingerhusten ist eine grippeähnliche Viruserkrankung, die mit einem bellenden Husten einhergeht. Die Ansteckung erfolgt über Tröpfchen. Eine Erkrankung kann bis zu drei Wochen anhalten. Die Impfung gibt keinen hundertprozentigen Schutz.

Tabelle 17   Impfschema

Infektions-krankheit	Grundimmunsierung				Wieder-holungs-impfung
	6. Lebens-woche	8. Lebens-woche	12. Lebens-woche	16. Lebens-woche	
Staupe		×	×	×	jährlich
Hepatitis		×	×		jährlich
Leptospirose		×	×		jährlich
Parvovirose	×	×	×	×	jährlich
Tollwut			×		jährlich

Krankheiten erkennen

Normale Köperfunktionen:
Körpertemperatur: 37,5–39,0 °; wird im After mit einem Fieberthermometer gemessen.
Puls: 70–130 Schläge/Minute; messbar an der Schenkelinnenseite.
Atemfrequenz: 10–30 Atemzüge/Minute (in Ruhe); Auflegen der Hand im Flankenbereich.
Achten Sie auf folgende Anzeichen:

- Das gestörte Allgemeinbefinden Ihres Sennenhundes ist häufig das erste Anzeichen einer Erkrankung. Er will nicht fressen und nimmt auch kein Leckerchen an. Er wirkt matt, ist nicht so aufmerksam wie sonst oder zeigt eine veränderte Körperhaltung.
- Die Körperschleimhäute eines gesunden Hundes sind blassrosa gefärbt. Kontrollieren kann man diese über die Lidbindehäute und die Mundschleimhaut. Blasse oder porzellanfarbene, gelbe oder blaurote Schleimhäute weisen auf eine Erkrankung hin.
- Nasenausfluss in wässriger, eitriger oder blutiger Form.
- Vermehrtes Speicheln, Mundgeruch und Zahnbelag.
- Stark gerötete Bindehäute der Augen, Ausfluss oder eine Trübung des Auges.
- Bei der Hündin: Schwellung, Ausfluss, verklebte Haare im Schambereich und vermehrter Durst können auf Gebärmuttererkrankungen hinweisen.
- Durch Anheben einer Hautfalte im Brustkorbbereich können Sie die Hautelastizität feststellen. Bei starkem Flüssigkeitsverlust durch Durchfall oder Erbrechen dauert es sehr lange, bis sich die Hautfalte wieder glättet.
- Achten Sie darauf, dass Ihr Sennenhund regelmäßig und mühelos Kot absetzt und kontrollieren Sie täglich die Kotkonsistenz. Der Kot soll nicht zu weich und nicht zu fest sein, seine Farbe ist braun bis dunkelbraun.
- Übermäßig häufiges Urinieren kann auf eine Blasenentzündung hinweisen.
- Lahmheiten, verzögertes Aufstehen oder Vermeidung bestimmter Bewegungsabläufe deuten ebenfalls auf eine Erkrankung hin.
- Achten Sie auf eine Umfangsvermehrung des Bauchraums. Diese kann langsam oder plötzlich auftreten und kann ein Zeichen für verschiedene Erkrankungen sein.
- Husten
- Ein gesunder Hund hat ein dichtes, glänzendes Fell, die Haut ist frei von Schuppen und er zeigt auch keinen Juckreiz.

Durch die Muttermilch erhalten die Welpen die ersten Schutzstoffe gegen Infektionskrankheiten.

Durchfall

Fütterungsfehler sind die häufigste Ursache für Durchfall. Viren, Bakterien oder Wurmbefall können ebenfalls Durchfall auslösen. Die beste Maßnahme ist, dem Hund das Futter für einen Tag zu entziehen. Um den Flüssigkeitsverlust ausgleichen zu können, muss der Hund ausreichend Wasser zur Verfügung haben. Schwarzer Tee mit einer Prise Salz statt Trinkwasser kann helfen, den Magen-Darm-Bereich zu beruhigen. Am zweiten Tag bietet man dann eine leicht verdauliche Kost an. 2/3 Reis mit 1/3 gekochtem Hühnchenfleisch oder Magerquark mit einer gekochten, zerdrückten Karotte oder einem geriebenen Apfel in kleinen Portionen und lauwarm verfüttert wird ihn schnell wieder auf die Beine bringen. Langsam wird er dann über zwei bis drei Tage wieder an sein normales Futter herangeführt. Hält der Durchfall an, muss der Tierarzt abklären, was die Ursache ist.

Tritt Durchfall zusammen mit Erbrechen und Schwächung des Allgemeinzustands auf oder handelt es sich um blutigen Durchfall, müssen Sie sofort den Tierarzt aufsuchen.

Erbrechen

Ein einmaliges Erbrechen ist in der Regel unbedenklich. Manchmal dient es der Selbstreinigung, besonders nach Grasfressen. Tritt es häufiger auf, stellen Sie fest in welchem Zusammenhang und konsultieren Sie Ihren Tierarzt.

Vergiftungen

Vergiftungen können sich äußern durch Lähmungen, Atemstörungen, Erbrechen, Durchfall, Speicheln und Blutungen. Haushaltschemikalien und Medikamente sollten genau wie für Kinder auch für Hunde nicht zugänglich sein. Haben Sie die Giftaufnahme beobachtet oder haben Sie eine Vermutung, dann setzen Sie sich sofort telefonisch mit einem Tierarzt in Verbindung. Sie müssen ihm klare Angaben über die Art des Giftes und den Zeitpunkt der Giftaufnahme machen können. Teilen Sie ihm mit, wie der Hund das Gift aufgenommen hat, durch Lecken, Fressen, Schnüffeln oder über die Haut. Die Symptome, die er seit der Giftaufnahme zeigt, müssen Sie beschreiben. Ihr Tierarzt kann sich umgehend mit einer Giftzentrale in Verbindung setzen und Gegenmaßnahmen einleiten. Sind noch Reste des Giftes oder die Verpackung vorhanden, nehmen Sie sie mit zum Tierarzt.

Der Sexualzyklus der Hündin

Die Sennenhündinnen erreichen die Geschlechtsreife zwischen dem 7. und 12. Lebensmonat, erkennbar an der ersten Läufigkeit. Appenzeller- und Entlebucherhündinnen können vereinzelt auch schon früher läufig werden. Bei Berner- und Großen Schweizerhündinnen kann die Läufigkeit manchmal auch erst nach dem 12. Lebensmonat einsetzen.

Die Läufigkeit, auch Hitze genannt, erstreckt sich über ca. drei Wochen und erfolgt in einem Rhythmus von sechs Monaten. Ausnahmen bestätigen die Regel, so gibt es Hündinnen, die einen verkürzten oder verlängerten Rythmus zeigen. Manchmal schon drei Wochen vor Eintreten der Läufigkeit beginnt die Hündin zu markieren (häufiges Urinabsetzen). Der Sexualzyklus setzt sich aus vier Phasen zusammen, die in nachfolgender Tabelle beschrieben werden. Bereits zwei bis fünf Tage vor Einsetzen der Blutung schwillt die Scham der Hündin an und wenig wässriges Sekret wird ausgeschieden.

Halten Sie Ihre Sennenhündin während der Läufigkeit an der Leine, damit Sie die Kontakte zu anderen Hunden kontrollieren können und es nicht zu unerwünschten Bedeckungen kommen kann. Während des Östrus verweigern einige Hündinnen ihr Futter.

Tabelle 18   Sexualzyklus der Hündin

Zyklusphase	Dauer	Erkennbare Merkmale
Vorhitze (Proöstrus)	7–13 Tage	Scham ist hart und geschwollen, Blutung dunkelrot und hellt langsam auf. Interesse am Rüden ist da, doch bei Deckversuchen erfolgt ein Abwehrschnappen und -knurren. Rute wird nicht oder nur ganz leicht zur Seite genommen.
Standhitze (Östrus)	3–8 Tage	Scham wird weicher und kleiner. Blutung wird rötlich wässrig. Rute wird ganz zur Seite gebogen und die Hündin präsentiert ihre Scham. Das Interesse am Rüden ist groß. Sie ist deckbereit. Der Eisprung findet statt. Zum Ende des Östrus reitet sie häufig auch auf andere Hündinnen auf.
Nachhitze (Metöstrus)	9–12 Wochen	Scham schwillt ab. Scheidenausfluss wird dunkelrotbraun und klingt dann ab. Annäherungsversuche der Rüden werden durch Schnappen abgewehrt. Scheinträchtigkeit kann auftreten. In dieser Phase sind Hündinnen oft noch sehr anziehend für Rüden.
Zyklusruhe (Anöstrus)	2–4 Monate	Scham ist klein und unauffällig.

Die Scheinträchtigkeit

Die Scheinträchtigkeit ist keine Erkrankung, sondern wird auch bei Wölfen beobachtet. Im Wolfsrudel darf nur die Leitwölfin Welpen haben. Die anderen Hündinnen des Rudels beteiligen sich aber an der Pflege und Aufzucht der Welpen. Sie bilden ebenfalls Milch und übernehmen eine Ammenfunktion.

Viele Sennenhündinnen entwickeln im Anschluss an die Läufigkeit eine Scheinträchtigkeit, die sich unterschiedlich zeigen kann. Einige werden schon direkt danach merkbar ruhiger. Sie spielen nicht mehr so ausgelassen mit anderen Hunden, werden auch beim Spaziergang langsamer und wirken nicht mehr so ausdauernd. Manchmal vergessen sie allerdings ihre eingebildete Trächtigkeit und sind vorübergehend lebhaft und spielfreudig wie immer. Während der Scheinträchtigkeit können Hündinnen ein gesteigertes Fressverhalten zeigen. In der dritten Woche nach der Läufigkeit kann ein vereinzeltes Erbrechen („Schwangerschaftserbrechen") vorkommen.

Ob die beiden Bernerhündinnen gerade ihren Traumrüden entdeckt haben?

Der eingebildete Wurftag liegt in der 9. bis 10. Woche nach der Läufigkeit. Bereits eine Woche vorher beginnen einige Hündinnen, ein Nest zu bauen. Manche buddeln sogar eine Höhle oder Mulde im Garten. Zum Zeitpunkt der eingebildeten Geburt zeigen einige Hündinnen eine absolute Fressunlust, die durchaus zwei bis drei Wochen anhalten kann. Versuchen Sie nicht, Ihre Hündin in dieser Zeit mit besonderen Leckerbissen zu verwöhnen. Denn die Scheinträchtigkeit vergeht, aber die Gewöhnung an Leckereien bleibt. Zeitgleich kann es vorkommen, dass Hündinnen ein Spielzeug oder einen anderen Gegenstand wie einen Welpen behandeln. Er wird herumgetragen, bewacht, geleckt und gepflegt. Sie können der Hündin helfen, indem Sie ihr den Ersatzwelpen wegnehmen. Manche Hündinnen winseln häufiger; ignorieren Sie dieses Verhalten. Die Hündin ist in dieser Zeit besonders anhänglich und schmusebedürftig. Das Anschwellen der Milchdrüsen und Zitzen, sogar mit einer geringen Milchbildung, kommt vor. Das Gesäuge muss dann täglich kontrolliert werden, um Entzündungen oder Verhärtungen rechtzeitig erkennen zu können. Durch Kühlen mit Essigwasserumschlägen (eine Tasse Essig auf 1 Liter Wasser) kann man eine Rückbildung fördern. Verschiedene Hündinnen verhalten sich aggressiver anderen Hunden gegenüber. Ist die Phase dann endlich vorbei, ist die Hündin wieder munter, fröhlich und lustig wie zuvor. Sie sollten sich während dieser Zeit viel mit Ihrer Hündin beschäftigen und für Ablenkungen sorgen, damit können Sie ihr helfen.

Der nächste Sommerurlaub kommt bestimmt! (Berner: von li. Rüde, zwei Jahre, Hündinnen sechs Jahre, zwei Jahre und sieben Monate)

Sind die beschriebenen Veränderungen nach jeder Läufigkeit besonders stark ausgeprägt, sollten Sie mit Ihrem Tierarzt über eine Kastration sprechen.

Empfängnisverhütung bei Sennenhunden

Es gibt zwei Alternativen zur Empfängnisverhütung bei Hündinnen. Eine davon ist die vorübergehende Läufigkeitsunterdrückung durch Hormongaben. Dies darf aber nicht vor der ersten Läufigkeit angewendet werden. Die Hormongaben erfolgen in der Zyklusruhe. Den Zyklusstand kann der Tierarzt über einen Scheidenabstrich feststellen. Das Risiko einer Gebärmutterentzündung oder -vereiterung ist bei dieser Methode gegeben, besonders bei Hündinnen mit einem unregelmäßigen Zyklus oder wenn die Hormangaben außerhalb der Zyklusruhe erfolgen.

Will man die Läufigkeit dauerhaft unterdrücken und nicht mit der Hündin züchten, so ist die Kastration sicher die bessere Methode. Bei der Kastration werden Gebärmutter und Eierstöcke operativ entfernt. Je früher die Kastration durchgeführt wird, umso geringer ist das Risiko für eine Hündin, an einem Gesäugetumor zu erkranken. Gebärmutter- und Eierstockerkrankungen werden damit gleichfalls ausgeschlossen. Die Kastration zwischen der ersten und zweiten Läufigkeit wird als der günstigste

Zeitpunkt angesehen. Die Lebenserwartung von kastrierten Tieren steigt in etwa um ein Jahr gegenüber nicht kastrierten Hunden.

Doch die Kastration hat auch Nebenwirkungen zur Folge. Durch den veränderten Stoffwechsel wird das Futter besser verwertet. Zusätzlich steigt das Hungergefühl und somit neigen viele kastrierte Hunde zur Verfettung. Dem kann man mit Diätfutter und reduzierten Rationen begegnen. Fellveränderungen besonders bei langhaarigen Hunden kommen vor. Es bilden sich vermehrt Wollhaare. Eine weitere Nebenwirkung ist das Harnträufeln, dass früh, aber auch erst später einsetzen kann und häufiger bei großen Rassen beobachtet wird. Dieses Problem lässt sich recht gut therapieren. Das Temperament ändert sich durch die Kastration nicht. Wirkt eine Hündin danach ruhiger oder träge, liegt es wahrscheinlich eher an der Gewichtszunahme, bedingt durch die veränderte Futterverwertung.

Ein Eingriff in den Sexualzyklus der Hündin sollte gut überlegt werden. Auf gar keinen Fall sollte er aus Bequemlichkeit erfolgen. Eine regelmäßig auftretende, stark ausgeprägte Scheinträchtigkeit kann aber sicher ein Grund sein. Lassen Sie sich von Ihrem Tierarzt beraten.

Die Kastration beim Rüden durch Entfernen der Hormon produzierenden Hoden wird in letzter Zeit häufig bei Verhaltensproblemen empfohlen. Hierzu muss erwähnt werden, dass eine Kastration nur die durch Sexualhormone bedingten Verhaltensweisen verändern kann.

Krankheitsanfälligkeiten

Die Gesundheit in der Rassehundezucht rückt berechtigterweise immer mehr in den Vordergrund. Aber nicht alle Erkrankungen haben eine genetische Ursache. Eine Vielzahl von erblichen Defekten ist zwar heute bekannt, doch der Erbgang ist nicht immer ausreichend erforscht oder derart komplex, dass züchterische Maßnahmen nur begrenzt durchführbar sind oder erst über viele Generationen zum Erfolg führen können.

Man kennt Erbkrankheiten, die nur durch ein einzelnes Gen zustande kommen. Andere werden von einem ganzen Genkomplex verursacht, deren Anhäufung und Zusammenspiel eine schwache bis starke Ausprägung bewirken können wie die HD. Dann gibt es noch Erkrankungen, die auf ein oder mehrere Gene zurückzuführen sind, die aber nur zum Tragen kommen, wenn bestimmte Umwelteinflüsse darauf einwirken, wie z. B. die Magendrehung.

Der Standard der Sennenhunde umschreibt einen Hund, der recht ursprünglich geblieben ist. Prof. Heim hatte immer schon vor Übertreibungen gewarnt. Doch trotzdem sind auch sie nicht von Erbdefekten verschont geblieben. Nur die Ehrlichkeit der Züchter, deren Bereitschaft zur Zusammenarbeit und geeignete züchterische Maßnahmen können langfristig eine Verbesserung erzielen. Sie als Sennenhundbesitzer und Liebhaber dieser Rassen können auch Ihren Beitrag leisten, indem Sie alle Daten, die erblich bedingte Erkrankungen Ihres Sennenhundes betreffen, dem Rassezuchtverein zur Verfügung stellen. Je größer die Datensammlung ist, umso sicherer können Aussagen darüber getroffen werden, inwieweit so ein Defekt wirklich in einer Rasse verbreitet ist. Entsprechende züchterische Maßnahmen können gezielter eingesetzt werden. An dieser Stelle möchte ich auch darauf hinweisen, dass der SSV seit Jahren darum bemüht ist, Daten über die Lebensdauer aller vier Sennenhundrassen zu sammeln. Dafür ist es ungeheuer wichtig, dass jeder Sennenhundfreund den Tod seines Sennenhundes mit Angaben über die Todesursache (nach Möglichkeit durch eine tierärztliche Untersuchung nachgewiesen) der Zuchtbuchstelle des SSV schriftlich mitteilt.

Skeletterkrankungen

Die Hüftgelenk-Dysplasie kommt nicht nur bei Hunden vor, sondern auch bei Menschen, Pferden, Rindern und Katzen. Alle vier Sennenhundrassen sind davon betroffen. Der Oberschenkelkopf und eine schalenförmige Gelenkpfanne, die über ein Band miteinander verbunden sind, bilden das Hüftgelenk. An diesem Gelenk kann eine Fehlbildung (= Dysplasie) entstehen. Die Hüftgelenk-Dysplasie (kurz HD) gehört zu den so genannten Erb-Umwelt-Erkrankungen. Die genetisch bedingte Veranlagung ist bereits bei der Geburt vorhanden, doch sichtbare Anzeichen sind beim Welpen nicht erkennbar. Die HD entwickelt sich erst während der Wachstumsphase.

Die Hauptwachstumsphase liegt zwischen dem 5. und 10. Lebensmonat. Der Grad der Ausprägung wird von verschiedenen Umweltfaktoren wie Ernährung und Bewegung beeinflusst. HD kommt auch bei mittelgroßen und kleinen Rassen nicht selten vor. Das starke Körperwachstum der großen Rassen kann also nicht allein als auslösender Faktor angesehen werden, obwohl man feststellen muss, dass dadurch eine erhöhte Störanfälligkeit gegeben ist. Die Größe, die ein Hund einmal erreichen wird, ist genetisch festgelegt. Über die Ernährung eines Hundes kann man somit nicht steuern, wie groß er wird, aber man kann die Wachstumsgeschwindigkeit beeinflussen. Eine zu energie- und eiweißreiche Ernährung hat ein schnelles Wachstum zur Folge und dadurch nachweislich eine negative Auswirkung auf den Grad der HD. Ein wachsender Sennenhund sollte immer schlank gehalten werden. Streichen Sie mit Ihren Händen und einem leichten Druck über die Rippenbögen Ihres stehenden Sennenhundes. Ihr Sennenhund ist in der richtigen Kondition, wenn Sie dabei die Rippen deutlich fühlen können.

Überbeanspruchung der Gelenke durch z. B. zu weite Wanderungen, häufiges Treppensteigen, übermäßiges Springen, zu früh begonnenes Fahrradtraining oder die Haltung auf glatten rutschigen Böden während des Wachstums haben einen negativen Einfluss auf die HD-Ausprägung.

Eine Hüftgelenkdysplasic kann nur durch eine Röntgenuntersuchung unter Narkose festgestellt werden, die nicht vor dem zwölften Lebensmonat durchgeführt werden sollte. Ratsam ist es, die großen Sennenhundrassen nicht vor dem 15., besser (bei sehr großen Vertretern) erst mit dem 18. Lebensmonat röntgen zu lassen. Zu diesem Zeitpunkt ist die Gelenkentwicklung in den meisten Fällen erst abgeschlossen. An äußerlichen Anzeichen kann man die HD nur in sehr schweren Fällen erkennen. Sie sollten die Röntgenuntersuchung in jedem Fall durchführen lassen, damit Sie wissen, inwieweit Sie Ihren Sennenhund körperlich belasten können. Indem Sie die Röntgenaufnahmen der zentralen Auswertungsstelle des Rassezuchtvereins zur Verfügung stellen, können Sie einen Beitrag zur Gesunderhaltung Ihrer Sennenhundrasse leisten.

Die HD kann ein- oder beidseitig auftreten. Der Grad der HD-Ausprägung wird in verschiedene Stufen eingeteilt. Die Gradeinteilung wird von Land zu Land unterschiedlich bezeichnet. Dadurch, dass mittlere und schwere HD bereits vor Jahren aus der Zucht ausgeschlossen wurden,

Ein Entlebucher besucht die Heimat seiner Vorfahren.

konnte die HD-Situation bei den Schweizer Sennenhunden verbessert werden. Fälle von schwerer HD kommen nur noch selten vor.

Tabelle 19   Einteilung der HD-Ausprägung

HD-frei	HD-Verdacht	HD-Leicht	HD-Mittel	HD-Schwer
1 A 2	1 B 2	1 C 2	1 D 2	1 E 2
HD-0	HD-1	HD-2	HD-3	HD-4

Die Ellenbogengelenk-Dysplasie (kurz ED) wird in erster Linie bei großen Hunderassen beobachtet. Der Berner und der Große Schweizer sind davon betroffen. Die ED gehört wie die HD zu den Erb-Umwelt-Erkrankungen. Auch hier ist eine genetische Komponente vorhanden. Man unterscheidet verschiedene Arten von Fehlentwicklungen im Ellenbogengelenk, die alle während des Wachstums zwischen dem 4.–8. Lebensmonat auftreten können. Nicht immer muss sich diese Erkrankung durch eine Lahmheit zeigen. Nachweisen lässt sich eine Fehlbildung nur durch eine Röntgenuntersuchung, die bei ruhigen Hunden auch ohne Narkose durchgeführt werden kann. Treten während der Wachstumsphase keine Lahmheiten auf, wird die Röntgenuntersuchung in der Regel zusammen mit der HD-Untersuchung vorgenommen. Auch diese Untersuchung sollten Sie immer durchführen lassen, damit Sie wissen, wie stark Sie Ihren Sennenhund belasten können.

Zu den Erkrankungen zählen:

- Die Osteochondrose (OCD) am Gelenkkopf des Oberarmknochens, eine Knorpel- und Knochenerkrankung.
- Der lose Krümmungsfortsatz des Ellenbogenhöckers (isolierter Processus anconaeus).
- Der gebrochene innere Kronenfortsatz (fragmentierter Processus coronoideus medialis).

Elle und Speiche bilden die Ellenbogengelenkpfanne. Ein ungleiches Längenwachstum von Elle und Speiche während der Hauptwachstumsphase führen zu einer Stufenbildung im Ellenbogengelenk. Diese Stufenbildung begünstigt die o. g. Erkrankungen. In vereinzelten Fällen bleibt eine geringe Stufenbildung auch nach dem Wachstum bestehen.

Betrachtet man einen Hund im Seitenprofil und macht gedanklich in der Mitte einen senkrechten Schnitt, so sieht man, dass der Hund sein Hauptgewicht auf der Vorhand trägt, das bedeutet, dass das Ellenbogengelenk allein dadurch schon einer starken Beanspruchung ausgesetzt ist. Jeder Sprung oder das Treppe abwärts laufen wird vom Ellenbogengelenk aufgefangen. Eine lokale Überbelastung kann zur Beschädigung der Knorpelschichten und zur Absplitterung von Knochenstückchen führen, die dann frei in der Gelenkhöhle liegen (so genannte Gelenkmäuse).

Wie bei der HD wird die Ellenbogengelenkentwicklung durch Überbeanspruchung, unausgewogene und zu energie- und eiweißreiche Ernährung negativ beeinflusst. Vermeiden Sie deshalb auch besonders während des 5. und 6. Lebensmonats wilde Apportierspiele und Spiele mit Hunden, die Ihrem Sennenhund körperlich überlegen sind und ihn überrennen.

Tabelle 20   Die Einteilung der ED nach Ausprägungsgraden

ED-0	Frei von Ellenbogengelenk-Dysplasie
ED-I	Arthrosegrad 1. Osteophytäre Zubildungen an einem oder mehreren Gelenkabschnitten, die kleiner als 2 mm sind.
ED-II	Arthrosegrad 2. Zubildungen zwischen 2 und 5 mm.
ED-III	Arthrosegrad 3. Zubildungen über 5 mm. Das Vorhandensein primärer Läsionen, z. B. die Absplitterung des Krümmungsfortsatzes oder des inneren Kronenfortsatzes führt zu einer Einteilung in ED-Grad III.

Die Osteochondrosis dissecans (kurz OCD) im Schultergelenk kommt gehäuft beim Großen Schweizer vor. Wie bei der OCD am Ellenbogengelenk spielt auch hier neben der genetischen Veranlagung die Frohwüchsigkeit der Rasse, eine unausgewogene Ernährung, Übergewicht und eine Überbelastung eine große Rolle. Hierdurch kann es passieren, dass sich der Gelenkknorpel an einer Stelle nur unvollständig durch Knochen ersetzt. Daraus kann eine unebene Gelenkfläche entstehen, die früher oder später zu Arthrose führen kann. Zwischen Knorpel und Knochen können sich Risse und Spalten bilden. Wenn diese die Oberfläche erreichen, lösen sich Knorpelstücke ab, die so genannten Gelenkmäuse. Durch eine operative Entfernung kann eine Gelenkarthrose verhindert werden. Ein Nachweis kann auch nur durch Röntgen erbracht werden. Treten während der Wachstumsphase keine Lahmheiten auf, sollte das Schultergelenk mit der HD zusammen geröntgt werden, um eine Erkrankung ausschließen zu können.

Die beschriebenen Gelenkerkrankungen können ein- oder beidseitig auftreten. Allein die Tatsache mit nur von Gelenkerkrankungen freien Elterntieren zu züchten, bringt noch keine nur freien Nachkommen. Der Erbgang ist kompliziert und bis heute noch nicht ausreichend erforscht. Ist Ihr Sennenhund von diesen Erkrankungen betroffen, so kann er trotzdem ein normales Hundeleben führen. Die körperliche Beanspruchung sollte dem Ausprägungsgrad angepasst werden, um einen frühzeitigen Verschleiß der betroffenen Gelenke zu verhindern. Ihr Tierarzt wird Sie beraten.

Große Schweizer können manchmal recht stur und dickköpfig sein.

Augenerkrankungen

Die als **Katarakt (Grauer Star)** bezeichnete Linsentrübung ist beim Entlebucher erblich bedingt und kann in jedem Alter auftreten. Stärke und Ausprägung der Linsentrübung führen zur Seheinschränkung und im Endstadium zur vollständigen Erblindung. Im fortgeschrittenen Stadium kann auch neben der Erblindung eine Loslösung der Linse vorkommen. Erkennbar ist der graue Star an einer weißen Verfärbung des Auges im Bereich der Pupille. Man sieht eine hellblau-milchige Trübung. Durch die operative Entfernung der getrübten Linse kann das Sehvermögen des Hundes erhalten oder wiederhergestellt werden.

Die **Progressive Retinaatrophie (PRA)** ist ebenfalls eine erblich bedingte Augenerkrankung, die beim Entlebucher beobachtet wird. Hierbei handelt es sich um eine Netzhauterkrankung. Die Sinnes- und Nervenzellen des Auges gehen dabei langsam und schleichend (über zwei bis drei Jahre) zugrunde, was zu einer vollständigen Erblindung führt. Typisch für die PRA ist eine anfängliche Nachtblindheit. Weil der Hund in der Dun-

Eingeschneit... (Appenzeller)

kelheit schlecht oder gar nichts mehr sieht, wird er unsicher, bellt häufig, stößt irgendwo vor oder will nicht laufen. Später wird dann das Sehvermögen bei hellem Tageslicht nachlassen. Die Erkrankung verläuft schmerzlos und langsam, somit fallen die Symptome oftmals erst im fortgeschrittenen Stadium auf. Die Pupillen reagieren dann nicht mehr auf einfallendes Licht und scheinen zu leuchten. Am häufigsten tritt die Erkrankung zwischen dem vierten und sechsten Lebensjahr auf. Bisher gibt es keinerlei Behandlungsmöglichkeiten. Hunde kommen übrigens mit einer Erblindung erstaunlich gut zurecht.

Leider gibt es bis heute noch keine Möglichkeiten der Früherkennung. Das macht ihre Bekämpfung so schwierig. Da die Erkrankung in jedem Lebensalter auftreten kann, besteht auch die Möglichkeit, dass ein Hund bereits seit mehreren Jahren in der Zucht ist, bevor die Erkrankung bei ihm erkannt wird. Entlebucher werden immer nur für ein Jahr zur Zucht zugelassen. Erst wenn eine erneute Augenuntersuchung mit dem Ergebnis „frei von Augenerkrankungen" vorgelegt wird, wird auch die Zulassung um ein Jahr verlängert. Der SSV unterstützt eine Forschungsarbeit, die zum Ziel hat, anhand einer DNA-Analyse entsprechende Genträger zu ermitteln, bevor sie in die Zucht kommen. Es ist zu hoffen, dass diese Arbeit bald zum Erfolg führt.

Das Entropium ist ein nach innen gerolltes Augenlid. Meistens ist das untere Lid nach innen gerollt, in seltenen Fällen auch das obere. Dabei kommen die Wimpern und Fellhaare in Kontakt mit dem Augapfel, was zu tränenden, schmerzenden und geröteten Augen führt. Bereits beim Welpen ist ein Entropium zu erkennen, manchmal entwickelt es sich aber auch erst in der Wachstumsphase. Eine Behandlung muss hier erfolgen. Je nach Ausprägungsgrad muss ein operativer Eingriff vorgenommen werden.

Das Ektropium betrifft genau das Gegenteil. Hierbei ist das Augenlid nach außen gerollt. Ein offenes Auge entsteht. Häufig sind Hunde mit viel Kopfhaut betroffen. Eine chronische Bindehautentzündung ist die Folge. Wenn der Hund ausgewachsen ist und seine endgültige Kopfform erreicht hat, sollte eine operative Korrektur durchgeführt werden.

Entropium und Ektropium sind erblich bedingt und können bei allen vier Sennenhundrassen auftreten. Sennenhunde, die diese Erkrankung zeigen, werden von der Zucht ausgeschlossen.

Magendrehung

Die Magendrehung ist eine Erkrankung, von der überwiegend große Hunderassen mit tiefem Brustkorb betroffen sind. Der Berner und insbesondere der Große Schweizer sind hier zu nennen. Die Magendrehung kann durch verschiedene Ursachen ausgelöst werden: zu viel und zu heftige Bewegungen mit vollem Magen, Stress, Verfütterung zu großer Portionen, unregelmäßige Futterzeiten, zu hastiges Fressen und dadurch zu viel Luftschlucken, ein Zuviel an leicht vergärbaren Futtermitteln, übermäßig hohe Wasseraufnahme nach dem Fressen, Futter mit hohem Keimbesatz.

Hierdurch kommt es zunächst zu einer vermehrten Gasbildung im Magen. Der Magen dehnt sich dadurch aus und kann seine Lage verändern. Magenein- und -ausgang können dabei verschlossen werden und ein Entweichen von Gas oder Flüssigkeit ist nicht mehr möglich. Eine weitere Aufgasung ist die Folge, erkennbar an einer Umfangsvermehrung des Bauches hinter den Rippenbögen. Der Magen kann sich weiter bis zu 360 Grad drehen, teilweise ist die Milz mitbetroffen. Blutgefäße werden abgeschnürt.

Der Hund zeigt Unruhe, Hecheln, Würgen, vermehrtes Speicheln und versucht zu Erbrechen, was durch den verschlossenen Magenausgang aber unmöglich ist. Er hat heftige Bauchschmerzen. Atemnot und Kreislaufschwäche sind die Folgen. Ohne sofortige Behandlung kann der Hund innnerhalb weniger Stunden sterben. Eine sofortige Operation hingegen kann ihm das Leben retten.

Damit es nicht so weit kommt, sollten Sie folgende Punkte beachten:

- Nur einwandfreie Futtermittel verwenden.
- Futter auf zwei bis drei Mahlzeiten verteilen.
- Feste Futterzeiten einhalten.
- Stress oder Aufregung bei und nach der Fütterung vermeiden.
- Nach dem Fressen eine Ruhezeit von mindestens zwei Stunden einhalten.
- Trockenfutter einweichen.

Ältere Hunde sind oft anfälliger für diese Erkrankung. Eine erbliche Komponente ist nicht auszuschließen, da man Zuchtfamilien kennt, in denen Magendrehungen häufiger vorkommen als in anderen.

Epilepsie

Unter Epilepsie versteht man ein Anfallsleiden, das sich in wiederkehrenden Krämpfen zeigt. Diese Krämpfe werden durch Störungen im Zentralnervensystem ausgelöst. Ein Anfall kann verschiedene Ursachen haben. So unterscheidet man eine erworbene von einer angeborenen Form der Epilepsie. Tritt also ein Krampfanfall auf, muss zuerst durch verschiedene Untersuchungen festgestellt werden, ob Erkrankungen ausgeschlossen werden können, die solche Anfälle auslösen könnten. Wird eine Erkrankung als Ursache festgestellt, können durch ihre Behandlung weitere Anfälle verhindert werden. Ist keine Ursache erkennbar, muss man davon ausgehen, dass es sich um eine angeborene Epilepsie handelt.

Ein Anfall kann spontan, aus dem Schlaf oder mit Vorboten wie leichte Verhaltensstörungen, starrer Blick, Heulen, Angst oder Verkriechen und zielloses Herumlaufen auftreten. Man unterscheidet zwischen einem großen und einem kleinen Anfall. Der große Anfall dauert wie bei Menschen wenige Minuten an. Der Hund fällt auf die Seite, strampelt mit den Beinen, zeigt Kaukrämpfe und Schaum am Maul und ist nicht ansprechbar. Kot und Urin können spontan abgesetzt werden. Der Hund erholt sich in der Regel schnell davon.

Bei dem kleinen Anfall sieht man Krämpfe bestimmter Muskelgruppen, z. B. Kaubewegungen, Speichelfluss, Tic eines Gesichtsmuskels, Pupillenerweiterung oder der Hund hält ein zitterndes Bein hoch. Der kleine Anfall dauert nur wenige Sekunden und bleibt deshalb vielfach unbemerkt.

Helfen kann man dem Hund während eines Anfalls, indem man ihn vor Verletzungen schützt. Man kann Decken und Kissen um ihn herumlegen und das Zimmer abdunkeln.

Anfälle können in Abständen von Wochen oder Monaten, in schweren Fällen auch Tagen auftreten. Auslösende Reize können sein: Stress, Angst, grelles Licht, Geräusche, Wetteränderungen, Mondphasen. Bei Rüden kann durchaus auch eine läufige Hündin ein Auslöser sein. Es gibt heute medikamentöse Behandlungsmöglichkeiten.

Mit Hunden, die eine angeborene Epilepsie zeigen, darf nicht gezüchtet werden. Auch die nächsten Verwandten müssen als Anlageträger gesehen werden. Fälle von angeborener Epilepsie werden beim Großen Schweizer beobachtet.

Krebs

Krebserkrankungen gehören heute bei Hunden mit zu den häufigsten Todesursachen. Bösartige Tumoren können an allen Organen und auch an Knochen auftreten oder das blutbildende System betreffen. Krebserkrankungen können in jedem Alter auftreten. Besonders der Berner ist in den letzten Jahren vermehrt von Krebserkrankungen betroffen, teilweise bereits in recht jungen Jahren.

Eine sehr schnell verlaufende und besonders bösartige Form von Krebs, die maligne Hystiozytose, wird gehäuft beim Berner beobachtet. Hierbei sind bestimmte Zellen des Immunsystems betroffen. Diese Erkrankung verläuft immer tödlich. Eine erbliche Komponente wird vermutet, ist aber leider bis heute noch nicht nachweisbar. Angaben über ihre Verbreitung können nicht gemacht werden, da entsprechende Untersuchungsergebnisse fehlen. Ob es sich bei einer Krebserkrankung um eine maligne Hystiozytose handelt, kann nur über eine Blut- und Gewebeuntersuchung festgestellt werden. Leider ist es so, dass sich viele Bernerbesitzer mit der Diagnose „Krebs" zufrieden geben. Doch um eine erbliche Komponente nachweisen und daraufhin gezielt züchterische Maßnahmen ergreifen zu können, müssen genaue Diagnosen vorliegen. Deshalb ist zu hoffen, dass in Zukunft, trotz der großen Trauer, die uns trifft, wenn der Lebenspartner Hund uns verlässt, immer mehr Bernerbesitzer bereit sind, eine solche Untersuchung durchführen zu lassen. Jede durchgeführte Untersuchung, die dem Rassezuchtverein zur Verfügung gestellt wird, kann das Leben kommender Bernergenerationen verlängern.

Ein Sennenhund kommt in die Jahre

Einen Sennenhund bis ins hohe Alter begleiten zu können, ist vielleicht eines der schönsten Erlebnisse, das man haben kann. Über die Jahre hat er seine eigene Persönlichkeit entwickelt. Man ist mit ihm zusammengewachsen wie ein altes Ehepaar. Man weiß fast alles voneinander. Selbst in Situationen, in denen man nie einen Menschen neben sich haben wollte, war er wahrscheinlich dabei. Er kennt uns sicher noch besser als wir ihn. Ein Blick reicht und man versteht. Es ist so, als wenn es nie anders gewesen wäre. Man kennt jede Schwäche und jede Vorliebe.

Er läuft und springt nicht mehr so viel wie früher und ist sicher auch nicht mehr so belastbar. Doch auf lieb gewordene Gewohnheiten kann er nicht verzichten, sei es der kleine Hundekuchen am Abend, der gemeinsame Mittagsschlaf oder die Streicheleinheit, die er sich immer holt, wenn man es sich abends im Sessel gemütlich macht. Ich hoffe, dass Sie dieses Erlebnis mit Ihrem Sennenhund haben werden und dass Sie ihm auch diesen Lebensabschnitt so angenehm wie möglich gestalten.

Die Lebenserwartung bei Hunden ist von verschiedenen Faktoren abhängig. Umwelt, Ernährung, Haltung und Pflege üben einen erheblichen Einfluss aus. Mittelgroße und kleine Hunde werden älter als große, schwere Hunde. Der Alterungsprozess setzt langsam ein und kann sich ganz unterschiedlich gestalten. Bei den Sennenhunden, besonders beim Entlebucher, sieht man ab dem achten Lebensjahr ein Ergrauen der braunen Haare am Kopf. Appenzeller und Entlebucher können problemlos zehn bis zwölf Jahre alt werden, einige auch älter. Berner und Großer Schweizer werden selten älter als zehn Jahre, doch Ausnahmen bestätigen die Regel. So kann man immer wieder Familien beobachten, die vermehrt ältere Hunde hervorbringen.

Tabelle 21 Alter der Sennenhunde im Vergleich zu Menschenjahren

Alter in Menschenjahren bei Appenzeller und Entlebucher

	12	18	22	27	33	39	45	51	57	63	69	75	80	85	90	95	100
Alter des Hundes (Jahre)	½	1	1½	2	3	4	5	6	7	8	9	10	11	12	13	14	15
	10	14	18	24	31	38	45	52	59	66	73	80	87	94	101		

Alter in Menschenjahren bei Berner und Großem Schweizer

Der ältere Sennenhund braucht eine besonders sorgfältige Pflege. Verständnis und Anpassungsfähigkeit, die Sie Ihrem Sennenhund jetzt entgegenbringen, verbessern seine Lebensqualität. Eine aufmerksame Beobachtung ist wichtig.

- Auch der ältere Sennenhund braucht regelmäßig Bewegung. Doch statt langer anstrengender Wanderungen sollte man ihm lieber mehrere kleine Spaziergänge am Tag bieten. Damit werden sein Kreislauf und seine Verdauungsorgane angeregt. Aber er braucht ebenfalls noch eine regelmäßige Beschäftigung und „Arbeit für den Kopf". Diese sollte seiner altersgemäßen Leistungsfähigkeit angepasst sein. Sein Gedächtnis und seine Gehirntätigkeit muss wie bei alten Menschen immer wieder trainiert werden.
- Nachlassende Sehkraft, Schwerhörigkeit und Verlangsamung der Reaktionsfähigkeit gehören auch beim Hund zum Alterungsprozess.
- Ältere Sennenhunde neigen leicht zur Fettleibigkeit. Durch den veränderten Stoffwechsel und weniger körperliche Anstrengung benötigt der ältere Sennenhund weniger Energie in der Nahrung. Ein entsprechender Futterwechsel muss erfolgen. Eine regelmäßige Gewichtskontrolle ist unerlässlich, denn Übergewicht belastet den Kreislauf und die Gelenke. Der Bedarf an Vitamin A, E und B steigt beim älteren Hund aus verschiedenen Gründen an. Fertigfuttermittel für ältere Hunde berücksichtigen in der Regel diesen Bedarf. Bei Eigenmischungen muss evtl. eine Ergänzung erfolgen. Futter sollte jetzt besser dreimal täglich angeboten werden. Die Gefahr einer Magendrehung steigt mit zunehmendem Alter.
- Gebisskontrolle und -pflege sind im Alter besonders wichtig.
- Kot- und Urinabsatz müssen beobachtet werden. Durch altersbedingte Darmträgheit, Blasen- und Nierenerkrankungen oder Inkontinenz kann es hierbei zu Problemen kommen.
- Appetitveränderungen, vermehrte Wasseraufnahme oder Abmagerung können auf innere Erkrankungen hindeuten.
- Haut- und Fellzustand verändern sich im Alter. Häufiger kann man Warzen, Knötchen oder Schwellungen fühlen. Diese müssen nicht immer gleich ein Grund zur Besorgnis sein. Doch sollten Sie diese beobachten und regelmäßig von Ihrem Tierarzt kontrollieren lassen.
- Beim älteren Sennenhund bilden sich häufig Liegeschwielen an den Ellenbogen- und Sprunggelenken. Durch Einreiben mit Melkfett oder Vaseline kann man diese weich und geschmeidig halten. Die Krallen an den Pfoten müssen bei unzureichender Abnutzung geschnitten werden.
- Die ältere Hündin neigt vermehrt zu Gebärmutterentzündungen und Gesäugetumoren. Achten Sie deshalb auf Scheidenausfluss und tasten Sie regelmäßig den Gesäugebereich nach Knoten ab.

- Der ältere Rüde neigt zu Prostata- und Hodenerkrankungen, darum achten Sie bei ihm auf Ausfluss aus Penis/Vorhaut und auf Hodenveränderungen.
- Eine zweimalige Vorsorgeuntersuchung im Jahr durch Ihren Tierarzt sollte für den älteren Sennenhund eine Selbstverständlichkeit sein. Hierbei können altersbedingte Erkrankungen rechtzeitig erkannt und behandelt werden. Beginnen sollte man mit so einer Routine bereits im siebten Lebensjahr.

Kommt dann irgendwann der Zeitpunkt, an dem aus Altersschwäche oder aufgrund einer nicht heilbaren Erkrankung Ihr Sennenhund schwer leiden oder Schmerzen ertragen muss, müssen Sie die Entscheidung treffen, ob Ihr Sennenhund davon erlöst werden soll, um ihm weitere Qualen zu ersparen. Sicher einer der schwersten Augenblicke, doch man darf sich vor so einer Entscheidung nicht davonstehlen. Gibt es außer weiteres Leiden keine Alternative mehr, so sollte Ihr Sennenhund in Ihren Armen in vertrauter Umgebung einschlafen.

Denken Sie immer daran, ein Hund lebt stets im Augenblick. Er denkt nicht, wie schön war es doch gestern oder wie schön könnte es morgen sein. So denken Sie an die schönen Augenblicke, die Sie mit ihm hatten, und bewahren Sie sie in Ihrem Herzen!

Zehnjährige Bernerhündin.
Die Überaugenflecken wirken
lediglich leicht ergraut,
aber ansonsten ist sie noch recht
munter und schön im Haarkleid
und den Farben.

Literaturverzeichnis

Bücher

Bärtschi, Margret u. Spengler, Hans-Joachim: Hunde sehen, züchten, erleben, Haupt, 1992.

Dodenecker/Thielen: Was Deinem Hund schmeckt, Natur Buch, 1998.

Finger, Karl Hermann: Hirten- und Hütehunde, Ulmer, 1996.

Fisher, John: Vom Strolch zum Freund, Müller Rüschlikon, 1995.

Friedl, Ludwig Wolf: Was fehlt denn meinem Hund, BLV, 1992.

Gormann, Carl: Der Alternde Hund, Kynos, 1997.

Haggerty/Benjamin: Der dressierte Hund, Konemann, 1978.

Hallgren, Anders: Lehrbuch der Hundesprache, Oertel + Spörer, 1995.

Hartmann/Steidl: Patient Hund, Oertel + Spörer, 1998.

Huth, Günter: Der Hund ein Freund für Kinder, Gräfe u. Unzer, 1996.

Im Hof, Ulrich: Geschichte der Schweiz, Kohlhammer, 1987.

Kaiser, Hermann: Ein Hundeleben, Von Bauernhunden und Karrenkötern, Museumsdorf Cloppenburg, 1994.

Meyer, Helmut: Ernährung des Hundes, Ulmer, 1990.

Meyer/Zentek: Hunde richtig füttern, Ulmer, 1996.

Narewski, Ute: Welpen brauchen Prägungsspieltage, Oertel und Spörer, 1998.

Räber, Hans: Die Enzyklopädie der Hunderassen, Kosmos, 1993.

Räber, Hans: Die Schweizer Hunderassen, Albert Müller, 1971.

Schweizerischer Klub für Appenzeller Sennenhunde: Der Appenzeller Sennenhund.

Schweizerischer Klub für Berner Sennenhunde: Festschrift zum 90jährigen Bestehen.

Schweizerischer Klub für Entlebucher Sennenhunde: Der Entlebucher Sennenhund.

Trumler, Eberhard: Hunde ernst genommen, Piper, 1989.

Trumler, Eberhard: Trumlers Ratgeber für den Hundefreund, Piper, 1987.

Weidt, Heinz: Der Hund mit dem wir leben: Verhalten u. Wesen, Paul Parey, 1993.

Zimen, Eric: Der Hund, Goldmann, 1992.

Zimen, Eric: Der Wolf, Goldmann, 1993.

Zeitschriften

Der Hund, Deutscher Bauernverlag
Die Hunderevue, Deutscher Bauernverlag
Unser Rassehund, Offizielles Verbandsorgan des Verbandes für das deutsche Hundewesen e. V.

Adressen

Schweizer Sennenhund Verein für Deutschland e.V. (SSV)
Geschäftsstelle und Welpenvermittlungsstelle
Wolfgang Bürner
Am Vogelherd 2
90587 Obermichelbach
Tel: 09 11/76 78 13, Fax: 09 11/7 65 86 82

Verband für das Deutsche Hundewesen e.V. (VDH)
Westfalendamm 174
Postfach 10 41 54
D-44141 Dortmund
Tel: 02 31/56 50 00

Österreichischer Kynologenverband (ÖKV)
Johann-Teufel-Gasse 8
A-1238 Wien

Schweizerische Kynologische Gesellschaft (SKG)
Länggassstraße 8
CH-3001 Bern

Deutscher Hundesportverband e.V. (DHV)
Hauptstraße 12
D-75196 Remchingen

Bundesverband für das Rettungshundewesen e.V. (BRH)
Fliederstraße 5
D-67112 Mutterstadt

Tiere helfen Menschen
Graham Ford
Münchener Str. 14
D-97204 Höchberg
Tel: 09 31/4 04 21 20, Fax: 09 31/4 04 21 21

Verein Therapiehunde Schweiz (VTHS)
Waldhofstr. 22
CH-6314 Unterägeri (Kanton Zug)

Abbildungsverzeichnis

Zeichnungen:
Drobik, Sabine, Rottenburg-Oberndorf

Titelbild:
Sabine Koslowski, Hattingen

Abbildungen (Seitenangabe):
Jens Andersen, Frederikshavn, Dänemark: 90
Dr. Antti Arjas, Espoo, Finnland: 179
Brombas, Köln: 190 o., 249
Chr. Harder-Buschner, Hünxe: 59, 91
R. Günther, Kerpen: 114
Heinz Koslowski, Hattingen: 190 u., 213, 240, 241
Sabine Koslowski, Hattingen: 15, 22, 27, 30, 34, 38, 46, 47, 56, 57, 65, 69, 72, 73, 76, 77, 78, 82, 100, 104, 109, 119, 129, 136, 150, 161 o., 164, 186, 187, 194, 200, 206, 207, 229, 237, 248, 256
Jürgen Mohn, Herrsching: 161 u., 222
Wilhelm Mücke, Hamm: 225
Petra Schulbert, Oer Erkenschwick: 97
Horst Tschentscher, Recklinghausen: 141, 157, 245
Tyrhardt, Recklinghausen: 101, 118, 123, 146
Ueter, Essen: 165 o.
Martina Weber, Wermelskirchen: 43, 111, 208 u.

Phot. Schweizerisches Landesmuseum, Zürich, NEG-22069.P: 12

Die Abbildungen auf Seite 28, 32, 40, 41, 50, 53, 61, 63 sind entnommen dem Titel Dr. h. c. Hans Räber, Die Schweizer Hunderassen, erschienen beim Müller Rüschlikon Verlag, CH-6330 Cham

Sachwortregister